新时代营销新理念

运营之路
数据分析+数据运营+用户增长

徐小磊 —— 编著

DATA ANALYSIS,
OPERATION AND USER
GROWTH

清华大学出版社
北京

内 容 简 介

本书从讲述数据分析的方法开始,深入讲解数据运营的玩法,并提炼用户增长的打法,让读者不但可以系统学习数据分析技能,还能掌握常见数据运营工具的使用方法,并且理解用户增长的顶层战略思路。

本书共 9 章,涵盖的主要内容有:数据分析的方法,包括数据清洗和预处理、描述性统计、变化分析、指标体系、相关性分析、趋势预测、B-O 价值模型等的原理、场景和实现;数据运营的玩法,包括场景运营模型、产品生命周期模型、用户生命周期模型,以及启动屏、首页和主页、搜索区、轮播区、金刚区、楼层和坑位、版本迭代、漏斗分析 / 路径分析、会员 / 权益体系、签到 / 打卡、优惠券和交叉营销等运营工具的原理和策略;用户增长的打法,包括 S-C-I 模型、3A3R 模型的原理和使用方法。

本书内容通俗易懂,案例丰富,实用性强,特别适合从事互联网数据分析、数据运营和用户增长相关工作的读者阅读,也同样适合传统行业中从事产品营销、市场推广工作的读者阅读。另外,本书也可作为工具书随时翻阅。

本书封面贴有清华大学出版社防伪标签,无标签者不得销售。

版权所有,侵权必究。举报:010-62782989,beiqinquan@tup.tsinghua.edu.cn。

图书在版编目(CIP)数据

运营之路:数据分析+数据运营+用户增长/徐小磊编著.—北京:清华大学出版社,2022.6
(2023.1重印)
(新时代・营销新理念)
ISBN 978-7-302-58735-4

Ⅰ.①运… Ⅱ.①徐… Ⅲ.①企业管理-数据管理 Ⅳ.① F272.7

中国版本图书馆 CIP 数据核字 (2021) 第 140417 号

责任编辑:刘 洋
封面设计:徐 超
版式设计:方加青
责任校对:王荣静
责任印制:沈 露

出版发行:清华大学出版社
网　　址:http://www.tup.com.cn,http://www.wqbook.com
地　　址:北京清华大学学研大厦 A 座　　邮　编:100084
社 总 机:010-83470000　　邮　购:010-62786544
投稿与读者服务:010-62776969,c-service@tup.tsinghua.edu.cn
质 量 反 馈:010-62772015,zhiliang@tup.tsinghua.edu.cn

印 装 者:三河市东方印刷有限公司
经　　销:全国新华书店
开　　本:170mm×240mm　　印　张:21.25　　字　数:323 千字
版　　次:2022 年 6 月第 1 版　　印　次:2023 年 1 月第 3 次印刷
定　　价:99.00 元

产品编号:091476-01

本书知识地图

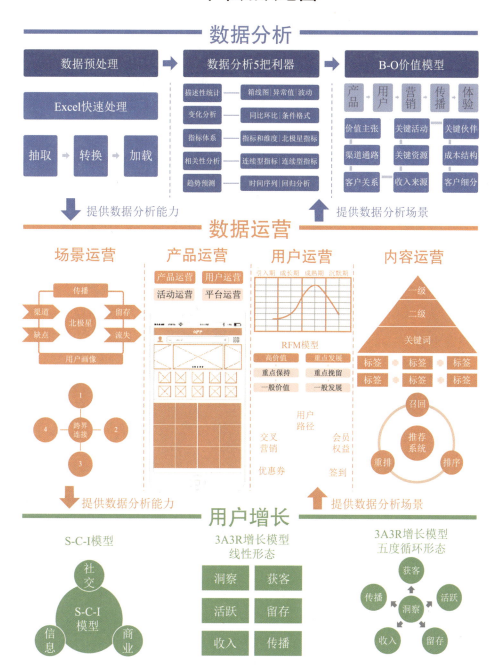

致 谢

感谢飞,她拥有 10 年以上人力资源经验,曾任世界 500 强公司人力资源高级经理,现任某头部互联网公司人力资源负责人。她在业务决策、战略制定、高级企业人才培养和文化传承上深厚的积累给我留下了深刻印象。过去 5 年,她站在企业经营、业务战略等高度给予我很多极具价值的建议。在此书构思和筹划过程中,她提议以"知识而不是信息""体系而不是碎片"作为指导思想来规划内容,以"披沙拣金"和"独家经验"来打磨内容,在成书过程中亦提供了很多宝贵意见。

感谢葵,他现任某境外支付公司技术总监,是信息安全专家。他是国内工程中最早的微服务和 React 框架实践者之一,同时在数据仓库建设、数据结构化处理方面的积累非常深厚,在使用数据总线技术解决孤立数据向数据仓库转化方面也有诸多实践。在成书过程中,他在数据结构和数据预处理方面给了非常多专业的意见。

感谢李家隽,他有操盘两个千万级信用卡 APP 从 0 到 1 的项目经验,本书提供的**概念、方法、指标、运用和案例,是我见过最全面的数据化运营必备宝典**。

感谢我的两位总监,以及我的同事小凡、丹丹、月文、志韬,以及我的其他伙伴,他们极高的专业素养给我留下非常深刻的印象,感谢他们一如既往的支持和帮助。

感谢邛哩，她是国际互联网教育平台联合创始人，现任运营操盘手，精通教育类产品的全栈运营，拥有丰富的教育类直播以及海外平台运营经验。邛哩在成书过程中不仅投入大量时间审稿校稿，还在内容架构、逻辑组织等方面提出很多专业的意见。

感谢 Vincent，他是腾道咨询联合创始人，零一裂变私域运营顾问，私域流量操盘手，操盘过多个千万级私域流量项目。

感谢 WY，他曾任京东运营经理，具有世界 500 强外企的运营工作经历，在互联网金融行业有深厚的建树。WY 在成书过程中对用户分层、用户生命周期、用户成长激励体系以及用户增长模型提供了专业的意见和一线实战的案例。

感谢薯条，我认识的众多产品运营人员中的优秀代表之一。我非常惊叹于她多年的产品运营经验，出众的用户思维、感知能力和用户洞察力。她极强的逻辑思维能力使全书的底层逻辑更为扎实。

感谢覃晓凡，她曾任阿里巴巴国际事业部资深运营经理，具有丰富的新媒体运营和内容运营经验，曾负责千万级用户的大型活动及用户增长项目。晓凡在成书过程中对用户生命周期管理、用户运营策略以及用户增长裂变策略等内容做了非常细致的勘误并提出了非常宝贵的建议。

感谢 Sacos，他是腾道商业研究院联合创始人，运营总监，曾负责千万级 APP 用户增长和从 0 到 100 万用户增长项目，具有多年的互联网和互联网金融行业运营经验。Sacos 在成书过程中对用户裂变增长及活动运营策划给予了专业和有深度的指导。

最后感谢我的亲人，他们的鼓励是我披荆斩棘、勇往向前的强大动力。

前言

1. 我是磊叔

一眨眼，工作已 12 载，即将进入不惑之年。

我在数据领域的职业生涯大体可以分为三个阶段。

第一阶段，在某运营商从事企业数据域的架构开发工作，因为我是代码开发出身，在这之前已经做了 4 年多 J2EE 企业级开发。2009 年又恰巧遇上 Hadoop 的起势，随着这个潮流又接触到 Hadoop、Hive 和 Greenplum，于是和一群初生牛犊不怕虎的小伙伴把某某空间的底层数据架构从 Oracle 平滑迁移到了 Greenplum。在把几千行的 Oracle SQL 代码一行一行地适配到 Greenplum 技术栈的过程中，面对与业务小伙伴的高频沟通，我开始留意每个数据背后的业务意义，逐步习惯从数据的角度来衡量业务，开始形成朴素的数据分析方法论。

这一点非常重要，对我接下来 10 年的职场生涯影响深远。

第二阶段，恰逢短视频兴起，于是进入 BAT 做短视频数据运营，我和小伙伴一起为短视频打造高可用的标签体系、精准完善的用户画像以及覆盖各种场景的推荐策略。在高节奏和高强度的工作中，我有幸和一群优秀的产品运营小伙伴共事，每天十几个小时耳濡目染产品运营、内容运营、活动运营、推送运营等内容。在这个阶段，我真正理解到数据是赋能运营最高效的工具和最坚实的抓手。

第三阶段，我离开 BAT 后服务于某金融机构，负责某金融产品的数据运营。这里要感谢我的上司，他拥有几十年大型跨国集团高层管理经验，让我学习到非常多的业务经营、用户经营、策略部署等顶级思考方式。2019 年开始有机会在互联网上分享自己的经验，也有很多宝贵的机会与企业（特别是传统企业）运营负责人交流、探讨和碰撞数据化转型、数据化经营的想法。在这个阶段，不仅进一步验证和巩固了自己的数据运营方法论，同时还吸收了很多以往我完全意识不到的新的资讯，让我的数据运营方法论更加充实和完善。

在本书中你能看到很多运营策略、最佳实践，以及成功或失败的案例分析。这些都是我对过去十几年数据生涯摸爬滚打中犯过的错、踩过的坑的经验总结。因为我坚信，成功的原因基本一致，而失败的经验却各不相同且更显宝贵。各位看官阅读此书后若能少踩一个坑，少走一段弯路，我就真心可以踏踏实实地喝一杯香浓的中杯热美式了。

2. 这本书讲了什么内容？

这本书讲了 3 件事：怎么做数据分析，怎么做数据运营，怎么做用户增长。这 3 个部分看似割裂，实则联系紧密。

第一部分，数据分析是基础。是否拥有逻辑清晰的数据分析思路，是否掌握高效易用的数据分析方法，直接决定了数据运营的执行效果。这个部分主要讲解数据分析的方法，包括数据预处理、数据分析的 5 把利器，以及将数据转换为业务的 B-O 价值模型。

数据预处理是最容易被忽略的，造成数据分析效率低下和效果不佳的原因中，80% 是数据预处理未能达到要求。你或许听过数据治理，数据预处理是数据治理的核心组成部分。经过预处理的数据，规范且整洁，能使后续分析工作如虎添翼。本节重点讲述数据预处理的三大核心流程，以及使用 Excel 就能完成的大部分数据预处理场景。

数据分析的 5 把利器，是非常有用、有效又有趣的数据分析工具。

第 1 把利器是描述性统计，它能帮助我们从整体和表象来评估数据。这部分不仅讲解了描述性统计中的数学原理，更从业务角度通透彻底地解读了描述性统计的业务价值，更精彩的是，在 Excel 中点点鼠标即可高效实现。

第 2 把利器是变化分析，从变化中寻找问题的可能切入口。这部分讲解了在 Excel 中如何突出变化，以及根据业务需求自定义规则的高级条件格式的方法。

第 3 把利器是指标体系，它是数据分析基础中的基础，核心中的核心。这部分深入探讨业务运营中常见指标的意义和价值，其中更在北极星指标的基础上提出"伴随指标"理论，让基于北极星指标的运营体系更加完整，通用性更好，此外也带来实用的指标体系模板，方便读者即学即用。

第 4 把利器是相关性分析，开始尝试定位数据背后的原因了。每次讲解相关性分析，我都会拿柯南、命案和凶手来举例，非常形象地解答了"相关和因果"这对极易混淆的概念背后的区别。相关性分析是定量定位原因的大杀器，除了在 Excel 中进行相关性分析外，还列举了其他场景下的相关性分析算法。

第 5 把利器是趋势预测，这是数据分析中最有魅力的，原因在于基于历史数据可以科学地预测未来走势，提前部署运营策略。这部分会讲解 2 种趋势预测方法，同样在 Excel 中点点鼠标即可实现。

从数据转化为业务的 B-O 价值模型，解决的是如何为数据分析结果制定准确业务策略的问题。在数据分析中，最容易被人诟病的就是分析结果不落地，而 B-O 价值模型恰恰为解决此问题而生。B-O 价值模型的诞生来自我老板之前的无心之言：任何指标背后都有一套完整的业务经营策略。我对其做了一点扩充和解读：任何指标背后都有一套完整的商业模型和与之对应的经营策略。这个模型稍微有点难度，要求有一定的业务经验积累。

第二部分，数据运营是抓手。是否清晰理解各种运营工具的原理、适用场景和运营策略，是否能够在正确的时间选择正确的运营工具，执行正确的运营策略，直接决定了用户增长的执行效果。 数据运营是本书的核心，要求在掌握第一部分数据分析方法的基础上，将数据分析的各种方法带入数据运营的各种工具中，方能理解透彻，融会贯通。这个部分主要讲解场景运营的特性和模型、产品运营工具和模型、用户运营工具和模型以及内容运营工具和模型。

场景运营，是数据运营的指导思想。用户每时每刻都处在某个具体场景中，用户在具体场景中使用产品提供的功能和服务，在具体场景中进行生产和消费，在具体场景中暴露出自己的特征画像。工具需要用户场景来承载，功能需要用户场景来承载，服务需要用户场景来承载。这部分重点讲述场景运营的特点和场景运营模型，其中场景的 3 个高阶特性是用户增长的理论基础。我会用可口可乐作为案例来讲解，希望能缓解单纯讲理论给读者带来的困乏枯燥。

产品运营的工具和模型部分，讲解了产品生命周期模型，特别突出每个阶段的特点、目标、运营策略和核心指标，以及 8 个产品运营工具的原理、产品形态、运营策略和最佳实践，精彩内容敬请移步正文详阅。

用户运营的工具和模型部分，讲解了用户生命周期模型、用户画像模型、用户分层和分群模型，以及 5 个用户运营工具的原理、产品形态、运营策略和最佳实践。如果您对这部分兴趣斐然，请与我联系，我会与你一起拆解我自己的用户画像特征，并尝试制定有趣的运营策略。

内容运营工具部分，讲解了标签体系和个性化推荐策略。这部分将深入探讨标签体系的本质、特点和运营场景，算得上是"读懂标签体系，看这篇就够了"。个性化推荐是我之前涉足的领域，也是当今所有产品基本都有的产品机制。个性化推荐的内容博大精深，这里只拆解常见的推荐场景和策略，顺便悄悄告诉你用户隐私是怎么暴露的。在这里我们不关心内容文案怎么写、标题怎么写、如何蹭热点、短视频怎么拍、如何运营抖音快手，而是会聚焦解答为什么要做内容运营，内容运营能给用户和产品带来什么价值和贡献，未来我的产品是否需要做内容场景和运营等策略性问题。

第三部分，用户增长是方向。如果将第一部分的数据分析方法比作舵手，将第二部分的数据运营玩法比作二副，那么用户增长的打法就是船长，控制着战略性的目标方向。这个部分主要讲解两个模型——S-C-I 战略模型和 3A3R 策略模型。

S-C-I 战略模型是战略层增长模型，解决寻找合理可行的增长方向的问题。这个模型的诞生，来源于阿里某 P9 分享的中国互联网底层逻辑，我在其基础上做了提炼。在爬取、分析和拆解了几十个产品的版本迭代记录后，我发现几乎所有互联网产品都不约而同地遵守这个模型来进行增长进化。

3A3R 策略模型，是对 2A3R 模型（即海盗模型）的拓展，让模型更加健壮完善。这部分深入拆解 3A3R 策略模型的底层逻辑，讲解洞察、获客、活跃、留存、营收和传播等模块的详细打法。特别的，我还会提及裂变和私域流量，并将其纳入 3A3R 策略模型。

3. 读完此书，你能学到什么？

非常肯定地回答您，Python、R 语言、Excel 函数和 VBA，以及高级数据分析软件，都学不到，您将学到：

- 4 个有用的数据处理技巧。
- 5 个有效的数据分析利器。
- 24 个有料的数据运营工具。

最重要的是，可以学习到体系化的数据化运营知识。掌握这些有什么用呢？

- 让你异常高效地分析数据，"3 秒出结果""点点鼠标出结果"，让你宝贵的精力更聚焦于业务和运营本身。
- 让你比别人懂得更多，看得更远，想得更深，实现自我升值和升职。

4. 这本书适合你吗？

和产品一样，每本书都有其目标客群，本书的目标客群画像特征如下：

1）职业画像

- 互联网运营从业者，包括但不限于产品运营、内容运营、平台运营、渠道运营、活动运营和流量运营等。
- 用户增长、市场或销售部门的中流砥柱们。
- 希望学习掌握数据分析、数据运营和用户增长的所有小伙伴。

2）技能画像

- 会点鼠标！（没开玩笑，非常重要！）
- 已安装 Office 2016 及以上版本。
- 受过大专及以上学历的高等教育。

3）个人画像

- 自我提升。
- 主动学习。

您如果能够匹配上述 8 个小点中的任何一点，那您就是本书的目标客群。

第一篇 数据分析的方法

第 1 章 准备工作：数据清洗与预处理 / 5

1.1 为什么要正确和高效地预处理与清洗数据 / 5

1.1.1 指标的数据来源 / 5

1.1.2 数据预处理的目的 / 9

1.1.3 数据预处理的流程 / 10

1.2 用 Excel 完成常见数据预处理 / 18

1.2.1 文本数值化：文本数字转为数值型数字 / 18

1.2.2 日期数值化：文本型日期转为日期型格式 / 20

1.2.3 用分列实现维度拆分 / 23

1.2.4 用"查找并删除重复行"处理重复值 / 28

1.3 本章小结和思考 / 30

第 2 章 洞察运营机会的数据分析利器 / 31

2.1 重要！数据分析前的准备工作 / 32

2.1.1 Windows 操作系统用户 / 32

2.1.2 MacBook 操作系统用户 / 33

2.2 第1把利器：用"描述性统计"来整体评估数据 / 34
    2.2.1 什么是描述性统计 / 34
    2.2.2 描述性统计的适用场景 / 34
    2.2.3 分析数据的分布情况：中位数和平均数 / 35
    2.2.4 分析数据的离散程度：方差和标准差 / 39
    2.2.5 寻找异常数据：分位数和异常值 / 42
    2.2.6 在Excel中实现描述性统计 / 46

2.3 第2把利器：用"变化分析"来寻找问题突破口 / 52
    2.3.1 什么是变化分析 / 52
    2.3.2 变化分析的适用场景 / 53
    2.3.3 变化分析1：同比 / 53
    2.3.4 变化分析2：环比 / 55
    2.3.5 在Excel中分析环比和同比 / 57
    2.3.6 用Excel条件格式进行变化分析 / 58
    2.3.7 用数据条/色阶分析DAU变化 / 59
    2.3.8 用自定义条件格式分析用户画像年龄分布 / 60
    2.3.9 突出显示周末的销售数据 / 63
    2.3.10 突出销量前十的产品 / 64

2.4 第3把利器：用"指标体系"来洞察变化的原因 / 66
    2.4.1 指标体系概述 / 66
    2.4.2 指标体系的适用场景 / 67
    2.4.3 指标体系的组成元素 / 67
    2.4.4 指标类型（一）：北极星指标、虚荣指标 / 77
    2.4.5 指标类型（二）：行为指标、业务指标、交易指标 / 84
    2.4.6 如何建设产品的指标体系 / 85
    2.4.7 如何用"指标体系"来分析指标变化的原因 / 87
    2.4.8 深入理解活跃类指标 / 89

2.5 第4把利器：用"相关性分析"来判断业务归因 / 92
    2.5.1 什么是相关性分析 / 92

2.5.2　相关性分析的 2 种数据　/　93

2.5.3　相关性分析的 3 种算法　/　95

2.5.4　相关性分析的适用场景　/　98

2.5.5　重要！相关性分析的前提条件　/　99

2.5.6　在 Excel 中进行"相关性分析"　/　100

2.5.7　如何寻找对购买转化率贡献最大的渠道　/　102

2.5.8　如何寻找对活跃有高贡献的功能场景　/　103

2.6　第 5 把利器：用"趋势预测"来预测走势　/　105

2.6.1　趋势预测的概念　/　105

2.6.2　基于时间序列的趋势预测　/　107

2.6.3　基于回归分析的趋势预测　/　109

2.6.4　在 Excel 中实现时间序列趋势预测　/　110

2.6.5　在 Excel 中实现回归分析趋势预测　/　112

2.6.6　如何预测年度 KPI　/　114

2.6.7　如何预测下年春节期间的业务指标　/　115

2.7　本章小结和思考　/　115

第 3 章　将运营机会转化为运营策略　/　116

3.1　B-O 价值模型概述　/　116

3.2　B-O 价值模型的组成　/　116

3.2.1　Business：业务模型　/　117

3.2.2　经营策略画布　/　122

3.3　B-O 价值模型使用指南　/　122

3.4　本章小结和思考　/　124

第二篇　数据运营的玩法

第 4 章　数据运营的基础：用户场景营销　/　127

4.1　场景营销模型概述　/　127

4.2　什么是场景　/　128

4.3 场景的起源和特点 / 130

    4.3.1 从技术语言到业务语言 / 131

    4.3.2 从功能视角到用户视角 / 134

    4.3.3 从静态服务到动态服务 / 136

4.4 场景的三个高阶特性 / 138

    4.4.1 特性1：场景的五要素 / 138

    4.4.2 特性2：场景体系 / 144

    4.4.3 特性3：场景连接 / 146

4.5 本章小结和思考 / 147

第5章 产品运营工具和模型 / 148

5.1 产品生命周期模型 / 148

    5.1.1 模型概览与架构 / 148

    5.1.2 产品上线首发 / 149

    5.1.3 产品更新迭代 / 152

    5.1.4 产品下线停运 / 155

5.2 产品运营的场景和运营策略 / 156

    5.2.1 启动屏 / 157

    5.2.2 首页和主页 / 161

    5.2.3 主页的首屏 / 162

    5.2.4 搜索区运营 / 166

    5.2.5 轮播区楼层 / 171

    5.2.6 金刚区楼层 / 174

    5.2.7 楼层和坑位 / 181

    5.2.8 版本迭代 / 191

5.3 本章小结和思考 / 195

第6章 用户模型和运营工具 / 196

6.1 用户生命周期模型 / 196

    6.1.1 概述 / 196

6.1.2 引入期 / 198

6.1.3 成长期 / 199

6.1.4 成熟期 / 201

6.1.5 沉默期 / 203

6.1.6 流失期 / 206

6.2 用户画像 / 209

6.2.1 什么是用户画像 / 209

6.2.2 静态属性画像 / 210

6.2.3 动态兴趣画像 / 212

6.2.4 用户画像的形态：标签 / 215

6.3 用户分层模型 / 217

6.3.1 为什么要用户分层 / 217

6.3.2 用户分层的使用原则 / 219

6.3.3 经典的用户分层模型：RFM 模型 / 220

6.3.4 在 Excel 中实现 RFM 模型 / 223

6.4 用户运营的常用工具和运营策略 / 226

6.4.1 用户漏斗 / 路径分析 / 226

6.4.2 会员 / 权益体系 / 230

6.4.3 签到 / 打卡 / 242

6.4.4 优惠券 / 245

6.4.5 交叉营销 / 248

6.5 本章小结和思考 / 250

第7章 内容运营工具和场景 / 252

7.1 标签体系 / 252

7.1.1 分类和标签的区别 / 252

7.1.2 标签的本质：元数据 / 252

7.1.3 标签的两种类型 / 253

7.1.4 标签系统的核心逻辑 / 253

7.1.5 标签和权重 / 255

7.1.6 最佳实践1:BAT是怎么建设标签体系的 / 256

7.1.7 最佳实践2:BAT是如何让标签赋能各个业务模块的 / 260

7.1.8 最佳实践3:标签系统的局限和劣势 / 263

7.2 个性化推荐 / 264

7.2.1 运营必知的推荐系统流程 / 264

7.2.2 四个常见的推荐运营场景 / 266

7.2.3 个性化推荐是如何做到如此精准的 / 270

7.2.4 推荐系统的原罪:不仅推荐,还在探索 / 272

7.3 本章小结和思考 / 275

第三篇 用户增长的打法

第8章 增长战略模型:S-C-I战略模型 / 279

8.1 什么是S-C-I战略模型 / 279

8.2 S-C-I战略模型的核心逻辑 / 282

8.3 电商型产品的战略增长方向 / 285

8.4 社交类产品的战略增长方向 / 288

8.5 内容类产品的战略增长方向 / 290

8.6 本章小结和思考 / 291

第9章 增长策略模型:3A3R策略模型 / 292

9.1 概述 / 292

9.2 用户洞察 / 293

9.2.1 目标 / 293

9.2.2 策略和工具 / 293

9.2.3 输出 / 295

9.3 拉新获客 / 295

9.3.1 目标 / 295

9.3.2 策略和工具 / 296

9.3.3 输出 / 299

9.4 活跃和留存 / 300

    9.4.1 概述 / 300

    9.4.2 策略和工具 / 300

    9.4.3 输出 / 301

9.5 收入 / 301

    9.5.1 概述 / 301

    9.5.2 策略和工具 / 302

    9.5.3 输出 / 303

9.6 传播 / 303

    9.6.1 概述 / 303

    9.6.2 如何理解用户增长与裂变的关系 / 303

9.7 3A3R策略模型的使用方法 / 310

    9.7.1 方法1：向前找流量、向后做转化、自身看画像 / 310

    9.7.2 方法2：自身指北，相邻伴随 / 312

9.8 3A3R策略模型的本质：五度循环圈 / 313

9.9 本章小结和思考 / 316

后记 / 319

第一篇
数据分析的方法

数据分析已然成为当下最热门的运营技能，大有"不会数据分析都不好意思和别人打招呼"之势。回顾我十多年大数据工作中所经历的行业，包括通信企业、智慧城市运营商、国内顶尖互联网公司以及金融企业，他们都对数据分析有着较高和迫切的要求。特别是近些年参加行业论坛、互联网分享会和开发数据分析培训课程时，能感觉到大家对于数据分析有着很旺盛和迫切的需求，也能明显感觉到大家对于数据分析有一些共性的疑问：

- 如何入门数据分析？
- 如何掌握有效的数据分析方法？
- 如何成为厉害的数据分析师？
- 数据分析一定要会 Excel、SQL 和 Python？

我相信这些问题也代表了大多数读者的疑问。事实上，学习数据分析有一套非常科学的方法。这个学习方法要求我们首先掌握一种数据分析的流程、思路和方法，并学习这个流程、思路和方法由哪些步骤组成，每个步骤用到了哪些分析技术，以及这些分析技术的适用场景是什么。在掌握这个数据分析流程、思路和方法的基础上，我们再寻求一个合适的数据分析工具来实现和执行这些流程、思路和方法。

这种学习方法的好处有以下几点。

第一，掌握一个科学的分析方法之后，再寻求一种合适的分析工具，可以让我们分析数据的效率大幅度提升。

第二，避免出现本末倒置，也就是学完语言，学完算法，具备一定的编码能力后，回到工作岗位中依然不知道从何下手，在学习技能和应用技能之间出现了巨大的断层。出现断层的原因就是我们虽然学习了工具，但是没有掌握应用工具的思路和方法。

基于此，本篇为大家带来一套有趣、有效、有料的数据分析方法。

首先，这套数据分析方法适用性非常广，不仅适用于互联网产品，也适用于线下业务，而且这套数据分析方法难度非常低，所应用的知识也只是大学期间统计学中的部分基础内容，可谓"简约但不简单"。

其次，选择 Excel 作为这套数据分析方法的落地工具，原因在于我国 Excel 普及率非常高，可以说 99% 的公司和个人都在使用 Excel。并且，在

Excel中实现这套数据分析方法，绝大多数情况下只需点点鼠标即可完成，极个别特殊场景才需要更高级的函数来辅助，所以特别适合产品、运营、市场、营销、销售、管理等从事业务运营的读者，基本上可以做到3分钟即了解，5分钟即掌握，10分钟即熟练。

最后，每个数据分析的方法都列举了实际工作和工程应用案例，通过实际案例的拆解分析，让读者更有代入感和共鸣，尽可能降低学习与应用之间的门槛，真正做到即学即用。

数据分析的完整流程包括3个主要步骤，分别是：

- 寻找并准备数据：如何收集、处理与清洗数据；
- 从数据中寻找问题的答案：如何进行数据分析与建模；
- 用分析支撑决策：如何从数据中洞察业务并输出结论。

先说说这个流程的特点：

闭环，从业务中来，到业务中去。 数据分析的结果可以在闭环中落地执行，在执行中验证效果，并执行新一轮的闭环分析。

通用，普适。 从上述步骤的描述上看不出与任何行业、产品相关的词汇，意味着这几个步骤是行业通用和业务普适性的。既可以用这套分析方法分析电商产品的商品运营、供应链运营、渠道运营、品牌运营和用户运营，也可以用这套分析方法分析内容产品的内容消费情况，以支撑内容的热点运营、平台运营、品牌运营等。

在详细拆解每个步骤的内容前，我们先快速概览一下这3个步骤的主要特点以及使用场景。

1. 寻找并准备数据：如何收集、处理与清洗数据

寻找并准备数据，主要阐述数据预处理工作。正所谓磨刀不误砍柴工，通过数据预处理，我们抹除脏数据、移除空白数据，将数据格式统一，目的是在提升数据质量的同时规范所有的数据指标，以方便后续分析，降低分析难度，提升分析速度。

例如，原始数据中日期格式是日-月-年，而我们的要求是年-月-日，两者格式并不统一，必须通过数据预处理进行格式转换。

例如，原始数据中存在空白值和特别大或特别小的值，不做预处理的话会导致分析结论出现偏差甚至错误，所以必须进行数据预处理。

在这个部分，我们用 Excel 进行数据预处理。

2. 从数据中寻找问题的答案：如何进行数据分析

在数据预处理之后进入最主要的分析步骤，即从数据中寻找问题的答案。在这里将阐述 5 种数据分析的方法，即用描述性统计寻找数据整体和表象特点，用变化分析寻找数据分析的切入口，用指标体系来寻找变化的原因，用相关性分析判断原因的影响程度，用趋势预测来分析数据未来的发展趋势。

这 5 把利器既可以按照顺序使用，也可以拆解出来单独使用，由此体现了这套数据分析方法的灵活性所在。

在这个部分，我们依旧用 Excel 来实现这 5 把分析利器的作用，而且只需要掌握 Excel 的基本操作即可，不需要 VBA、函数等高级技能。

3. 用分析支撑决策：如何从数据中洞察业务并输出结论

通过上述数据分析武器寻找出来指标数据背后的原因以及发展趋势之后，还需要进一步将结果从数据转化为运营策略。在这里提出一种 Business-Operation 模型，借助 Business-Operation 模型将数据分析结果转化为可落地的运营策略。

注意： 数据报表和数据分析报告的技巧不在本书中展开，请同学们自行搜索学习。

第1章 准备工作：数据清洗与预处理

本章介绍了数据预处理与清洗的原理和流程，并通过 Excel 完成常见的数据预处理和清洗操作。数据经过预处理和清洗后才能被高效分析和挖掘。

本章涉及的知识点：

- 数据预处理的流程
- 用 Excel 实现常见的数据预处理

1.1 为什么要正确和高效地预处理与清洗数据

本节首先介绍了数据的加工和生产流程，并在此流程中详细分析数据预处理的 3 个步骤，以及完成每个步骤的具体方法。

1.1.1 指标的数据来源

开始拆解数据预处理前，非常有必要和大家聊一聊数据的加工和生产流程，因为：

（1）数据的加工和生产流程是数据分析的基础。

（2）可以了解指标数据是如何从业务系统一步步汇总计算，从无意义的明细数据变成具备业务意义和价值的指标的。

（3）可以快速分析数据问题，便于后期快速定位和追查数据问题。

如图 1-1 所示，要生成我们日常运营的指标，数据需要经过至少三大节点，即源系统、数据中台和数据应用层。

图 1-1 数据的生产流程

1. 源系统

源系统通常也叫业务系统,即承载产品业务的系统,它们在运行各种业务应用的同时也会产生对应的业务数据,所以叫源系统,是数据产生的源头。

特别对于平台类产品,因其承载了很多业务,故而连接了很多业务系统。令人苦恼的是,这些业务系统都是由不同供应商开发和运维的,各个源系统间的数据结构不完全兼容,不仅数据字段不一样,甚至同一业务含义字段的命名、格式、约束也不一样。

例如,源系统 A 中用户标识用的是手机号,源系统 B 中用户标识用的是注册用户名,源系统 C 中用户标识用的是微信 ID。

如图 1-2 所示,对于用户本身而言,手机号、注册用户名、微信 ID 等都是这个用户的唯一标识,但是在不同的源系统中却是完全不同的标识。显然,如果把手机号、注册用户名、微信 ID 作为 3 个用户是违背认知且不合理的,需要某种机制把这 3 种类型不同但却是指向同一用户的标识统一起来,让数据认为他们是 1 个用户,而不是 3 个用户。

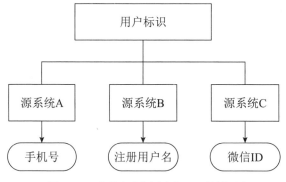

图 1-2　不同源系统用户标识不尽相同

例如,源系统 A 和源系统 B 中用户标识用的都是手机号,但 A 中的手机号格式是 139-1234-1234 的 3-4-4 结构,B 中的手机号格式是 139-123-41234 的 3-3-5 结构。

如图 1-3 所示,对于用户本身而言,这两种格式的手机号都是 13912341234,都表示了同一用户,区别仅仅是存储的格式不同,但是如果不做数据预处理,就会被认为是两个用户,显然不合理。

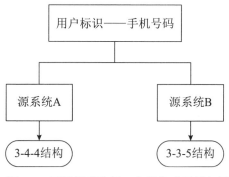

图 1-3　不同源系统同一字段格式不尽相同

我们把上述情况叫作异构系统中的数据规约问题。

异构系统中的数据规约问题，不仅会带来数据的混乱，还会造成大量的数据孤岛，导致有用的数据无法被发现，故而需要在数据预处理阶段将同一业务含义的不同数据整齐划一，以同一种数据规范进行存储和分析。

> **注意**：异构系统的数据规约是数据治理的重要工作。一般平台型 APP，后端都连接超过 300 个业务系统，这些业务系统区别极大，让异构系统的数据规约成为极其重要的工作。这种情况下，通常会有一个中等规模的团队来负责 300 多个业务系统的数据规约工作。

2. 数据中台/数据中间层/业务中间层

数据中间层，也叫业务中间层、数据中台，其作用是将源系统中异构系统的数据统一规范和统一管理。一般有两种方式：实体整合和逻辑整合。

（1）实体整合

实体整合，即 Entity Integration，定期将源系统的数据抽取到数据中间层，并在数据中间层完成数据预处理，以保证数据进入数据中间层后已满足统一规范和统一管理的要求。

实体整合的第一个特点是非实时，即数据中间层的数据与源系统的数据存在时间差，这个时间差通常用 $T+x$ 来表示。

实体整合的第二个特点是数据已经过预处理，对于上层数据应用和业务分析而言速度很快，且不受源系统干扰，源系统即使中断服务或停服维护也不影响分析，因为数据已经被抽取到数据中间层。实体整合特别适合源系统更新不频繁的数据，例如用户信息、商品信息等，以及时效性要求不高的指标，例如周报、月报中的指标。

> **注意**：$T+x$，即数据中间层数据的更新速度比源系统落后 x，通常单位为天。$T+0$，即数据中间层的数据与源系统保持同步；$T+1$，即数据中间层的数据比源系统要落后 1 天，意味着在数据中间层看到今天的数据实际上是源系统中昨天的数据。

（2）逻辑整合

逻辑整合，即 Logical Integration，不需要定期将源系统的数据抽取到数据中间层，不在数据中间层完成数据预处理，而是创建某种映射关系，连接数据中间层和源系统，并在分析数据的时候实时进行数据预处理。

逻辑整合的第一个特点是实时，即数据中间层的数据与源系统的数据是映射关系，不存在时间差，是 $T+0$。

逻辑整合的第二个特点是数据未经预处理，对于上层数据应用和业务分析而言需要在数据使用过程中实时进行预处理和计算，速度会受影响，且受源系统服务质量的影响。如果源系统中断服务或停服维护，将无法完成数据预处理和分析，因为数据是实时连接到源系统的。

逻辑整合特别适合源系统更新频繁的数据，例如交易明细、浏览记录等，以及时效性要求较高的指标，例如用户访问路径分析、用户即时兴趣推荐等。

> **说明**：逻辑整合，类似我们在 Windows 中为文件创建快捷方式，在 Linux 中为文件创建 soft-link。

无论实体整合还是逻辑整合，其整合方式最常见的是统一用户标识，即通过某种用户标识来将各个业务系统的数据整合，形成复合的星型结构。统一的用户标识既可以是具备实际意义的信息，例如手机号、用户名等，也可以是数据中间层自行创建的标识，只要保证唯一性即可，最常见的是将用户个人信息进行不可逆加密来生成唯一标识的字符串，既保证用户隐私，也能唯一标识用户。

例如，阿里的数据中台通过 OneID 来连接用户在阿里巴巴产品体系下的用户数据，将用户在阿里系产品中产生的数据通过 OneID 关联起来，这样就可以从衣食住行等各个方面来精确描绘用户画像和兴趣，制定高转化率的营销方案。

> 注意：个性化推荐系统分为离线更新和在线更新。离线更新通常在用户行为热度降低的时候进行，一般选择在晚上更新。在这个时间段可以分析用户过往很长周期——例如一年——的数据来计算用户的兴趣，从而完成内容推荐。在线更新通常在用户使用产品过程中进行，计算用户的即时兴趣，实现实时推荐。

3. 数据应用层

数据应用层通常包括我们熟知的 BI 系统、报表系统、模型系统、标签系统等，它们都是基于数据中间层的数据应用服务。数据应用层也是数据分析人员最为频繁接触和使用的地方，在这里数据分析人员利用管理驾驶舱、各种业务报表等来分析业务变化，寻找原因，制定策略。

> 注意：在入职新公司的数据分析岗位时，第一件事就是向同事详细了解数据生产和加工流程，即指标数据来自哪个业务系统，经过哪些中间系统进行汇总计算，最终在报表层面如何体现。了解指标的加工流程，对于后续指标运营和分析有极大的帮助。

1.1.2 数据预处理的目的

上面讲了指标数据如何从源系统最终达到数据应用层，其间多次提到数据预处理，那么数据预处理的目的是什么呢？

数据预处理的目的是在对业务数据进行分析挖掘前，先行对数据进行一些处理，以提升数据质量，为数据分析过程节约时间和空间。

> 注意：在实际工作中，数据预处理的时间甚至要超过数据分析本身所需的时间。如果需要分析的数据质量很高，那么对后续的数据分析来说无疑是如虎添翼。

1.1.3 数据预处理的流程

在数据科学领域，已有一套成熟的数据预处理流程，并在实际工程中应用多年，成为实际业务运营中的标准，它就是 ETL，即 Extract（抽取），Transform（转换）和 Load（加载）。

ETL 是一种数据预处理流程，它负责从异构的源系统中读取数据（所谓的 Extract，即抽取），然后根据一定的数据处理规则进行数据清洗和转换（所谓的 Transform，即转换），最后将预处理完成的数据加载到数据中间层或数据应用层（所谓的 Load，即加载）。

如图 1-4 所示，方框部分就是 ETL 部分。ETL 向下对接源系统，向上对接数据中间层或数据应用层。所有的数据预处理工作都在 ETL 中进行。

图 1-4 数据预处理流程 ETL 的架构

下面简要说明 ETL 的 3 个模块，更多信息请参详 ETL 的专业书籍。

1. 抽取（Extract）

抽取，即从源系统中读取原始业务数据，常见的数据源以关系型数据库（Oracle、PostgreSQL、MySQL、SQLServer）、分布式文件系统（Hadoop、Hive）为主。

抽取数据主要有两种方式：增量抽取（Incremental Extraction）和全量抽取（Full Extraction）。增量抽取，即每次从源系统抽取数据时仅抽取更新的数据，包括新增、更新和删除的数据，无变化的数据不会更新；全量抽取，即每次从源系统抽取全部数据，包括新增、更新和删除的数据，也包括无变化的数据。

2. 转换（Transform）

转换，即根据数据中间层或数据应用层的要求，将从源系统抽取的数据进行转换处理，主要包括数据清洗和数据转换。数据清洗，是指清洗掉重复的、不完整的以及错误的数据；数据转换是指按照预处理规则将源系统中的数据转换为符合规范的数据格式。

常见的数据转换策略包括如下内容。

（1）移除非业务列

移除非业务列，即将与业务分析无关的列全部删除。常见的非业务列包括自增序号列、标识 ID 列、预留的空白字段列等，如图 1-5 所示。

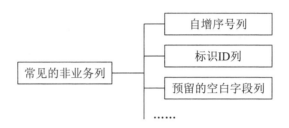

图 1-5　常见的非业务列

（2）重复值处理

重复值，通常是由于数据抽取过程中未进行排重判断，或源系统中数据创建时发生错误。重复值通常需要删除，多条重复数据仅需保留一条。

（3）缺失值处理

缺失值，通常是由于源系统服务故障无法上报数据，或源系统进行迁移暂停服务导致无数据。根据业务运营的需求，可以选择保留缺失值、回补缺失值和删除缺失值 3 种策略。

在实际工程应用中，最常见的缺失值处理策略是借助缺失前后的数据进行均值回补。

某 APP 用户行为分析系统，在 2019 年 5 月到 6 月进行系统迁移，导致其间用户行为数据缺失且无法后补，可以借助 5 月前和 6 月后的正常数据趋势来回补 5 月至 6 月的数据，使整年度的行为数据趋势完整。当然，这需要在系统中清晰标注数据回补的逻辑。

（4）文本数值化

文本数值化，即将文本存储的数据转化为数值，以方便后续的汇总计算。文本数据仅能进行计数汇总，无法满足后续复杂的数据分析。

常见的文本数值化策略包括：性别数值化，男-女转为1-0或0-1；地理信息数值化，直辖市为0，省会为1，或一线城市为1，二线城市为2；以文本存储的数字，转换为以数值存储的数字。这个是在数据预处理中易被忽略的情况，极易导致后续汇总分析发生错误，特别需要仔细处理。

（5）数据离散化

数据离散化，即将连续的数据按照规则转换为离散的数值，有时也叫分桶转换，即按照设定的分桶规则，将数据转换为分桶的信息。通过数据离散化，可以将连续的数据转换为更接近于业务运营角度的表述，在后续运营中更加直观。

数据离散化的方法主要有3种。

a）等宽法

等宽法，即将连续的数据分为长度相同的多个区间，每个区间赋予一个业务定义。

例如，用等宽法将用户年龄数据进行离散化。

用户年龄数据：1，9，14，18，20，32，37，40，48。

第一步：设定区间宽度为10，每10岁分到相同的区间。

第二步：根据年龄的最小值和最大值，结合区间宽度即得到5个区间：[1,10]，[11,20]，[21,30]，[31,40]，[41,50]。

第三步：为这5个区间设定业务名称，即A：[1,10]，B：[11,20]，C：[21,30]，D：[31,40]，E：[41,50]。

第四步：将用户年龄按照区间范围和名称进行离散化，如表1-1所示。

表1-1 等宽法进行数据离散化

1	9	14	18	20	32	37	40	48
A		B			D			E

于是，用户年龄由9个值转换为4个值，完成离散化处理。

b）等频法

等频法，即将连续的数据分为个数相同（频次）的多个区间，每个区间赋予一个业务定义。

例如，用等频法将用户年龄数据进行离散化。

用户年龄数据：1，9，14，18，20，32，37，40，48。

第一步：设定区间所含数据个数为4，即每4个数据分到一个区间，若区间中数据个数为4，则下一个数据自动分入下一个区间。

第二步：将用户年龄按照区间频率进行离散化，如表1-2所示。

表1-2 等频法进行数据离散化

1	9	14	18	20	32	37	40	48
A				B				C

于是，用户年龄由9个值转换为3个值，完成离散化处理。

不过在实际工程应用中，等宽法和等频法并不常用，原因在于以下三点。

第一，等频法和等宽法都是根据数据分布特点来进行离散化，未将具体业务需求考虑在内，数据离散化处理后可能难以在业务运营中落地。

第二，等宽法可能会将相同的数据分到两个区间。例如原始数据中第10位和第11位数据都是10，在区间宽度为10的条件下，第10位和第11位的两个数据就分到两个区间了。如果这个数据表示的是年龄，显然不应该分到两个区间。

第三，等频法可能会将差异较大的数据分到一个区间。例如原始数据前三个数是10，12，14，第四个数是50，在区间频次为4的情况下，10、12、14和50就分到一个区间了。如果这个数据表示的是年龄，显然不应该包含50。

所以，在实际工程应用中，更常见的是用自定义区间法进行数据离散化处理。

c）自定义业务区间法

自定义区间法，即按照业务运营的要求来设定离散化的规则，包括离散化区间的个数，区间的宽度，以及区间对应的业务含义。假如源系统中有一个年龄列，记录了用户的年龄，但在业务运营中不会直接应用具体的年龄数值，而是应用少年、青年、中年和老年等年龄段标识。这时就需要按照年龄段标识的规则将具体的年龄数值转换为少年、青年、中年和老年，如表1-3、表1-4和表1-5所示。

表 1-3　源系统的数值化年龄

用户	A	B	C	D	E	F	G
年龄	11	32	19	64	49	37	26

表 1-4　业务运营需要的年龄段标识规则

标识	少年	青年	中年	老年
规则	(10, 20)	(21, 30)	(31, 50)	(51, 100)

表 1-5　转换后的年龄段标识

用户	A	B	C	D	E	F	G
年龄	少年	中年	少年	老年	中年	中年	青年

（6）数据归一化 / 标准化

数据归一化 / 标准化是将不同的数据转换到同一范围或同一标准，以方便后续的分析，主要包括两部分工作。

a）将相同量纲但不同范围的数据缩放到相同的范围，以方便对比分析

例如分析班级中语文和数学的考试成绩，发现语文成绩的平均分是 110 分，数学成绩的平均分是 90 分。此时可以断言语文成绩就比数学好吗？

两者量纲虽然都是得分，但语文的成绩范围是 0～150 分，数学的成绩范围是 0～100 分，两者的成绩范围不同，即评判的基准不一样，显然不能断言语文成绩就比数学好。

若要科学对比这两门课程的成绩，就需要将两门课的成绩范围缩放到同一区间，使两门课程的评判标准一致，这样才能进行成绩好坏的判断。

又例如分析下沉市场，或所谓的"五环以外"的非一、二线城市的用户购买力和可支配收入时，显然不能拿四、五线城市的用户和一、二线城市直接进行对比。原因在于，四、五线城市和一、二线城市的居民收入、消费水平和生活成本等数据指标的范围完全不同，在四、五线城市一顿午餐可能只要 10 块钱，而在一线城市一顿午餐可能需要 20 块钱。

如果直接进行对比分析，极有可能得出错误的结论：四、五线城市的用户购买力和可支配收入远远低于一、二线城市，亦有可能制定出错误的策略：暂时不进入四、五线城市的下沉市场。

如果将四、五线城市和一、二线城市用户的收入、消费和生活成本等数

据指标的范围缩放到同一标准,就能进行公平的对比分析,或许得出的结论是四、五线城市的居民购买力和可支配收入并不低于一、二线城市,可以快速进入四、五线城市的下沉市场。

事实上,很多调查机构也都做出过这样的结论:小镇青年们的购买力惊人,幸福指数远高于一、二线城市用户,就像拼多多、快手、抖音等都是把握住了下沉市场的风口,迅速成为中国移动互联网的重要流量平台。

b)将数据的微小变化充分放大,以方便描述分析

在内容运营中CTR(点击率)是重要的指标,代表了内容(短视频、图文)的质量以及受欢迎程度。CTR是一个用百分比率表示的指标,范围从0%到100%。在实际运营中,由于马太效应而导致大部分内容的CTR都集中在3%～15%,内容之间CTR的差异都是在小数点后1～3位体现的。在运营中经常可以看到这样的数据:

短视频A的CTR是7.83%,短视频B的CTR是7.85%,短视频C的CTR是7.8%。

它们三者之间的差异仅仅是0.02%～0.03%,实在太小了,对于日常运营中数据分析是个不小的挑战。为了能够更显著地放大差异,通常将要分析的短视频样本(例如当天的所有短视频)中CTR的最大值映射到100,最小值映射到0。这样所有短视频都分布在0～100的区间,然后再看数据的分布和集中程度。

数据归一化/标准化常用的算法包括极差法和z-score法。

a)极差法

极差法,是数据归一化最简单的算法,它将数据缩放到0～1之间。

极差法的算法,如表1-6所示。

表1-6 极差法计算方法

转换后数据=(转换前数据-最小值)/极差,其中极差=最大值-最小值

极差法不关心转换前的数据是正是负,其转换结果范围都会缩放到0～1。

极差法是动态算法,若加入了新的数据,全部数据都需要重新计算,如表1-7所示。

表 1-7　源系统的数值化年龄

用户	A	B	C	D	E	F	G
年龄	11	32	19	64	49	37	26

首先确定最小值、最大值和极差：

最小值：11

最大值：64

极差：64-11 = 53

故用户年龄用极差法转换后如表 1-8 所示。

表 1-8　将年龄用极差法进行转换

用户	A	B	C	D	E	F	G
年龄	11	32	19	64	49	37	26
年龄（极差法）	0	0.39	0.15	1	0.72	0.49	0.28

b）z-score 法

z-score 法，即将某一列数值按比例缩放到统一的范围，其均值为 0，且方差为 1。

z-score 法的算法如表 1-9 和表 1-10 所示。

表 1-9　z-score 法计算方法

转换后数据 = (转换前数据 − 平均值)/ 标准差

表 1-10　源系统的数值化年龄

用户	A	B	C	D	E	F	G
年龄	11	32	19	64	49	37	26

首先确定平均值和标准差：

平均值：34

标准差：18.05547

故用户年龄用 z-score 法转换后如表 1-11 所示。

表 1-11　将年龄用 z-score 法进行转换

用户	A	B	C	D	E	F	G
年龄	11	32	19	64	49	37	26
年龄（z-score 法）	0	−0.11	−0.83	1.66	0.83	0.16	−0.44

> 注意：严格意义上的归一化和标准化略有差异，但在业务运营中可以适度忽略此差异。

（7）数据维度拆解与合并

由于源系统的数据规范多种多样，对相同业务含义数据存储各不相同，在进行数据预处理的时候就要进行维度的拆解和合并。

a）维度拆解

维度拆解，即将单一的维度拆分为多个子维度，以满足后续多维分析的需要。

最常见的场景是将地址信息进行拆分。例如将独立存储的地址信息拆分为国家、省份、城市、区域、街道等数据。

b）维度合并

维度合并，即将同一业务含义的维度进行合并和归一，减少数据的维度，降低数据存储要求，如图1-6所示。

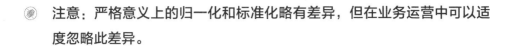

图1-6 地址信息的维度拆解和合并

> 注意：在实际工程应用中，维度拆解是一项重要工作。高质量的维度拆解可以极大提升后续数据分析的速度和效果。正所谓，维度拆解做得好，数据分析没烦恼。

3. 加载（Load）

加载，即将清洗和转换后的数据加载到数据中间层或数据应用层，以供后续的数据分析使用。加载常见的有两种方式：全量加载和增量加载，通常与Extract抽取的策略一致。不同加载方式会影响最终报表平台上报表的创建方式以及报表计算逻辑。

> 注意：关于 Load 加载的详细信息不是本书的主要内容，略去不讲。

1.2 用 Excel 完成常见数据预处理

前面讲了数据预处理的内容，本节开始就不能纸上谈兵了，我们用 Excel 来实现数据预处理中常见的操作。

1.2.1 文本数值化：文本数字转为数值型数字

在 Excel 中，数字通常有两种存储形式——数值型和文本型。

■ 数值型

这是数字在 Excel 中规范和正确的存储形式，其表现形式为默认居右对齐。以数值型存储的数字，可以完成各种数学运算，包括但不限于计数、求和、平均值、方差、标准差、最大值、最小值等。

■ 文本型

这是数字在 Excel 中的另一种存储形式，其表现形式为默认居左对齐，因为其本质依然是文本。以文本型存储的数字，只能完成计数，其他数学运算均不能完成，故而存在极大的限制。为了能够进行后续数据分析，必须将其转换为数值型数字。

> 提示：如何快速判断单元格中的数字是数值型还是文本型呢？一般情况下看它们默认的对齐方式，或观察单元格左上角有无绿色小三角。如有绿色小三角，则此单元格为文本型数值。

1. 用分列将文本型数字转换为数值型数字

操作步骤

第一步：选择需要转换的列，如图 1-7 所示。

第二步：单击"数据"选项卡，找到"分列"功能，如图 1-8 所示。

第三步：单击"分列"按钮，显示分列对话框，如图 1-9 所示。

第 1 章
准备工作：数据清洗与预处理

图 1-7 选择要转换的文本型数字

图 1-8 进入数据选项卡

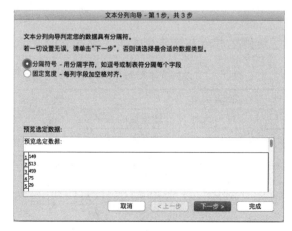

图 1-9 显示分列对话框

第四步：单击"完成"。

> 注意：不需要执行任何分列操作，只需要点击"完成"按钮即可，此时可以发现文本型数字已转换为数值型数字；亦可留意右下角，已显示平均值、计数和求和，证明此时已成为数值型数字。

2. 用公式将文本型数字转换为数值型数字

操作步骤

第一步：插入新列，作为转换辅助列，如图 1-10 所示。

第二步：在新列中使用 VALUE( ) 函数，如图 1-11 所示。

第三步：重复此操作，或双击单元格右下角的控制柄，如图 1-12 所示。

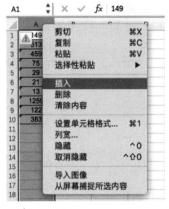
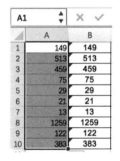

图 1-10　插入新列　　图 1-11　使用 VALUE( ) 函数　　图 1-12　重复执行

汇总对比一下两种文本转为数字的方法，如表 1-12 所示。

表 1-12　两种文本转数字的方法对比

	上手难度	适合人群	缺　　点
分列	极易	所有人群	转换后的数字依然保留左对齐的特性，需要留意
公式	略难	有 Excel 函数经验的人群	需要熟悉 Excel 的 VBA 函数，需创建辅助列，且原始列数据不能删除

1.2.2　日期数值化：文本型日期转为日期型格式

在 Excel 中，日期通常有两种存储形式——日期型和文本型。

■ 日期型

这是日期在 Excel 中规范和正确的存储形式，其表现形式为默认居右对齐，并以特定的日期格式显示。以日期型存储的日期，可以完成各种操作，包括但不限于两个日期的差、提取星期、按日期的不同维度分组汇总和筛选等。

■ 文本型

这是日期在 Excel 中的另一种存储形式，其表现形式为默认居左对齐，因为其本质依然是文本。以文本型存储的日期，只能完成计数，其他均不能完成，故而存在极大的限制。为了能够进行后续数据分析，必须将其转换为日期型日期。

1. 用分列将文本型日期转换为日期型日期

操作步骤

第一步：选择需要转换的列，如图 1-13 所示。

图 1-13　选择要转换的文本型日期

第二步：单击"数据"选项卡，找到"分列"功能，如图 1-14 所示。

图 1-14　进入分列功能

第三步：单击"分列"按钮，显示分列对话框，如图1-15所示。

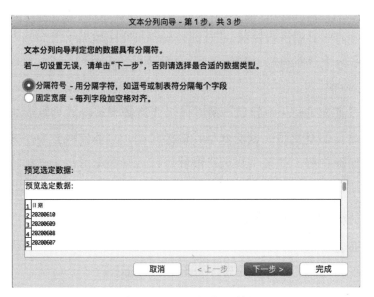

图1-15　显示分列对话框

第四步：单击"完成"。

注意：不需要执行任何分列操作，只需要点击"完成"按钮即可，此时可以发现文本型日期已转换为日期型日期；亦可留意右下角，已显示平均值、计数和求和，证明此时已成为数值型数字。

特别提醒

此方法的前提是文本型日期依然遵循日期格式的样式来存储，目前支持如下格式的文本型日期通过分列操作转换为日期型：

- YYYY/MM/DD
- YYYY-MM-DD

2. 用公式将文本型日期转换为日期型日期

Excel同样提供了将文本型日期转换为日期型日期的函数，即DATEVALUE( )函数，使用方式为：DATEVALUE（"2009/01/01"）。两种转换方式的对比如表1-13所示。

表 1-13　两种文本转日期的方法对比

	上手难度	适合人群	缺　　点
分列	极易	所有人群	转换后的日期依然保留左对齐的特性，需要留意
公式	略难	有 Excel 函数经验的人群	需要熟悉 Excel 的 VBA 函数，需创建辅助列，且原始列数据不能删除

1.2.3　用分列实现维度拆分

在 Excel 中进行维度拆分是一件非常容易和轻松的工作，因为 Excel 为我们提供了"分列"功能。在很多源系统中地址类信息都是重要信息，包括用户联系地址、商品收货地址等，多数情况下是用单一字段进行存储，如表 1-14 所示。

表 1-14　地址信息

地　　址
广东省广州市天河区

此类型存储的地址信息对于数据分析是毫无意义的，因为它将大量有用信息融合进了同一字段，或者叫数据列，而所有分析工具的最小分析维度就是一个数据列。如果用这样的地址信息来分析可乐在不同城市的销量，你会发现无法下手，城市这个重要的分析目标恰恰被融合在一个夹杂很多无用数据的数据列中，数据分析工具无法处理数据列内的信息，就好像装着很多糖果的透明玻璃盒，你能看到却无法从中提炼出价值。

Excel 中分列的方式有两种：基于固定位置，基于分隔符。

1. 基于固定位置分列

基于固定位置分列，只需指定数据中需要分列的位置即可，支持同时指定多个分列位置，适合格式统一和固定的数据。

应用：提取身份证中的出生年月

第一步：单击"数据"选项卡，找到"分列"功能，如图 1-16 所示。

图 1-16　"分列"功能

第二步：单击"分列"按钮，显示分列对话框，如图1-17所示。

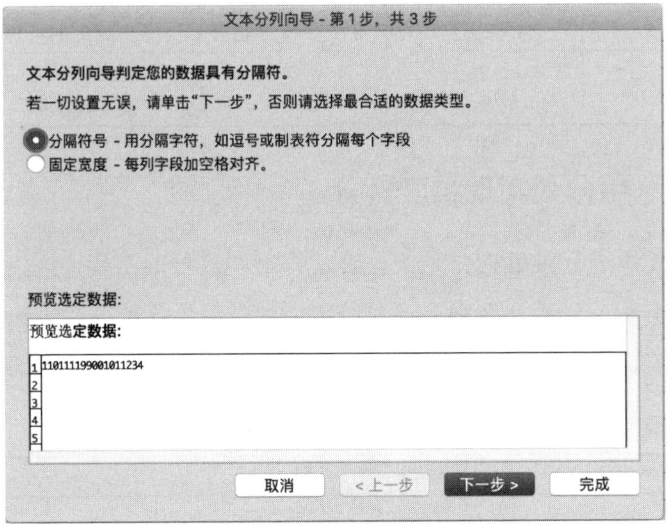

图1-17 显示分列对话框

第三步：点击"固定宽度"并单击"下一步"按钮，结果如图1-18所示。

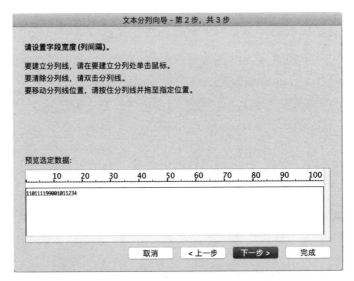

图1-18 选择"固定宽度"

第四步：在标尺上单击创建分列线，拖动分列线到合适的位置并进入"下一步"，如图1-19所示。

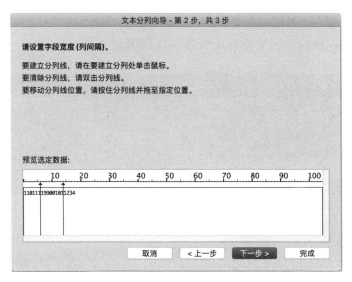

图 1-19　创建分列线

第五步：检查分列数据是否正确，无误后单击"完成"按钮，如图 1-20 所示。

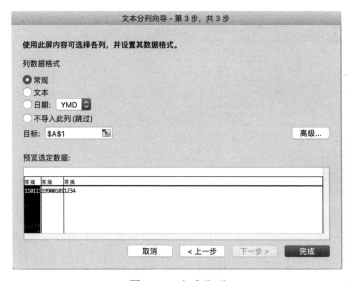

图 1-20　完成分列

2. 基于分隔符分列

基于分隔符分列，需要指定数据中按照哪些字符进行拆分即可，每次分列仅支持一个分隔符，适合格式复杂的数据。

应用：提取地址信息中的省份

第一步：选择待拆分的列，如图1-21所示。

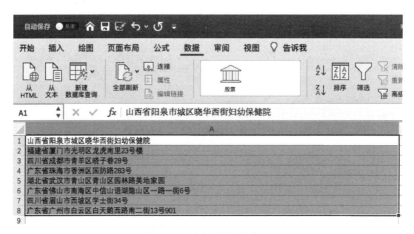

图1-21　选择待拆分的列

第二步：单击"数据"选项卡，找到"分列"功能，如图1-22所示。

图1-22　进入分列功能

第三步：单击"分列"按钮，显示分列对话框，如图1-23所示。

第四步：点击"分隔符号"并进入"下一步"，如图1-24所示。

第五步：在分隔符中点击"其他"输入"省"并进入"下一步"，如图1-25所示。

第六步：检查分列数据是否正确，无误后单击"完成"按钮。

第1章 准备工作：数据清洗与预处理

提取地址中的信息一般只能用分隔符分列，因为省份名称长短不一，无法用固定宽度进行分列。

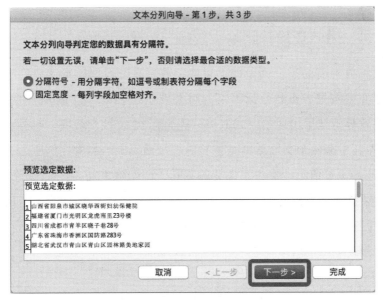

图 1-23　显示分列对话框

图 1-24　选择"分隔符号"

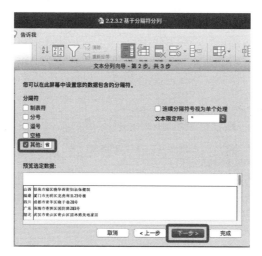

图 1-25　创建分隔符

> 注意：分列后的数据会覆盖相邻列，请提前插入空白列，否则相邻列的数据会被覆盖；分列后用于分列的字符会被删除，需检查分列后数据是否符合要求。再次强调，是否要做维度拆解，决定于拆解后的多个子维度是否为业务分析所需。

1.2.4　用"查找并删除重复行"处理重复值

在数据分析前必须仔细处理重复值。若源系统数据质量管控不严，极易产生大量重复数据。重复数据不仅占用大量存储空间，拖慢分析速度，甚至会直接导致分析结果出现错误或偏差。假如有 10 行性别数据，其男女比例是 6∶4，但其中有 4 个男性数据是重复的，故而真实的男女比例应为 3∶4。

Excel 为重复值处理提供了便捷的工具，即删除重复项。

应用：删除重复数据

第一步：选择要处理的数据区域，如图 1-26 所示。

第二步：单击"数据"选项卡，找到"删除重复项"功能，如图 1-27 所示。

第三步：单击"删除重复项"按钮，显示对话框，如图 1-28 所示。

图 1-26　选择要处理的数据

第四步：勾选用以判断重复的列，如图 1-29 所示。

图 1-27　删除重复项功能

图 1-28　显示删除重复项对话框　　图 1-29　选择要判断重复的列

第五步：单击"确定"按钮，如图 1-30 所示。

第六步：Excel 提示重复值数量，并自动保留唯一行，无误后单击"确定"按钮，如图 1-31 所示。

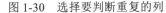

图 1-30　选择要判断重复的列　　　　图 1-31　完成删除重复值

> 注意：勾选判断重复项的列时，建议尽可能选择完备。一般来说，重复列要求所有列的数据都一样，否则不能作为重复列进行删除处理。

1.3 本章小结和思考

1. 数据预处理的目的是什么？
2. 文本型数字如何转化为数值型数字？
3. 如何将一个字段拆分为多个字段？
4. 文本型日期和日期型日期的区别是什么？

第2章 洞察运营机会的数据分析利器

从本章开始,将详细讲解一套快速有效的数据分析方法,包括其操作演示和应用场景,读者学完即可应用。

这套分析方法包括5个分析工具。

- 用"描述性统计"来快速了解数据的整体特点。
- 用"变化分析"来寻找数据的问题和突破口。
- 用"指标体系"来深度洞察变化背后的原因。
- 用"相关性分析"来精确判断原因的影响程度。
- 用"趋势预测"来科学预测未来数据的走势。

这套数据分析方法是完整、闭环和通用的分析方法,并且易于上手,因为所有内容都可用Excel来实现,并且涉及操作的部分只需要点点鼠标即可,不需要函数,不需要编码开发。

这套分析方法是从我独家的"数据分析七武器"中提炼出来的,进一步降低了对理论性内容的要求,并加强了实际工作场景的应用指南。

这套分析方法包括5个分析工具:描述性统计、变化分析、指标体系、相关性分析和趋势预测,其完整架构如图2-1所示。

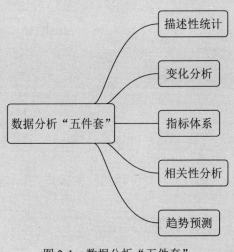

图2-1 数据分析"五件套"

2.1 重要！数据分析前的准备工作

在开始之前，需要启用 Excel 的数据分析工具包，以便开展后续的内容，启用方法如下。

2.1.1 Windows 操作系统用户

Windows 操作系统用户按照如下步骤启用数据分析工具包。

第一步，进入 Excel 选项，并选择加载项，如图 2-2 所示。

图 2-2 进入 Excel 设置

第二步，单击右下方的"转到"按钮，如图 2-3 所示。

图 2-3 选择"Excel 加载项"，点击"转到（G）..."

第三步，勾选分析工具库，单击"确定"按钮，如图 2-4 所示。

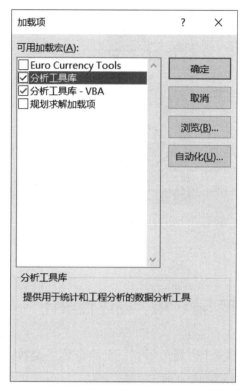

图 2-4　勾选"分析工具库"，单击"确定"按钮

第四步，如果在"数据"选项卡的最右边找到"数据分析"，即可确认"数据分析"加载成功，如图 2-5 所示。

图 2-5　确认"数据分析"加载成功

2.1.2　MacBook 操作系统用户

MacBook 操作系统用户，请在顶部菜单栏中按照如下指示操作：
第一步，点击"工具"，打开"Excel 加载项"，如图 2-6 所示。
第二步，勾选"分析工具库"，单击"确定"按钮，如图 2-7 所示。

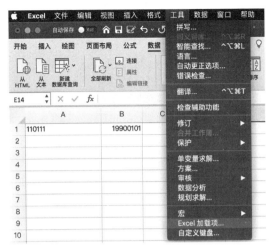
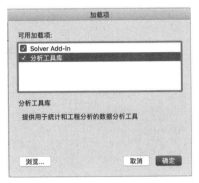

图 2-6 点击"工具",打开"Excel 加载项"   图 2-7 勾选"分析工具库",单击"确定"按钮

2.2 第 1 把利器:用"描述性统计"来整体评估数据

本节介绍描述性统计的相关知识,重点讲解中位数、平均数、异常值和箱线图的概念、适用场景以及使用流程。

2.2.1 什么是描述性统计

描述性统计是指对总体所有变量的数据进行集中趋势分析和离散程度分析,寻求总体中所有数据的整体情况。集中趋势分析,常用的指标有平均值、中位数和众数等;离散程度分析,分析数据的离散和波动情况,常用的指标有方差、标准差等。

2.2.2 描述性统计的适用场景

描述性统计,特别适合于从令人眼花缭乱的数据中找到整体特征,快速建立整体全面的认知。在入职新公司或接手新工作的时候,通常第一件事就是看各种各样的报表以了解业务经营情况。当一份有十几列、几万行的数据出现时,那种感觉我相信用铺天盖地、头晕目眩来形容是再合适不过了。面对如此令人沮丧的数据，我们必须摆脱细节的干扰，从整体和表象上先建立起对数据的认知。

描述性统计正是为此而生，它通过几个简单的核心工具就能在几秒钟内提取出大量数据的整体特征。

> **技巧**：我面试数据分析候选人时，会用一个经典的 iPhone 销量案例来评估候选人接触到全新业务数据时的思路和反应，即数据敏感性。你们可以试试，看到这份图 2-8 所示报表时，5 分钟内说出至少 5 条你看到的事实。

城市	2018年2月	城市	2018年6月
北京	491	北京	307
重庆	648	重庆	307
西安	352	西安	933
郑州	596	郑州	523
苏州	918	苏州	275
西宁	842	西宁	252
济南	502	济南	369
天津	62	天津	903
广州	141	广州	40
深圳	338	深圳	303

图 2-8　iPhone 的销量

2.2.3　分析数据的分布情况：中位数和平均数

1. 数学定义和业务含义

中位数，是指将一组数据排序后，其位置处于正中间的数。如果是偶数长度的数据，则中位数取最中间两个数值的算术平均数，如图 2-9 所示。

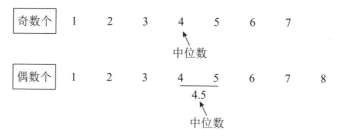

图 2-9　奇数长度和偶数长度数据的中位数

平均数，是统计学中最常用的指标，也是描述性统计中描述数据集中程度的指标，常用的平均数包括算术平均数和几何平均数等。

2. 使用指南

中位数和平均数通常结合起来使用，通过比较中位数和平均数的大小关系来判断数据的分布是偏大还是偏小。对于同一组数据，如果：

■ 平均数 > 中位数：整体数据中偏大的居多，或有大值的影响，抬高了整体的均值。

■ 平均数 < 中位数：整体数据中偏小的居多，或有小值的影响，降低了整体的均值。

3. 典型应用分析①：电商销售分析

在电商行业中经常需要分析不同品类产品的销售情况。例如分析如下两款产品的销售情况，考察其累计销售额无法分析出深入的结论，因为两款产品的累计销售额完全一样，但从两款产品的每日平均销售额和销售额的中位数来对比，就能看出有趣的结论，如表 2-1 和表 2-2 所示。

表 2-1　两组产品的每日销量

统计数据	产品 A	产品 B
2020-01-01	65	79
2020-01-02	388	513
2020-01-03	373	435
2020-01-04	25	78
2020-01-05	234	99
2020-01-06	465	387
2020-01-07	67	315
2020-01-08	856	56
2020-01-09	57	568
累计销量	2530	2530

表 2-2　两组产品的销量平均数和中位数

统计数据	产品 A	产品 B
2020-01-01	65	79
2020-01-02	388	513
2020-01-03	373	435

续表

统计数据	产品 A	产品 B
2020-01-04	25	78
2020-01-05	234	99
2020-01-06	465	387
2020-01-07	67	315
2020-01-08	856	56
2020-01-09	57	568
累计销量	2530	2530
平均数	281.11	281.11
中位数	234	315

由表 2-2 可以看出，产品 A 和产品 B 的累计销售额完全一样，但是：

■ 产品 A 的日均销售额为 281.11，每日销售额的中位数是 234，即平均数大于中位数，意味着产品 A 的每日销售额偏高的居多，可能是产品 A 的客单价较高，可能是某一天的销售额很高，从而拉高了平均数。

■ 产品 B 的日均销售额为 281.11，每日销售额的中位数是 315，即平均数小于中位数，意味着产品 B 的每日销售额偏低的居多，可能是产品 B 的客单价较低，可能是某一天的销售额很低，从而拉低了平均数。

4. 典型应用分析②：渠道获客流量分析

无论线上还是线下产品，渠道都是重要的运营资源。例如要分析如下 3 个渠道的新增用户情况，考察其累计新增用户数无法分析出深入的结论，因为 3 个渠道的累计新增用户数完全一样，但从这 3 个渠道的每日平均新增用户数和新增用户的中位数来对比，就能看出有趣的结论，如表 2-3 和表 2-4 所示。

表 2-3 三个渠道的每日新增用户数

统计数据	渠道 A	渠道 B	渠道 C
2020-01-01	42	65	82
2020-01-02	45	36	36
2020-01-03	62	123	21
2020-01-04	56	25	23
2020-01-05	35	45	25
2020-01-06	79	32	43

续表

统计数据	渠道 A	渠道 B	渠道 C
2020-01-07	67	26	52
2020-01-08	74	78	59
2020-01-09	30	57	60
2020-01-10	28	51	76
2020-01-11	54	34	95
累计用户数	572	572	572

表 2-4 三个渠道每日新增用户数的平均数和中位数

统计数据	渠道 A	渠道 B	渠道 C
2020-01-01	42	65	82
2020-01-02	45	36	36
2020-01-03	62	123	21
2020-01-04	56	25	23
2020-01-05	35	45	25
2020-01-06	79	32	43
2020-01-07	67	26	52
2020-01-08	74	78	59
2020-01-09	30	57	60
2020-01-10	28	51	76
2020-01-11	54	34	95
累计用户数	572	572	572
平均数	52	52	52
中位数	54	45	52

由表 2-4 可以看出，渠道 A、渠道 B 和渠道 C 的累计新增用户数完全一样，但是：

■ 渠道 A 的每日平均新增用户数为 52，新增用户数中位数为 54，即平均数小于中位数，意味着渠道 A 的每日平均新增用户数偏低的居多，可能是渠道 A 的获客能力整体偏弱，故累计新增注册用户数理应偏低。但目前 3 个渠道累计新增注册用户数一致，可能是因为渠道 A 某些日期的新增用户数涨幅明显，可能投放了拉新活动和资源。

■ 渠道 B 的每日平均新增用户数为 52，新增用户数中位数为 45，即平均数大于中位数，意味着渠道 B 的每日平均新增用户数偏高的居多，可能是渠道 B 的获客能力整体较强，故累计新增注册用户数理应偏高。但目前 3 个渠道累计新增注册用户数一致，可能是因为渠道 B 某些日期的新增用户数下降明显，需要进一步分析这些日期该渠道的运营策略。

- 渠道 C 的每日平均新增用户数为 52，新增用户数中位数也是 52，即平均数等于中位数，意味着渠道 C 的每日平均新增比较均衡，没有明显的运营问题。

2.2.4　分析数据的离散程度：方差和标准差

1. 数学定义和业务含义

方差，是指数据的离散程度。统计学中的方差是每个样本值与全体样本值的平均数之差的平方值的平均数。而标准差，是方差的开方值。

方差和标准差的业务含义极其重要：

- 方差和标准差代表了业务指标的波动情况，即业务稳定性的高低，也即业务经营风险的大小。
- 当方差和标准差变大，意味着指标波动变大，业务稳定性降低，业务经营风险升高。
- 当方差和标准差变小，意味着指标波动变小，业务稳定性升高，业务经营风险降低。
- 方差和标准差可以将微小的变化显著放大，即更直观和更直接地观察到业务经营风险。

2. 使用指南

方差和标准差含义相同，由于在实际工程应用中方差的数值可能会非常大，不便于数据分析，故而常用开方后的方差，即标准差来代替，以便于分析。

3. 典型应用分析①：产品销售分析

接着拿前面的产品销售量举例。除了分析其平均销售额和中位数外，我们来继续考察销售额的方差，看看能否得出有趣的结论，如表 2-5 所示。

表 2-5　两组产品每日销售额的方差和标准差

统计数据	产品 A	产品 B
2020-01-01	65	79
2020-01-02	388	513
2020-01-03	373	435
2020-01-04	25	78
2020-01-05	234	99
2020-01-06	465	387
2020-01-07	67	315
2020-01-08	856	56
2020-01-09	57	568
累计销量	2530	2530
平均数	281.11	281.11
中位数	234	315
方差	74345.86	42257.86
标准差	272.66	205.57

可以看出，产品 A 的方差是 74345.86，标准差是 272.66，产品 B 的方差是 42257.86，标准差是 205.57，由此我们分析：

产品 A 销售额的方差和标准差均大于产品 B，故产品 A 的每日销售额更为离散，波动更大，业务稳定性更差，背后可能的原因有产品质量不稳定、营销策略不稳定、客群不稳定、销售渠道不稳定等。

4. 典型应用分析②：渠道获客分析

渠道是重要的获客资源，对于其获客的稳定性务必重视。例如要分析如下 3 个渠道的新增用户情况，考察其每日新增用户数的方差，看看能否得出有趣的结论，如表 2-6 所示。

表 2-6　三个渠道的每日获客方差和标准差

统计数据	渠道 A	渠道 B	渠道 C
2020-01-01	42	65	82
2020-01-02	45	36	36
2020-01-03	62	123	21
2020-01-04	56	25	23
2020-01-05	35	45	25
2020-01-06	79	32	43

续表

统计数据	渠道A	渠道B	渠道C
2020-01-07	67	26	52
2020-01-08	74	78	59
2020-01-09	30	57	60
2020-01-10	28	51	76
2020-01-11	54	34	95
累计用户数	572	572	572
平均数	52	52	52
中位数	54	45	52
方差	305.6	834.6	630.6
标准差	17.48	28.89	25.11

从表2-6可以看出，渠道A每日新增用户数的方差是305.6，标准差是17.48，渠道B每日新增用户数的方差是834.6，标准差是28.89，渠道C每日新增用户数的方差是630.6，标准差是25.11，我们分析：

渠道B每日新增用户数的方差和标准差最大，可以认为在这3个渠道中，渠道B的获客能力波动最大，稳定性最差，后续的风险也在3个渠道中最高（相对），接下来需要更多地关注渠道B的运营情况。渠道A和渠道C的获客能力相对波动较小，获客较稳定，保持中优先级的关注即可。

5. 典型应用分析③：活跃用户的月度分析

线上产品的核心指标是活跃用户，活跃用户的每次波动都让人提心吊胆。如表2-7和表2-8所示，为某产品近4周的DAU，考察其每周DAU的方差和标准差，看看能否得出有趣的结论。

表2-7　某产品近四周的DAU

	第一周	第二周	第三周	第四周
周一	149	318	820	154
周二	513	510	255	318
周三	459	410	518	227
周四	375	647	431	128
周五	329	200	374	113
周六	521	270	411	530
周日	213	261	510	246

表 2-8　某产品近四周 DAU 的方差和标准差

	第一周	第二周	第三周	第四周
周一	149	318	820	154
周二	513	510	255	318
周三	459	410	518	227
周四	375	647	431	128
周五	329	200	374	113
周六	521	270	411	530
周日	213	261	510	246
方差	18032.82	21616.78	26675.27	18038.98
标准差	134.29	147.03	163.33	134.31

由表 2-8 可以看出，第一周的方差是 18032.82，标准差是 134.29，第二周的方差是 21616.78，标准差是 147.03，第三周的方差是 26675.27，标准差是 163.33，第四周的方差是 18038.98，标准差是 134.31，我们分析：

第三周的方差和标准差显著高于其他三周，即第三周的活跃波动较大，稳定性较差，活跃运营风险较高，可能是市场环境发生变化、竞争伙伴投放资源、运营节奏或产品功能出问题等。

2.2.5　寻找异常数据：分位数和异常值

1. 数学定义和业务含义

分位数，是指将一组有序数据分为几个具有相同长度的区间，常用的有中位数、四分位数等。统计学中，把所有数值由小到大排列并分成四等份，处于三个分割点位置的就是分位数，通常用 Q1、Q2、Q3 来表示一分位（前 25%）、二分位（前 50%）、三分位（前 75%），其中二分位数就是中位数，如图 2-10 所示。

图 2-10　分位数

异常值，即在数据集中存在过高或过低的值（注意，异常值并不一定是最大值或最小值）。在统计学中，通常用分位数来确定正常值区间，并筛选出异常值，筛选算法如下：

- 若数据大于 Q3+1.5（|Q3-Q1|），则数据为异常值。
- 若数据小于 Q1-1.5（|Q3-Q1|），则数据为异常值。
- 若数据在 Q1-1.5（|Q3-Q1|）和 Q3+1.5（|Q3-Q1|）之间，则为正常值。其中，|Q3-Q1| 也叫分位距，或分位差，用 IQR 来表示。

异常值的业务含义同样十分重要：

- 用数学方法判断一组业务数据中异常的值，可大大加快分析速度和效率。
- 异常值，通常需要单独排查和分析。在很多互联网公司都会设置一个职位专门跟进分析异常值，它们叫 Bad Case。
- 异常值不能说好，也不能说不好，要根据实际业务情况来看。"双 11"这天的销售数据，对比 11 月其他日期的销售，显然是一个异常值。但对于这个异常值，当然希望越大越好，也就是越异常越好，如图 2-11 所示。

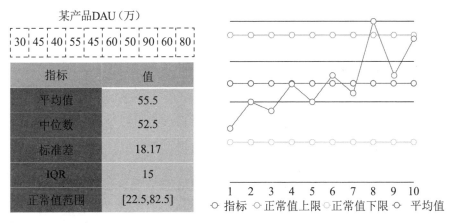

图 2-11　某产品 DAU 的正常值范围和异常值

2. 使用指南

在异常值的算法中，IQR 前面的系数是重要的运营手段。在实际工程应用中，IQR 前面的系数 1.5 被认为是一个经验值，可根据业务实际情况在 1.0～2.0 之间调节，越大意味着异常值标准越宽松，越小则意味着异常值标准越严格。通常情况下认为异常值是数据产生波动的重要原因。

为了找出正常值范围以及异常值，除了用基于 IQR 的算法外，还可以通过箱线图更直观地找出异常值，如图 2-12 所示。

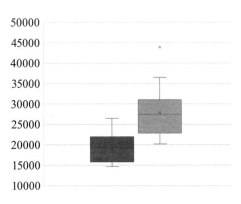

图 2-12　异常值的运营工具——箱线图

图 2-12 即是标准的箱线图，其中游离在外的点表示异常值。我们还能从箱线图解读出更多有趣的事实。

- 可以直接看到中位数和平均值所在的位置，便于快速评估中位数和平均值的大小。
- 可以通过箱子的高度定性判断方差大小：箱子越高，方差越大，反之越小。
- 可以看到正常值的范围，上下限之间即是正常值范围。

3. 典型应用分析：渠道获客分析

渠道是重要的获客资源，其获客能力的趋势非常重要。分析如下 3 个渠道的新增用户情况，考察其每日新增用户数有无异常情况，看看能否得出有趣的结论，如表 2-9 所示。

表 2-9　三个渠道每日新增用户数

渠道 A	渠道 B	渠道 C
1001	4100	62
1140	12299	95
1104	10364	85
1208	11421	200
1049	13744	85

续表

渠道 A	渠道 B	渠道 C
1061	13346	98
890	6005	69
1076	12685	87
1140	13043	65
946	3280	30
1107	3039	26
1165	3079	41

可以看出，渠道 A 每日新增用户数的 Q1 是 1037，Q3 是 1140，IQR 是 103，故正常值范围是 [882.5，1294.5]；渠道 B 每日新增用户数的 Q1 是 3895，Q3 是 12774.5，IQR 是 8879.5，故正常值范围是 [9424.25，26093.75]；渠道 C 每日新增用户数的 Q1 是 56.75，Q3 是 89，IQR 是 32.25，故正常值范围是 [8.375，137.375]，得出：

- 渠道 A 的每日新增用户数均在正常值范围内，故渠道 A 的每日销售额没有异常值。
- 渠道 B 的每日新增用户数均在正常值范围内，故渠道 B 的每日销售额没有异常值。
- 渠道 C 的每日新增用户数有 1 个在正常值范围外，故渠道 C 的每日新增用户数有异常值，它是 200。对于每日新增用户数的异常值，需要单独排查原因，看是否因为拉新活动、渠道联合活动等，如图 2-13 所示。

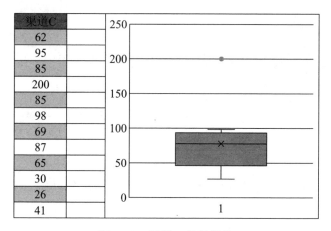

图 2-13　渠道 C 的异常值

2.2.6 在 Excel 中实现描述性统计

前面详细讲解了描述性统计中的 3 个分析工具，分别是平均数和中位数、方差和标准差，以及异常值，都可以快速评估数据的整体趋势并初步找出可能的问题点。

事实上，Excel 作为最重要的数据分析平台，已内置了描述性统计的所有分析工具，能够简单快速地完成上述分析，并且结果极易解读。

1. 用 Excel 创建中位数和平均值

第一步：数据预处理，确认数据均为数值型格式（参考上文）。

第二步：点击"数据"选项卡，点击"数据分析"，如图 2-14 所示。

图 2-14　打开"数据分析"功能

> **注意**：如果"数据"选项卡后无"数据分析"，请先启用"数据分析"加载项。

第三步：点击"描述统计"，如图 2-15 所示。

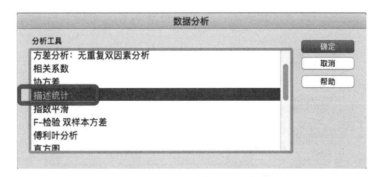

图 2-15　点击"描述统计"

第四步：选择数据输入区域，点击图示按钮，拖动选择数据区域，如图 2-16 所示。

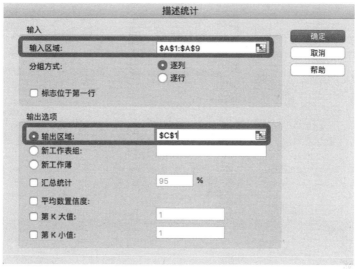

图 2-16 选择数据输入区域

> **注意**：若数据列第一行为标题，请勾选"标志位于第一行"。

第五步：勾选"汇总统计"选项，其他默认即可，如图 2-17 所示。

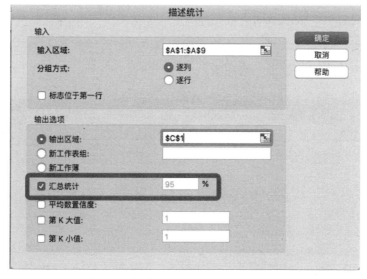

图 2-17 勾选"汇总统计"，其他默认

第六步：单击"确定"按钮，输出结果，如图 2-18 所示。

平均	281.11111
标准误差	90.888125
中位数	234
众数	#N/A
标准差	272.66437
方差	74345.861
峰度	1.3255885
偏度	1.1903718
区域	831
最小值	25
最大值	856
求和	2530
观测数	9

图 2-18 单击"确定"按钮，输出结果

Excel 的描述性统计输出了 13 个分析指标，红框即为这组数据的平均数、中位数。可以看出，该组数据的平均数大于中位数，意味着整组数据偏高的居多，检查原始数据亦可证此。

2. 用 Excel 创建方差和标准差

用 Excel 创建方差和标准差的步骤和上述一致，但由于单独考察方差和标准差并无意义，故准备两组数据来分析：

第一步：数据预处理，确认数据均为数值型格式（参考上文）。

第二步：点击"数据"选项卡，点击"数据分析"，如图 2-19 所示。

图 2-19 打开"数据分析"功能

> 注意：如果"数据"选项卡后无"数据分析"，请参详本章开始部分的"概述和准备工作"启用"数据分析"加载项。

第三步：点击"描述统计"，如图2-20所示。

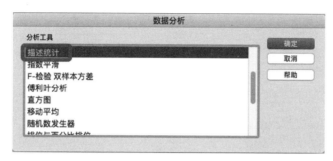

图2-20 点击"描述统计"

第四步：选择数据输入区域，点击图示按钮，拖动选择数据区域，如图2-21所示。

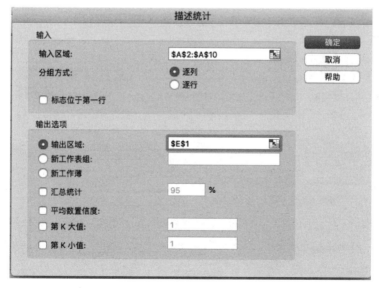

图2-21 选择数据输入区域

> 技巧：若需分析多列数据，选择全部数据区域即可，Excel默认按列输出多组结果。

第五步：勾选"汇总统计"选项卡，其他默认即可，如图 2-22 所示。

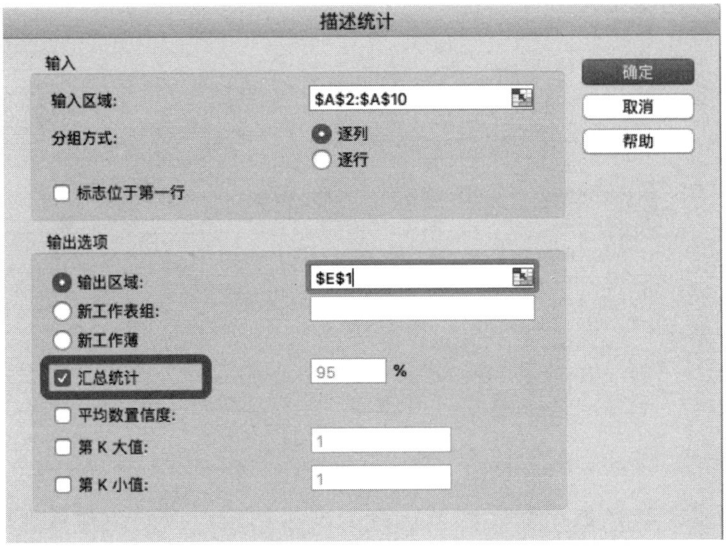

图 2-22　勾选"汇总统计"，其他默认

第六步：单击"确定"按钮，输出结果，如图 2-23 所示。

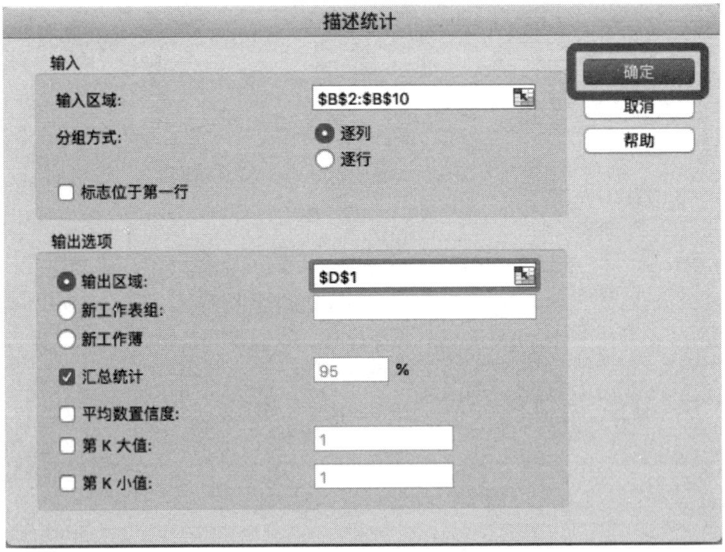

图 2-23　单击"确定"按钮，输出结果

第七步：结果解读，如图 2-24 所示。

	产品A		产品B
平均	281.111111	平均	281.111111
标准误差	90.8881248	标准误差	125.111111
中位数	234	中位数	122
众数	#N/A	众数	#N/A
标准差	272.664374	标准差	375.333333
方差	74345.8611	方差	140875.111
峰度	1.3255885	峰度	3.36185764
偏度	1.19037179	偏度	1.83535731
区域	831	区域	1136
最小值	25	最小值	13
最大值	856	最大值	1149
求和	2530	求和	2530
观测数	9	观测数	9

图 2-24　描述性统计的输出结果

Excel 的描述性统计输出了 13 个分析指标，红框即为这两组数据的方差和标准差。可以看出，A 组数据的方差和标准差均小于 B 组数据，意味着 A 组数据离散程度更低，波动更小，业务稳定性更高。

3. 用 Excel 创建分位数和异常值

在前文讲述分位数和异常值的算法时，我们说可以通过计算公式和箱线图两种方法来寻找异常值。事实上，Excel 也提供了箱线图工具。

第一步：数据预处理，确认数据均为数值型格式（参考上文）。

第二步：选择要分析的数据。

第三步：点击"插入"选项卡，点击图表区域的"箱形图"，如图 2-25 所示。

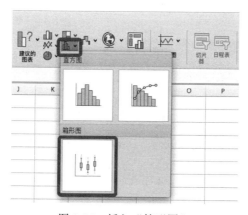

图 2-25　插入"箱形图"

> **注意**：如果图表区域无此图标，请升级 Excel 至 Office 2019 及以上版本。

第四步：完成创建，如图 2-26 所示。

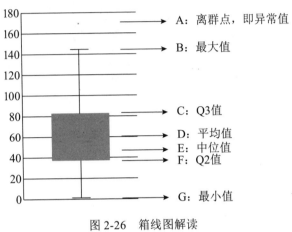

图 2-26　箱线图解读

2.3　第 2 把利器：用"变化分析"来寻找问题突破口

本节首先介绍了变化分析的目的，并详细介绍 2 种变化分析的方法，最后介绍在 Excel 中实现变化分析的方法和操作流程。

2.3.1　什么是变化分析

通常情况下，指标发生变化意味着指标关联的业务环境发生了变化。通过观察变化量，可以寻找可能的业务问题点。变化的异常情况包括下跌、不变，以及上升。

指标上升就一定是好事情吗？不一定，登录失败率、APP 崩溃率、用户流失率等指标的上升就是坏的兆头。指标上升就一定是坏事情吗？不一定，日活用户、留存率等指标的上升就是好的兆头。

指标下跌就一定是坏事情吗？不一定，登录失败率、APP 崩溃率、用户流失率等指标的下跌就是好的兆头。指标下跌就一定是好事情吗？不一定，日活用户、留存率等指标的下跌就是不好的情况。

指标不变就一定是好事情吗？不一定，累计注册用户数、GMV、人均使用时长等指标不变就是不好的情况。

> 说明：上面的逻辑有点绕，脑袋转过弯了吗？其实就是说变化分析应该覆盖所有情况，指标上升、下跌甚至不变都需要进行分析。

2.3.2 变化分析的适用场景

变化分析，特别适合于面对数据一筹莫展、无从下手的时候，可以快速寻找到突破口，打破沉闷的局面，就好像青蛙的眼睛一样，只对非静止的物体做出反应并且是敏锐的反应，变化分析就是分析非静止数据的蛙眼。

> 技巧：事实上，当我们能够熟练运用变化分析技巧后，无论面对多么复杂的数据，不管它有几万行还是几万列，都可以在几秒钟内找到变化的问题点。

2.3.3 变化分析1：同比

1. 数学定义和业务含义

同比，是指本期数据与过往同期数据对比而达到的相对发展速度，主要是为了消除季节或周期性变动带来的影响，忽略对比周期间的数据变化，常用百分数或倍数表示。在实际工作中，经常使用这个指标进行周同比、月同比、季度同比、年同比等分析，来评估过往同期数据的变化，如图2-27所示。

图 2-27　同比

因为同比忽略了周期性影响，故其可对比的范围极广，适用于极大时间跨度的对比。当我们为每年"双 11"屡破新高振臂高呼时,也会与过往 10 年间的"双 11"进行对比;在新型冠状病毒疫情期间,也有机构将其和 2002 年的非典疫情进行对比,从中寻找和借鉴可行的预防和控制策略。

同比务必考虑数据周期性波动。因为同比忽略了两个对比数据之间的数据变化,即忽略了数据周期性的影响,故同比适用于对周期性不敏感的业务,或对比时间段内包含至少一个完整的周期性波动。如果对比周期内未能涵盖至少一个周期,则不适用同比分析,因为会出现周期性波动中的错峰对比,例如旺季的收入对比淡季的收入。

2. 使用指南

同比的计算方式为:(数据 A- 数据 B)/ 数据 B×100%,即以数据 B 为对比基准值,来考察数据 A 的变化情况,其结果包括负数、零和正数,即同比负增长、同比无增长、同比正增长。

例如下列一组数据,考察其周同比,如表 2-10 所示。

表 2-10 同比计算

周一	周二	周三	周四	周五	周六	周日	周一	周二	周三	周四	周五	周六	周日
			10							15			
同比:(15-10)/10×100%=20%,即同比增长 20%													

> **注意**:因为同比是变化量,故习惯上用百分数来表示。

3. 典型应用分析①:产品销售分析

前文已讲过产品销量是电商行业中经常需要分析的数据,考虑其具备一定的周期性,例如周一到周五销量逐步上升,周六周日到达高峰,下一周继续此周期,故同比的时段跨度至少为 1 周(7 天)。若考察本周三与上周五的同比,因本周三到上周五的时段内并未覆盖一个完整波动周期(7 天),且如此同比并无太大的业务意义,即会犯错峰对比的错误,得出错误且无意义的结论。正确同比做法是对比数据周期波动内处于同一时段的数据,例如本周三对比上周三,本周五对比上周五,本周六对比上周六,如表 2-11 所示。

表 2-11 某产品一个月中每日收入

	周一	周二	周三	周四	周五	周六	周日
第一周	10	20	30	40	50	70	100
第二周	60	70	80	90	100	120	150
第三周	120	130	140	150	160	180	210
第四周	150	160	170	180	190	210	240

可得知如下事实：

- 第三周周五同比第一周周五增长 220%。
- 第二周周二同比第一周周二增长 250%。
- 第四周周六同比第二周周六增长 75%。
- 第二周周末同比第一周周末增长 58.8%。

4. 典型应用分析②：活跃用户的同比分析

活跃用户分析最常用的就是同比分析，因为大多数产品的活跃用户都表现出极强的 7 天律动，即以 7 天为一个波动周期。在做同比分析时，通常关注工作日、周五和周末的同比，以考察用户在工作、准周末和周末对产品的使用情况，如表 2-12 所示。

表 2-12 某产品的 DAU

	周一	周二	周三	周四	周五	周六	周日
第一周	10	20	30	40	50	70	100
第二周	60	70	80	90	100	120	150
第三周	120	130	140	150	160	180	210
第四周	150	160	170	180	190	210	240

可得知如下事实：

- 第三周工作日 DAU 同比第一周提升 366.7%。
- 第三周周末 DAU 同比第一周提升 129.4%。
- 第四周周五 DAU 同比第二周提升 90%。

2.3.4 变化分析 2：环比

1. 数学定义和业务含义

环比，是指本期数据与相邻同期数据对比而达到的相对发展速度，主要是为了考察业务连续波动的情况，会被周期性波动影响，常用百分数或倍数表示。在实际工作中，经常使用这个指标进行日环比、月环比、季度环比、年环比等分析，来评估过往相邻周期数据的变化。

环比会受周期性影响，且其可对比的范围固定（相邻），不适用于极大时间跨度的对比。当我们为每年"双11"营收屡破新高振臂高呼时，也会与10月的营收进行对比；在新型冠状病毒疫情期间，也有机构将其和2019年下半年的月份进行环比，从中估算国民经济受影响程度并制定促进经济恢复的策略。

环比和同比极易混淆，经常听到"6月同比5月""周五环比上周五"这样的错误表述，其实环比和同比的核心区别很简单，即是否相邻。环比是相邻两个数据的对比，同比则是非相邻两个数据的对比，如表2-13所示。

表 2-13　环比和同比

2020年5月第1周对比2020年5月第2周	环比
本周末对比上周末	同比
本周对比上周	环比
今年5月对比今年4月	环比
2020年1月对比2019年12月	环比
2020年1月10日对比2019年12月10日	同比

2.使用指南

环比的计算方式与同比一样，均为：（数据A-数据B）/数据B×100%，即以数据B为对比基准值，来考察数据A的变化情况，其结果包括负数、零、正数，即同比负增长、同比无增长、同比正增长，只不过数据A和数据B务必相邻。

3.典型应用分析①：产品销售分析

对于产品销量常见的环比有周环比等，如表2-14所示。

表 2-14　产品的月度销量

	周一	周二	周三	周四	周五	周六	周日
第一周	10	20	30	40	50	70	100
第二周	60	70	80	90	100	120	150
第三周	120	130	140	150	160	180	210
第四周	150	160	170	180	190	210	240

可得知如下事实：

- 第三周环比第二周增长 62.7%。
- 第二周周二环比第二周周一增长 16.7%。
- 第四周周六环比第四周周五增长 10.5%。
- 第二周周日环比第二周周六增长 25%。
- 第四周环比第三周增长 19.3%。

4. 典型应用分析②：活跃用户的同比分析

活跃用户的分析最常用的就是同比分析，因为大多数产品的活跃用户都表现出极强的 7 天律动，即以 7 天为一个波动周期。在做同比分析时，通常关注工作日、周五和周末的同比，以考察用户在工作、准周末和周末对产品的使用情况，如表 2-15 所示。

表 2-15 某产品的 DAU

	周一	周二	周三	周四	周五	周六	周日
第一周	10	20	30	40	50	70	100
第二周	60	70	80	90	100	120	150
第三周	120	130	140	150	160	180	210
第四周	150	160	170	180	190	210	240

可得知如下事实：

- 第三周周五环比增长 6.7%。
- 第二周周日环比增长 25%。
- 第四周周一环比降低 28.6%。

2.3.5 在 Excel 中分析环比和同比

Excel 中提供了两种变化分析的工具：公式计算和条件格式。本节主要讲解公式计算的使用方法，待分析数据如表 2-16 所示。

表 2-16 变化分析的数据

周一	周二	周三	周四	周五	周六	周日	周一	周二	周三	周四	周五	周六	周日
10	20	30	40	50	70	10	20	30	40	50	70	100	100

插入新的辅助行，并用公式计算环比和周同比，如图 2-28 和图 2-29 所示。

	B	C	D	E	F	G	H	I	J	K	L	M	N	O	P
5		周一	周二	周三	周四	周五	周六	周日	周一	周二	周三	周四	周五	周六	周日
6		10	20	30	40	50	70	10	20	30	40	50	70	100	100
7	日环比		100%	50%	33%	25%	40%	−86%	100%	50%	33%	25%	40%	43%	0

图 2-28　计算日环比

	B	C	D	E	F	G	H	I	J	K	L	M	N	O	P
5		周一	周二	周三	周四	周五	周六	周日	周一	周二	周三	周四	周五	周六	周日
6		10	20	30	40	50	70	10	20	30	40	50	70	100	100
7	日环比		100%	50%	33%	25%	40%	−86%	100%	50%	33%	25%	40%	43%	0
8	周同比								100%	50%	33%	25%	40%	43%	900%

图 2-29　计算周同比

2.3.6　用 Excel 条件格式进行变化分析

面对大量数据进行变化分析时，用公式计算难免繁复。因为在大多数业务运营中，并无必要分析每个数据的变化，而是将同一类、同一组或同一区间的同比和环比进行分别归类，继而进行分析。根据条件格式应用场景可以分为两大类，如表 2-17 所示。

表 2-17　条件格式

条件格式类型	分析工具	适用场景
突出显示	大于 / 小于指定值	产品 KPI 分析 年度经营指标分析
	介于指定区间	用户年龄分布分析 产品销量分布分析
	文本包含指定内容	舆情分析 文本分析
	日期包含指定内容	运营日期分析 主题节日分析
	唯一或重复值	异常分析
突出最前 / 最后	前 / 后 10 项	产品销量排名 视频点击排名 城市转化率排名
	前 / 后 10% 项	
	高于 / 低于平均值	比产品大盘点击好的视频

除了 Excel 中自带的条件格式外，条件格式还支持基于公式来设定的机制，下面就分别讲述它们的应用流程。

2.3.7 用数据条/色阶分析 DAU 变化

现有过去 10 天某产品的 DAU 数据，需分析其波动变化，如表 2-18 所示。

表 2-18　变化分析的数据

DAU（万）	110	120	125	122	131	128	140	135	129	132

第一步：选中要分析的数据行或数据列，如图 2-30 所示。

图 2-30　选择数据区域

第二步：点击"开始"，点击"条件格式"，如图 2-31 所示。

图 2-31　点击"条件格式"

第三步：找到"数据条"或"色阶"，如图 2-32 所示。
第四步：点击其中的任一样式。
第五步：完成创建条件格式，如图 2-33 所示。

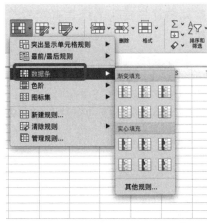

图 2-32 找到"数据条"或"色阶"

图 2-33 完成创建条件格式

容易看出,数据条的长度即表示该数据在整组数据中的大小,数据条越长表示该数据越大,反之越小。

2.3.8 用自定义条件格式分析用户画像年龄分布

现有某产品用户的年龄数据,需按照少年(小于 20 岁)、青年(20～30 岁)和中年(大于 30 岁)分析其波动变化,如表 2-19 所示。

表 2-19 变化分析的数据

	A	B	C	D	E	F	G	H	I	J
用户年龄	18	22	25	31	45	27	38	15	25	32

第一步:选中要分析的数据行或数据列,如图 2-34 所示。

图 2-34 选择数据区域

第二步：点击"开始"，点击"条件格式"，如图 2-35 所示。

图 2-35　点击"条件格式"

第三步：在弹出菜单中找到"突出显示单元格规则"，如图 2-36 所示。

图 2-36　找到"突出显示单元格规则"

第四步：点击"小于"，并输入 20，其他默认并点击"确定"，如图 2-37 所示。

第五步：可以看出年龄小于 20 的已经被设置为红色。至此，少年人群已突出显示，继续设置青年和中年人群，如图 2-38 所示。

图 2-37　设置条件格式参数　　图 2-38　少年人群已突出显示

第六步：继续找到"条件格式 – 突出显示单元格规则"，点击"介于"，如图 2-39 所示。

图 2-39　继续找到突出显示单元格规则

第七步：在两个输入框中分别输入 20 和 30，如图 2-40 所示。

图 2-40　设置条件格式的区间

第八步：设置格式为"黄填充色深黄色文本"，单击"确定"按钮，如图 2-41 所示。

第九步：可以看出年龄介于 20 岁到 30 岁的人群已被设置为黄色，如图 2-42 所示。

至此，少年人群和青年人群已突出显示，继续设置中年人群。（流程同上）

图 2-41　设置条件格式区间的样式　　图 2-42　最终结果

第2章 洞察运营机会的数据分析利器

- 技巧：条件格式设置好后，其格式会随着数据的变化而变化。若此时年龄发生变化，每个年龄单元格的条件格式也会动态变化，故条件格式是动态的，始终反映最新数据变化分布情况的分析工具。

2.3.9 突出显示周末的销售数据

现有某产品的销量数据，需突出显示其周末的变化。

第一步：选中要分析的数据行或数据列，如图 2-43 所示。

第二步：点击"开始"，点击"条件格式"，如图 2-44 所示。

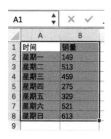

图 2-43 选择数据区域

图 2-44 点击"条件格式"

第三步：找到"突出显示单元格规则"，点击"文本包含"，如图 2-45 所示。

图 2-45 找到"突出显示单元格规则 – 文本包含"

第四步：输入"星期六"，单击"确定"按钮，如图 2-46 所示。

第五步：重复执行上述步骤，完成"星期日"的条件格式，如图 2-47 所示。

63

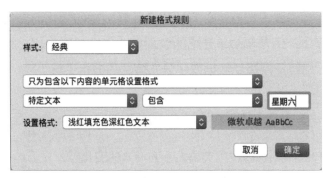

图 2-46 设置"星期六"的格式

图 2-47 完成创建条件格式

第六步：结果解读。

容易看出，星期六和星期日的数据即被突出显示，同时后续若不断有追加数据，新加入的星期六和星期日数据同样会自动被应用该样式以突出显示。

2.3.10 突出销量前十的产品

现有某产品的销量数据，需突出显示销量排行前十的产品。

第一步：选中要分析的数据行或数据列，如图 2-48 所示。

第二步：点击"开始"，点击"条件格式"，如图 2-49 所示。

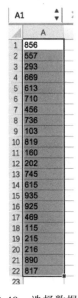

图 2-48 选择数据区域

第 2 章
洞察运营机会的数据分析利器

图 2-49　点击"条件格式"

第三步：找到"最前 / 最后规则"，点击"前 10 项"，如图 2-50 所示。

图 2-50　找到"最前 / 最后规则 – 前 10 项"

第四步：单击"确定"按钮，如图 2-51 所示。

第五步：结果解读，如图 2-52 所示。

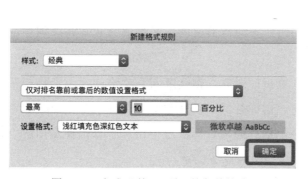

图 2-51　完成"前 10 项"的条件格式　　图 2-52　最终结果

容易看出，销量排名前十的数据已被突出显示，同时后续若不断追加新的销量数据，新加入的销量数据若能进入前 10 名排行，同样会自动被应用该样式以突出显示，而原有的第 10 名数据就会被移出样式，恢复正常显示。

2.4 第 3 把利器：用"指标体系"来洞察变化的原因

本节首先介绍了指标体系的概念和场景，并详细介绍了两种类型的指标及其使用方法，最后介绍应用指标体系进行分析的方法和流程。

2.4.1 指标体系概述

指标体系是指根据运营目标，整理出可以正确和准确反映业务运营特点的多个指标，并根据指标间的联系形成有机组合。指标体系是重要的运营工具，因为：

1. 指标体系业务意义极强

所有指标体系都是为特定的业务经营目的而设计的。指标体系的设计应服从于这种目的，并为这种目的服务，没有设计目的的指标体系是没有存在必要的。

指标体系中通常包括了所有的关键绩效指标（即 KPI），以及影响关键绩效指标的辅助指标，并且指标体系中的每个指标都有极其明确的业务含义。

在 APP 业务运营中，常将指标体系的指标分为用户规模类、用户质量类和营收类三大指标。用户规模类主要包括注册用户、新增设备数等，用户质量类主要包括活跃用户数、用户留存率等，营收类包括收入转化率、GMV 等。

2. 指标体系逻辑完整和自洽

指标体系是用来描述业务经营情况的，必须能够正确和准确地反映业务经营策略的执行效果。

指标体系通常由大量指标组成，指标之间有严格的上下依赖和左右并行关系，即在指标体系中，指标有父子指标和平行指标两种关系。父子指标是指父指标由一个或多个子指标通过计算汇总得出，平行指标是指两个指标之间无重复和遗漏，可以完整覆盖业务经营。

> 提示：指标体系严格遵循 MECE 原则。MECE，即完全穷尽，相互独立，无重复，无遗漏。

3. 指标体系必须严格管理

指标体系是重要的数据产品，所有的指标计算、运营报表、业务分析、策略制定都是基于指标体系进行的，因为指标体系具备天然的规范性和统一性，即指标的名称不能随意更改，因为指标的名称是整个业务经营体系均认可的；指标的所属分类不能随意更改，因为指标的所属分类是整个业务经营体系均认可的；指标的定义不能随意更改，因为指标的定义是整个业务经营体系均认可的；指标的口径不能随意更改，因为指标的口径是整个业务经营体系均认可的。指标体系严谨性的背后即是整个业务经营体系对于业务经营的共识。

> 说明：在很多公司中，指标体系由独立的部门进行管理，指标体系中发生任何变动，例如新增指标、删除指标、更改指标名称、更改指标口径都要经过非常严格和严谨的变更流程，甚至很多时候会上升到管理层，以评估变更带来的影响。

2.4.2 指标体系的适用场景

指标体系是重要的数据产品，其内涵极其丰富，且应用场景很多，最典型的应用场景是通过指标体系来寻找指标变化的原因。

在讨论如何用指标体系寻找指标变化的原因前，我们先看看指标体系的核心概念。

2.4.3 指标体系的组成元素

指标体系是重要的数据产品，由以下元素组成，如图 2-53 所示。

业务分类	指标类型	指标编号	指标名称	业务口径	技术口径	数据源	更新周期	关联维度

图 2-53　指标体系

指标体系包含的概念繁多，且易混淆，需要仔细辨别。

1. 什么是指标

指标，是说明总体数量特征的概念及其数值的综合，是具备明确业务意义的统计结果，是量化的业务运营衡量标准。

指标有如下几个特性。

（1）指标必须为数值，不能是文本、日期等字符

指标的形态只有一种，即指标是且只是数值，不能是任何非数值的形式。正因为指标只能是数值，故指标才能进行分析和计算，并能从数值的变化中去洞察业务运营的问题和机会。

（2）指标都是汇总计算出来的

所有的指标都是从源系统逐步逐级汇总计算出来的，是许多明细数据综合汇总的结果。单一个体的明细数据不是指标。

一般而言，按照汇总计算方式可以把指标分为原子指标和汇总指标。原子指标是指不能再拆分的指标，是最基础的指标，处于指标体系的最底层；汇总指标是通过原子指标各种汇总计算得出的指标，也叫复合指标，处于指标体系的各个层级。

（3）指标是有清晰明确的业务含义的

指标不是抽象的概念和数字，而是具体业务经营情况的定量反映，同时指标背后所对应的业务不仅是客观存在的已经发生的事实，更能反映业务经营在未来发展的趋势。

（4）指标是动态变化的

指标不是静态数据，而是随着时间、业务经营、市场环境、客群、运营策略等的变化而改变的，因此才可以从指标的变化中来寻找业务经营的问题和产生问题的原因，不存在完全静态的指标。

因为指标分布在指标体系的不同层级中，故而不同层级的指标有着完全不同的业务意义，例如越顶层的指标，反映的越是战略级、方向级和综合类业务，越底层的指标，反映的越是执行级、操作级和细分级的业务。电商行业的顶层指标一般都是收入规模、渠道规模等，底层指标一般都是产品 A 的销售额、渠道 A 的 ROI 等。

在实际业务运营中，指标还有更多分类方式，例如规模类指标、质量类指标和营收类指标，例如北极星指标、虚荣指标，例如行为指标、业务指标和收入指标等。这些分类的深入讨论在后续章节进行。

2. 什么是维度

维度是描述指标的不同角度，如地理维度（其中包括国家、地区、省以及城市等级别的内容）、时间维度（其中包括年、季、月、周、日等级别的内容）。

维度既可以是文本也可以是数值，常见的文本类维度包括地区、性别、地理位置、产品品类、渠道等；常见的数值类维度包括收入、年龄、消费金额、用户等级、产品评分等。通常情况下，对于数值类维度需要按照业务目标进行数据离散化处理，例如将收入维度离散化为多个收入区间。

维度和指标一样，也具备维度体系，即维度也有原子维度和汇总维度。原子维度是指不能再拆分的维度，是最基础的维度，处于维度体系的最底层；汇总维度是通过原子维度各种组合得出的维度，也叫复合维度，处于维度体系的各个层级，如图 2-54 所示。

图 2-54　维度体系：原子维度和汇总维度

汇总维度中最常见的就是日期维度、地理位置维度和产品品类维度。日期维度按照从顶至底分为年维度、季维度、月维度、周维度、日维度和时维度，如图 2-55 所示。

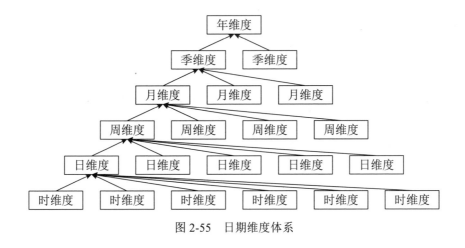

图 2-55　日期维度体系

地理位置维度按照从顶至底分为大洲维度、国家维度、省维度、市维度、区维度和街道维度，如图2-56所示。

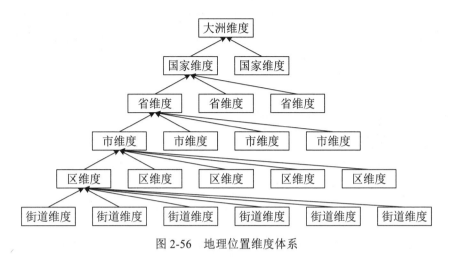

图2-56　地理位置维度体系

> **注意**：千万不要以为大洲维度和国家维度用得少就不重要，国际化产品都非常看重大洲维度和国家维度，不同大洲和国家的用户行为差异很大，直接影响不同国家产品数据的分析结论。

产品品类维度按照从顶至底分为一级品类、二级品类、三级品类和细分品类，例如一级品类是电器，二级品类是厨房电器，三级品类是燃气灶，如图2-57所示。

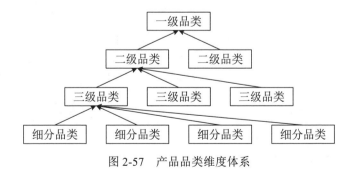

图2-57　产品品类维度体系

对于维度，还有维度下钻和维度上卷等重要操作。

（1）维度下钻

维度下钻，是指按照维度体系的层次进行指标的逐步向下细分，把数据维度从一个比较大的粒度逐步细化并聚焦到一个小粒度上。这个逐步细化的过程就是维度下钻。当维度粒度不能再细分时，则终止下钻过程。

维度下钻是从汇总计算的数据逐步拆解到明细数据的分析过程。例如在分析用户地区的销售额时，首先分析的是省份维度的销售额，然后逐步细分到城市的销售额。

通常指标呈现的都是比较粗粒度的数据，较难从其变化中找到可能的问题或原因。通过维度下钻可以逐步在细粒度的维度上看到指标的变化，即从大而全的指标逐步聚焦到小而细的指标，继而发现指标变化的原因。

例如电商运营中，GMV是一个重要营收指标，代表了收入规模和收入能力。当GMV发生变化时，通过维度下钻的分析过程如图2-58所示。

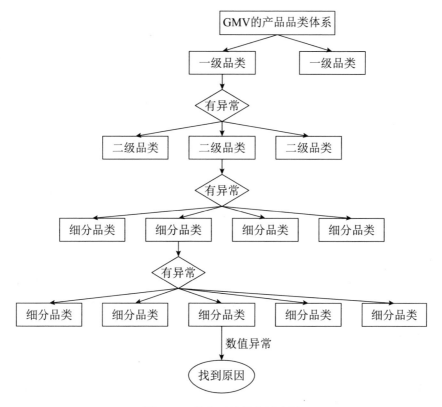

图2-58 维度下钻的分析流程

- 梳理出 GMV 的产品品类体系。
- 考察一级品类中各个品类的销售情况和变化。
- 若发现某个品类变化明显，则针对此一级品类下钻到该品类所属的二级品类。
- 考察该二级品类中各个品类的销售情况和变化。
- 若发现某个品类变化明显，则针对此二级品类下钻到该品类所属的三级品类。
- 考察该三级品类中各个品类的销售情况和变化。
- 重复以上分析流程，直至找到问题。

注意：如果从品类维度无法发现明显问题，那么就从指标对应的其他维度继续做维度下钻，例如城市、客群、客单价区间等。

（2）维度上卷

维度上卷，是指按照维度体系的层次进行指标的逐步向上汇总，把数据维度从一个比较小的粒度逐步汇总到一个大粒度上。这个逐步汇总的过程就是维度上卷。当维度粒度不能再汇总时，则终止上卷过程。

维度上卷是从明细数据到汇总数据进行分析的过程。例如在分析用户地区的销售额时，首先分析的是城市维度的销售额，然后逐步汇总到省份的销售额。通过维度上卷，可以从整体了解数据变化的影响程度，做出正确的决策。

通常在业务运营的执行层面，指标呈现的都是比较细粒度的数据，较难从其变化中评估变化带来的影响程度和范围。通过维度上卷可以逐步在粗粒度的维度上看到指标的整体变化，即从小而细的指标逐步放大到大而全的指标，继而发现指标变化的影响。

例如电商运营中，每一个细分品类运营都是由独立团队或小组负责的。当某个细分品类的销售额发生变化时，通过维度上卷的分析过程如图 2-59 所示。

- 梳理出 GMV 的产品品类体系。
- 考察三级品类中各个品类的销售情况和变化。
- 若发现某个品类变化明显，则针对此三级品类向上汇总到该品类所属的二级品类。

- 考察该二级品类中各个品类的销售情况和变化。
- 若发现某个品类变化明显，则针对此二级品类向上汇总到该品类所属的一级品类。
- 考察该一级品类中各个品类的销售情况和变化。
- 重复以上分析流程，直至确定三级品类对整体 GMV 的影响程度。

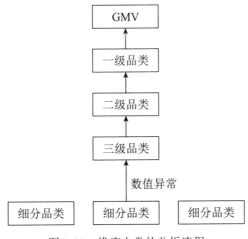

图 2-59　维度上卷的分析流程

如果从品类维度无法发现明显问题，那么就从指标对应的其他维度继续做维度上卷，例如城市、客群、客单价区间等，以评估出影响整体收入的可能原因。

关于维度下钻和维度上卷还有以下有趣的结论：
- 维度下钻是细拆问题，维度上卷是汇总原因。
- 维度下钻是逐步问"为什么"，维度上卷是逐步问"所以会"。
- 维度下钻用以分析指标变化的原因，维度上卷用以分析指标变化的影响。
- 除了维度下钻和维度上卷之外，还有切片、旋转、切块等操作，每一种都是分析指标变化原因的强大工具，同时维度的操作在很多 BI 产品均有实现，感兴趣的同学可以自行学习。
- 维度的下钻和维度的上卷在整个数据分析流程中均有应用，是重要的数据分析方法。通过维度的下钻和维度的上卷可以准确地从指标的不同角度洞察数据变化背后的原因。

3. 指标的业务分类

指标是具有明确业务含义的数据，故其必有明确的业务归属和分类，不存在未归属任何业务分类的指标。通常按照产品的场景、功能、流程等分类。对于 APP 产品而言，业务分类通常包括登录注册类、漏斗转化类、用户账户信息类、基础功能服务类、推送通知类等。

大多数 APP 产品中，指标的业务分类与其产品的功能架构是一致的，所以可以较直观地从 APP 的页面设计和产品功能看出其指标的分类分布。特别的，在设计新产品时，会通过指标在不同业务分类中的数量分布来评估产品的特性。

指标的业务分类还可以协助评估指标的重要特性：功能覆盖率和功能平均指标个数。

指标的功能覆盖率，用于表示在产品的各个功能模块中是否均有对应的指标，通过是否有覆盖指标来定性地判断该功能模块的数据基础是否完备，能否满足该模块的基础运营。缺失指标覆盖的功能将无法进行任何数据分析和制定运营策略，原则上指标的功能覆盖率必须为 100%。

功能平均指标个数，是指在产品的各个功能模块中已覆盖指标的个数，通过覆盖指标的个数来定性地判断该功能模块的运营机制是否完备，能否满足该功能模块的业务运营需求。一般而言，功能模块中的指标数量越多，越能全面完整地体现该功能的运营效果，对运营策略的制定越有指导意义。

> **注意**：指标不建议在功能开发并上线后再补，因为后补的开发工作量较大，且无法追回补充前的数据，所以在产品需求评审时一般均要在需求文档中明确说明需要哪些数据指标在新功能开发和投产时同步落地。

4. 指标的类型

指标按照不同的分类方式可以分为以下几类。

- 规模类、质量类、营收类
- 北极星指标、虚荣指标
- 行为指标、业务指标、收入指标

从产品运营的完整生命周期来看，指标可以分为规模类、质量类和营收类指标。

规模类指标用来体现产品在所处行业赛道中的排位和与竞争对手的距离，通常包括用户规模、收入规模、内容规模、渠道规模等，例如注册用户数、GMV、内容库数量、覆盖渠道数量等。

质量类指标用来体现用户对于产品的黏性和忠诚度，即产品功能和运营是否能够持续吸引用户，通常包括活跃用户数、用户留存率、用户访问时长、人均打开次数等。

营收类指标用来体现产品变现和收入能力，即用户是否有意愿在产品上付费，通常包括购买转化率、复购率、首次付费周期、客单价、人均收入贡献等。

从产品运营的不同阶段来看，指标可以分为北极星指标和虚荣指标。

北极星指标是指能够体现产品当前阶段战略方向的指标。一旦确定之后，不同的角色和团队都需要瞄准这个指标去开展工作。

虚荣指标是指短期内增长明显，但长期来看价值较低的指标，例如累计用户数、GMV等。

从产品和用户的行为来看，指标可以分为行为指标、业务指标和收入指标。

行为指标用来体现用户在产品上的各类行为特征，通常包括PV、UV、页面停留、浏览位置、页面跳出等。

业务指标用来体现产品中各类业务完成情况，通常包括收藏夹数量、回答问题量、发布视频量等。

收入指标用来体现产品盈利能力，通常包括购买转换率、GMV、客单价等。

> 说明：这几种类别在接下来的小节会深入讨论。

5. 指标的编号

指标编号是重要的指标管理工具，指标的编号应能直观地呈现指标的业务分类、指标类型等，常见的指标编号组成格式如下所示：

业务类型—指标类型—编号—版本

其中，版本是指指标变更的状态，通常用数字来表示指标变更的次数，例如版本为4，表示该指标已变更过4次（必须要保留指标口径变更记录以供查阅）。

指标编号务必保持唯一性，其中的业务类型和指标类型可以用英文或中文拼音缩写，只要各方认同即可，如表2-20所示。

表 2-20　指标编号的例子

指标编号	说明
REG-BIZ-001-1	该指标编号表示所处注册模块，是业务指标，编号为 001，仅有 1 次变更
LOGIN-BEHAVIOR-003-4	该指标编号表示所处登录模块，是行为指标，编号为 003，有过 4 次变更
ZCDL-XWZB-88-2	该指标编号表示所处注册登录模块，是行为指标，编号为 88，有过 2 次变更

6. 指标的名称

指标名称应能直观且无歧义地反映指标含义，指标名称在不同业务类型中可以重复，例如在渠道运营和产品运营中都会考察活跃用户这个指标，其名称可以重复，但指标编号不能重复。表 2-21 展示了好的和不好的指标名称。

- 指标名称尽量用中文，不建议用英文。
- 指标名称尽量做到明确、通用、易懂。
- 指标名称尽可能完整，不建议只呈现指标的关键字。
- 指标名称用"定语—主语"的格式。
- 指标名称中若含用户动作，建议用"动—宾"结构。

表 2-21　指标名称的例子

好	不好
登录用户数	用户登录数
浏览美妆产品用户数	美妆产品浏览用户
每日人均停留时长	每日人均使用时长

7. 指标的业务口径

指标的业务口径是指标的详细定义，业务口径须直观且无异议地说明指标的业务意义以及计算公式，并在必要的时候说明指标的统计周期，如表 2-22 所示。

表 2-22　指标业务口径的例子

指标名称	业务口径
登录用户数	统计周期内，点击登录页面中"登录"按钮并成功登录的去重用户数
浏览美妆产品用户数	统计周期内，成功进入美妆品类主页，并停留超过 5 秒的去重用户数
活跃用户数	统计周期内，成功启动 APP 并进入首页的去重用户数

8. 指标的技术口径

指标的技术口径是指指标业务口径的实现代码，通常是在数据中间层或数据中台的指标加工代码，属于技术领域，不多阐述。

9. 指标的数据源

指标的数据源是指该指标加工来源的源系统，可以是一个源系统，也可以是多个源系统。标注指标数据源的目的是在指标发生异常时，可以从源系统层面逐级追查异常原因。

10. 指标关联的维度

前文讲解了指标和维度，这两者既是相互独立也是相互关联的，两者通过指标体系中的"关联维度"建立联系。指标与维度是典型的"一对多"关系，即每个指标并不是都能与每个维度建立关联的。标记出指标所关联的维度可以快速建立起基于维度的数据分析思路。

11. 指标的更新周期

指标的计算都是有一定周期的，通常用 $T+X$ 来表示，其中 X 表示所需计算时间，一般用"天"作为单位。例如 $T+2$，表示这个指标的计算周期是 2 天，即今天看到的指标是 2 天前的数据。

> **注意**：要养成看报表数据前先问问指标更新周期的习惯。虽然互联网公司的数据计算已经很高效，但也不要想当然认为指标都是 $T+1$ 的，若把 $T+3$ 的指标看作 $T+1$ 未免贻笑大方。

以上 11 项内容即指标体系的全部组成部分，它们均不得随意更改，更改的含义包括新增、删除和修改。上述 11 项内容若要进行任何变更，都必须走指标变更流程，以保证指标体系的权威性。

2.4.4　指标类型（一）：北极星指标、虚荣指标

每个产品都有很多指标，每个指标都反映了对应业务的经营情况。但是在实际业务经营中，却要求我们在不同的产品阶段寻找到合适的指标，让这个指标可以代表当前产品阶段的方向和目标，让这个指标不仅对业务经营团

队,而且对产品的用户、对产品的价值都能有很好的指向性,就像天上的北极星,永远处在北方,永远指向正确的方向。

我们叫它北极星指标。

1. 北极星指标

北极星指标,又叫唯一关键指标(OMTM),是指在当前运营阶段最重要的指标,目的是通过北极星指标专注和聚焦在当前阶段最重要的问题上,换句话说设定北极星指标代表了当前阶段的战略方向,而北极星指标经营的好坏,在某种程度上可以直接影响战略的成败,如图 2-60 所示。

图 2-60 唯一关键指标,即北极星指标

有一个古老的故事:社交网络第一人并不是 Facebook(现已改名为 Meta),早在 Facebook 之前,MySpace 已是互联网社交产品的领头羊,对于 MySpace,其战略指标是"总注册用户数",以表示 MySpace 的用户规模。反观 Facebook,却用"活跃用户数"作为战略指标。很明显两家社交平台关注的战略指标完全不一样,一个是关注注册用户数,典型的规模类指标,很明显 MySpace 是在追求用户规模,对应的策略就是大量扩张新用户;一个是关注活跃用户数,典型的质量类指标,很明显 Facebook 更关心用户的质量,对应的策略就是从产品功能、运营策略上不断去满足用户需求。因为关注的战略指标不同,导致两个公司截然不同的经营策略,最终结果大家均知,MySpace 已不知去向,而 Facebook 成为互联网社交大佬。

2. 如何选择正确的北极星指标？

一般而言，选择北极星指标有以下几个原则：

- 必须为核心指标

核心指标，意味着与产品的商业模式、经营策略以及用户价值完全一致。

- 必须能体现业务增长

体现业务增长，意味着北极星指标能够反映产品的现状和痛点。

- 必须可运营可衡量

可运营，意味着北极星指标是重要的经营抓手，紧紧围绕北极星指标即可显著提升业务经营状况；可衡量，意味着北极星指标必须是量化指标，且北极星指标的业务口径要足够清晰、足够简单。

> 提示：万事万物，可量化，才可衡量，可衡量，才可改进。

但是，上述大而全的原则在精细化增长的时代已经不太适用，难以落地指导北极星指标的选择、定位和运营。

本书提出一种新的北极星指标选择方法，这个方法从产品类型、产品阶段和产品客群 3 个方面来选择北极星指标。

产品类型不同，北极星指标不同

北极星指标与产品类型高度相关。因为产品诞生之初就是为了解决特定人群的特定需求的，大而全地覆盖用户全部需求的产品并不存在，这就要求产品和用户需求、行业特征等密切关联，也就非常直接地决定了产品的存在价值、商业模式和经营模式。所以不同产品类型的北极星指标完全不同，需要按照产品的类型来制定北极星指标。常见的北极星指标如表 2-23 所示。

表 2-23 常见产品的北极星指标

商业模式	产　　品	北极星指标
内容	知乎、抖音、快手	CTR、浏览时长
电商	淘宝、京东、拼多多	交易额、复购率
社交	微信、陌陌	互动、时长
工具	墨迹天气、万年历、高德地图	活跃度
游戏	王者荣耀、绝地求生	ARPU、付费率

- 产品阶段不同，北极星指标不同

产品的重要特征就是具有明确的生命周期，即诞生、发展、衰退和消亡过程。在每个生命周期阶段产品所反映的特征、所满足的用户需求也都不尽相同。若用固化的思维来选择北极星指标，显然不合时宜。

在产品诞生期，因初次进入行业市场，初次面对用户，初次展示自己的能力，一般均以规模性指标作为北极星指标，以体现产品在诞生期快速积累用户的战略方向。

在产品发展期，用户已达到一定规模，用户口碑已初步建立，产品也经历过几次大版本迭代和升级，功能上也具备一定的稳定性和完整性，此时一般均以质量类指标作为北极星指标，以体现产品在发展期深耕用户经营，提升用户黏性和活跃度的战略方向。

在产品衰退和消亡期，市场占有率已达饱和，行业中出现大量的竞争对手，用户指标开始出现疲态，增长乏力，此时一般以寻求新增长方向上的用户规模为北极星指标，以体现产品在新的增长方向和路径上的状态。

- 产品客群不同，北极星指标不同

不论何种类型的产品，不论处于何种生命周期的产品，都有各种各样的客群同时存在于产品中。用户增长里面经常提到要特别关注新用户的留存和老用户的活跃度。事实上，对于任何类型的产品，以及在任何阶段的产品，都需要分不同的客群分别制定北极星指标，以达到精细化用户运营的目的。

例如对内容型的发展中产品，其用户已达一定规模，自然也会出现不同用户的分层，针对不同分层的用户显然不能用相同的北极星指标，那样会导致客群经营准确率不高，经营效果不明显。要根据已经形成的分层，分别制定相对应的北极星指标。对于该阶段新增的用户，继续做好用户首触产品的留存、停留时间和流失率；对于该阶段的老用户，继续做好停留时长、打开次数等活跃类指标；而对于已产生首购付费的用户，更应该做好复购率、客单价等营收类指标。

3. 有北极星指标，就有虚荣指标

在产品运营中，与北极星指标相对应的是虚荣指标。北极星指标是当前产品阶段战略层面的指标，而虚荣指标是无法体现当前阶段战略方向的，仅仅是数字上很漂亮的指标，故谓之虚荣指标。

最著名的虚荣指标就是累计注册用户数。事实上，所有的累计类指标大都是虚荣指标，除了累计注册用户数，还有累计产品销售额、累计活动参与人数等。显然，虚荣指标有一个特别有趣的特性：只增不减。

把累计注册用户数拆细了讲，很多产品对外宣传自己拥有动辄几千万几个亿的用户，看似规模大到令人咋舌，但圈内人一眼就看得明白，只提累计不提活跃和留存就是忽悠人。产品的累计用户中，一部分用户是只打开一次的，只用过几秒钟，甚至只使用一次就卸载的，这些都会计入累计用户数，而这些用户对于整体产品运营毫无贡献，完全没有价值。所以假如后续再遇此情况，除了表面上点头称赞外，别忘了补一句：活跃和留存有多少呢？看看对方怎么回答后再做定夺。

对于电商类产品，营收是其产品生命周期内都需要考察的北极星指标，电商类产品的用户规模、用户活跃和用户留存都不能算是北极星指标，因为用户只要不完成购买转化，产品就无营收，营销效果就是零，因此资源就得大量投入到促进购买转化这个环节上来。对于这类产品，只要购买转化率、客单价、复购率等营收类指标不上涨，再高的 DAU 也无济于事。

对于内容型产品，用户看过内容详情才算是有意义，某些严苛一点的产品要求观看内容详情超过一定时间才算是用户看过内容，才能称之为用户消费内容，所以 CTR、观看完成率（播放完成率）、观看时长（播放时长）等是内容型产品的北极星指标，而内容下发量、点击量等均是虚荣指标。下发量大，即出现在内容列表，用户"浏览过"，用户有机会看到内容的概要信息，例如图片、标题或简介，但是没有进入看详情实在无法称之为"看过"；点击量大，即用户确实进入内容详情了，但是只看了 1 秒钟就退出，或者几秒内从文章开头下滑到文章结束，压根连内容都没有仔细看，实在没法说这篇文章对用户有切实的价值和意义。

上述讲的就是虚荣指标，很容易让人误判形势作出错误的决策。常见的虚荣指标如表 2-24 所示。

表 2-24　常见产品的虚荣指标

商业模式	虚荣指标
产品类	累计注册用户
电商类	用户规模、用户活跃、用户留存等
内容类	内容下发量、点击量

> 注意：这些也都是虚荣指标。点击 PV，因为可以刷；下载用户数，因为下载不代表使用；活动拉新人数，因为拉新不代表留存和活跃，保不齐都是"羊毛党"；产品曝光量，因为看了不点不下载的人多了去了。

4.北极星指标只能有一个吗？

北极星指标并非绝对的和唯一的。

北极星指标的定义是一个关键指标，这个概念对于团队理解战略方向、统一运营节奏、降低沟通成本是必要的，但是产品本身自古以来就是一个复杂的综合体，且用户的需求更是多种多样，教科书式刻板地只设定一个北极星指标，显然既不能体现用户价值，也不能满足用户需求，更不能满足产品战略指向。

所以北极星指标并非唯一，北极星指标本身即是由多个指标组成的指标体系，这个体系包含了核心指标和伴随指标。核心北极星指标是指北极星指标体系中最核心的指标，满足"唯一关键指标"的要求，有且只能有 1 个。围绕核心北极星指标的有 1～3 个伴随指标，通常是由核心北极星指标拆分出来的二级关键业务指标，即 KPI。

> 注意：天文学中有主星和伴星的概念，北极星指标和伴随指标即来源于此。

某产品当前以提升活跃度作为当前产品阶段的战略方向，通常情况下会设定 DAU 作为北极星指标，继而制定 DAU 的经营策略，并监控 DAU 的变化来持续优化策略直至达成 DAU 目标。

言至此逻辑上完全没有问题，很多产品运营也是这么做的，但我把它叫作常识，或方法论，意思是听着好听，却无法落地。因为作为北极星指标的

DAU，其组成结构非常复杂，如果将DAU作为一个整体去经营，势必造成DAU中各个组成客群被一视同仁，形成"胡子眉毛一把抓"的局面。DAU最简单的组成即是新客和老客，这两类客群的特征完全不同，促活方式也完全不同，若一视同仁，经营效果可预见会比较差。

  DAU作为北极星是战略方向没有问题，问题出在当落地执行策略时需要将其细化，即将整体DAU作为核心北极星指标，将新客DAU、老客DAU以及沉默唤醒DAU等细分客群的DAU作为伴随指标，并分别制定提升活跃度的策略，同时根据这3个细分客群对整体DAU的贡献来针对性申请和投放营销资源。

> **注意**：在多数公司的运营架构中，新客、老客、沉默客群等都是由不同团队负责的，基于整体DAU设定核心北极星指标和伴随指标也能理清团队分工，有效协调团队资源，保持运营步调和节奏。

5. 北极星指标是固定不变的吗？

北极星指标绝非固定不变。

  前文讲过产品本身是有生命周期的，在不同的生命周期产品承担的使命也不同。讲使命可能有点虚，那就说不同的生命周期阶段，产品所承担的任务，以及呈现给用户的价值也不相同。在诞生期的产品，其核心目的是迅速扩大用户规模，尽快占有市场，以取得先发优势；在发展期的产品，其核心目的是提升用户质量，尽可能黏住用户并完成营收转化。所以在产品的不同生命周期，其产品特性、商业模式和经营策略都不尽相同。

  前文也讲过，北极星指标是体现当前产品阶段的战略方向和核心任务的。当前阶段产品战略目标达成，产品经营进入下一阶段时，北极星指标自然需要进行一轮迭代，废弃旧的北极星指标，启用新的北极星指标。

  某金融产品在诞生之初，其核心任务是迅速积累用户，故其在上线后的一年时间内，都以注册用户数作为北极星指标，产品的经营方向也是主攻渠道的拉新获客，活动也是通过优惠券全面吸引用户注册产品，而活跃、留存也看，但是团队资源有限只能兼顾着看；到了第二年和第三年，很明显注册用户的新增速度开始平缓，拉新的成本越来越高，此时团队的经营方向自然是做存量用户经营，务必提升存量用户的质量，所以团队主攻存量用户的活跃、留存、停留时长、打开次数等，"费劲拉来的用户想流失，可没那么容易"。

所以，北极星指标并非固定不变，而是随着产品经营的节奏动态变化，只要能够满足产品当前阶段的战略目标即可，但在每个阶段内北极星指标必须稳定，权威性不容挑战。

北极星指标的概念精妙深邃，若照搬教条，犯了形而上学的错误，就难免贻笑大方，可真对不起运营这个富有创造力的职业。

2.4.5 指标类型（二）：行为指标、业务指标、交易指标

做产品其实不复杂，无非做 3 件事情：一是经营用户，能够知道获得用户的渠道，能够知道用户与产品产生的各种交互动作，能够知道用户的样貌特征；二是提供服务，能够提供满足用户需求的功能，能够提供满足用户消费的场景；三是创造收入，能够提供用户付费的营销点，能够为产品带来收入。从这几个方面讲，就有了描述用户特征的行为指标，评估产品功能服务场景的业务指标，考察产品营收能力的交易指标。

1. 行为指标

行为指标，即用户使用产品过程中与产品产生任意交互行为，并且能够体现这些交互行为特点和价值的指标。因为互联网产品的经营团队本身距离用户较远，无法像传统行业那样直接与用户交流，可以观察到用户的各种特征，故而需要设定行为类指标来观察评估用户在产品上的各种行为。

行为指标，主要通过产品埋点技术来获取用户在产品上的每一个动作。埋点是重要的数据产品，要求埋点必须覆盖产品的所有功能和交互位置，不得遗漏任何用户行为。常见的埋点包括应用埋点、事件埋点和页面埋点，其中应用埋点主要收集产品本身的数据，例如应用启动时长、应用启动次数等；事件埋点主要收集用户点击行为的数据，例如 PV、UV 等；页面埋点主要收集页面相关指标，例如停留时长、页面加载时间、用户浏览位置等。常见的用户行为指标如表 2-25 所示。

表 2-25　常见用户行为指标

独立访客 UV	页面访问量 PV
日活跃用户 DAU	月活跃用户 MAU
功能黏性 PV/UV	用户黏性 DAU/MAU
使用频次	使用时长
次日留存率	周留存率
月留存率	启动次数

2. 业务指标

业务指标是指用户规模、产品功能使用情况、特定业务办理情况等。各类产品的业务指标不尽相同，常见的业务指标如表 2-26 所示。

表 2-26　常见业务指标

注册用户数	游客数
新增用户数	新增设备数
功能渗透率	功能转化率

3. 交易指标

交易指标是指与产品营收、用户付费能力和价值相关的指标。常见的交易指标如表 2-27 所示。

表 2-27　常见交易指标

付费用户数	付费转化率
平均用户贡献 ARPU	用户价值 LTV
交易规模 GMV	交易笔数
交易金额	人均笔数
人均金额	笔均金额
客单价	复购率

2.4.6　如何建设产品的指标体系

前面讲了指标体系的主要概念，本节开始深入讨论建设指标体系的完整方法。

1. 理解产品定位和目标

在做指标体系前，必须要知道指标体系所服务产品的定位和目标，以保证指标体系对于业务的指导意义，切记避免闭门造车和纸上谈兵。

2. 梳理出当前产品阶段的北极星指标

根据产品当前阶段的战略目标制定北极星指标，并作为指标体系建设的起点。

3. 拆解北极星指标并细化到原子指标

从北极星指标开始，按照北极星指标的定义逐步拆解为复合指标、事实指标和原子指标。

原子指标，指不可再拆分的，具有明确业务含义的指标。

复合指标，指一个或多个原子指标汇总计算后的指标。

事实指标，指对业务实体进行统计的指标。

复合指标按照汇总计算公式组成进行拆分，事实指标一般不进行拆分。

还有一类指标为比例型或百分比指标，例如点击率、购买率等，这类指标按照分子和分母进行拆分。

4. 完善所有原子指标和复合指标的业务分类和指标类型

将所有指标分门别类归属到产品的各项功能中，同时确定指标的类型，包括行为指标、业务指标和交易指标。

5. 完善所有原子指标和复合指标的业务口径和技术口径

进一步考察评估每个指标的业务口径和技术口径，确保业务口径和业务部门拉通，确保技术口径和研发部门拉通。

6. 添加指标的关联维度

维度是指标的角度，用来反映指标在不同角度的分布。在这个步骤中，根据指标的口径来关联一个或多个维度，并制定维度的属性值。例如给销量指标增加地理维度中的省份维度，其维度属性值是广东省、湖北省、陕西省等（其中包括国家、地区、省市等）；给活跃用户数增加时间维度，其维度属性值为年、季、月、周、日等。

7. 评估指标体系质量以及是否符合业务认知

此时指标体系已有雏形，接下来按照指标的业务分类、指标的类型等来评估指标覆盖率是否为100%、指标覆盖是否合理，继续优化调整指标体系。

8. 将指标体系纳入流程体系统一管理

最后，务必将指标体系纳入企业的流程管理体系中进行统一管理，保证其权威性。

2.4.7 如何用"指标体系"来分析指标变化的原因

指标体系是重要的数据产品。在应用指标体系进行数据分析，并寻找指标变化原因时，通常把这个过程叫多维分析。多维分析包括如下两个层面。

1. 基于指标的业务口径来寻找原因

从指标的业务口径来寻找变化的原因，是指当指标发生变化时，依据指标的业务口径来寻找变化分析的方向，这种分析方法特别适合于汇总型、比例型和占比型指标，因为它们的业务口径中天然包含其他指标，可以从其包含的指标中寻求原因。

电商的收入规模类指标 GMV，即成交金额，其标准业务口径包含已付款和拍下未付款两部分。当 GMV 发生变化时，按照指标的业务口径分析，即分析已付款和拍下未付款的变化分别是什么，可以分为以下几种情况：

- GMV 上涨，已付款上涨，拍下未付款上涨。
- GMV 上涨，已付款上涨，拍下未付款下降或不变。
- GMV 上涨，已付款下降或不变，拍下未付款上涨。
- GMV 下跌，已付款下跌，拍下未付款下跌。
- GMV 下跌，已付款下跌，拍下未付款上涨或不变。
- GMV 下跌，已付款上涨或不变，拍下未付款下跌。

然后再去寻找已付款由哪些部分组成，或拍下未付款由哪些部分组成，追踪这两个指标的业务口径，继续排查原因。

在电商运营中，购买转化率是一个重要指标，通常购买转化率的口径如下：

$$购买转化率 = 成功付款人数 / 浏览商品的人数$$

当购买转化率发生变化时，基于口径分析一般有以下几种情况：

- 购买转化率上涨,成功付款人数上涨,浏览商品人数上涨、下降或不变。
- 购买转化率上涨,成功付款人数上涨、下降或不变,浏览商品人数下降。
- 购买转化率下降,成功付款人数下降,浏览商品人数上涨、下降或不变。

- 购买转化率下降,成功付款人数上涨、下降或不变,浏览商品人数上升。

○ 说明:依据指标口径分析指标变化的原因,看似各种情况很多,事实上这些情况是可以穷尽的,并且在实际业务经营中所有情况的出现概率并不是均匀分布,而是集中于几种情况上,所以基于口径的分析方法在80%的业务经营中是非常高效的。

2. 基于指标关联的维度来寻找原因

从指标的关联维度来寻找变化的原因,是指当指标发生变化时,依据指标的关联维度来寻找变化分析的方向,这种分析方法特别适合于原子指标,它们已不可细分,无法从指标的口径中寻找,就只能从其关联的维度中寻求原因。

产品的DAU,按照指标的维度来分析,标准分析过程是按照新客、老客、沉默唤醒、流失召回四大客群的DAU分别进行分析,来寻找产品整体DAU的变化原因。

$$整体 DAU = 新客 DAU + 老客 DAU + 沉默唤醒 DAU$$

基于指标维度来分析指标,是整个数据分析中最有魅力的过程,这个时候就会感觉到一套完整严谨的指标体系是多么重要,因为里面清晰定义了和指标关联的维度,以及维度的属性。特别的,当初次接手新业务时,如果能够拿到一份业务经营的指标体系,就可以快速上手并建立起数据分析机制。如果没有指标体系怎么办?请花一点点时间和团队一起去建设,这个是极大的利好业务和长尾效应的数据工作。

3. 应用案例

分享一个实际案例,这是某产品的活跃用户随日期的变化,如表2-28所示。

表2-28 某产品的活跃用户数据

日期	活跃用户数	昨日留存用户数	回流用户数	新增用户数
2019/6/1	374636	260520	33376	80740
2019/6/2	373640	259820	33275	80545
2019/6/3	373357	259595	33252	80510
2019/6/4	375188	260371	33547	81270

续表

日期	活跃用户数	昨日留存用户数	回流用户数	新增用户数
2019/6/5	374230	260721	33225	80284
2019/6/6	432510	259894	75650	96966
2019/6/7	374419	259972	33438	81009
2019/6/8	374194	260185	33336	80673
2019/6/9	374011	230145	33341	110525
2019/6/10	378311	262145	33945	82221

明显看出，活跃用户数等于昨日留存用户数、回流用户数和新增用户数之和。所以当2019年6月6日活跃用户数突破43万后，应当立刻看这3个指标在当天的变化情况：

- 昨日留存用户数在2019年6月6日下降。
- 回流用户数在2019年6月6日增长2倍多。
- 新增用户数增长约1.6万。

我们已能做出初步判断，2019年6月6日活跃用户数的增长，主要来自当天回流用户数的贡献。至于回流用户数为什么会增长2倍多，可以继续通过分析回流用户来源渠道、用户画像特征、用户行为偏好、营销活动等维度来寻找回流用户数的增长原因。

2.4.8 深入理解活跃类指标

活跃类指标反映了用户的真实使用情况。本节我们深入探讨活跃类指标的核心逻辑。

1. 什么是UV

UV（Unique Visitor，独立访客），是所有活跃类指标的基础。它是一个非常古老的概念，早在互联网诞生之初，就有了网站的独立访客概念。

既然叫独立访客，何谓之独立？

APP产品界定独立访客相对容易和清晰，一般而言是通过设备和用户标识符来界定，即同一个设备（设备ID、IMEI、UUID等）就是一个独立访客，同一个用户标识符（手机号、用户名等）就是一个独立访客。

问题来了，用户如果更换手机呢？假设你用的是华为手机，平时会看看今日头条，那么对于今日头条你就是一个独立访客。可是过两天你把手机换成了小米，这时候今日头条还会把你算作一个新的独立访客吗？

答案是不一定，有几种情况：

- 产品已有用户标识符，用户更换手机，若未登录，则独立访客 +1。
- 产品已有用户标识符，用户更换手机，若登录，则独立访客不变。
- 产品没有用户标识符，用户更换手机，则独立访客 +1。

Web 产品界定独立访客有点复杂，因为和 APP 的产品机制完全不同。Web 产品界定独立访客的核心逻辑是基于 Session、浏览器标识等。

Session，又称会话，当用户第一次打开 Web 页面时，即启动一次浏览会话，如果用户接下来 30 分钟内没有任何动作，此次会话自动结束，计作一次访问或独立访客。如果用户打开某新闻网站，浏览了 10 分钟新闻，然后 30 分钟无任何操作，之后又回来继续浏览新闻，此时将计作 2 个独立访客。

浏览器标识，稍微复杂一点，分为是否独立浏览内核和浏览器代理。这里不做详述，直接说几种情况：

- 如果在一个浏览器中打开 5 个 A 网站，对于 A 网站是几个独立访客呢？

这要看浏览器的标签页配置是否为独立内核访问，如果是独立内核访问，则为 5，否则为 1。

- 如果在电脑上打开两个浏览器，分别打开 A 网站，对于 A 网站是几个独立访客呢？

这要看网站对于独立访客的计算逻辑。如果不做任何计算，那么独立访客就是 2，如果按照 IP 地址计算，那么独立访客就是 1。

> 想一想：如果一屋子 10 个人连接同一个 Wi-Fi 访问 A 网站，那么独立访客是多少呢？

2. 什么是 DAU

DAU，众所周知是每日活跃用户。接下来这个问题可能会问蒙大家：

什么是活跃？

活跃？不就是，活跃嘛。

其实活跃这两个字是一个非常模糊的概念，因为活跃的范畴实在是太大了，目前已知的活跃口径有：

- 基于单一指标：启动 APP、登录 APP、点击某一功能。
- 基于多个指标：打开 APP 且停留时长超过 5 秒。
- 基于操作系统：通过其他 APP 在后台唤醒。

而 DAU，每日活跃用户业务意义的深度更甚。

考察每日活跃用户，而不是考察其他活跃，是因为希望用户能够每天打开产品，每天使用产品，目的是让用户养成每天使用的习惯，而用户使用习惯的养成，则会直接带来留存的提升，也会带来使用时长的提升，产品就更有机会营销，为创收做准备，所以考察每日活跃用户，其实是在考察用户经营体系。

考察每日活跃用户，通常用高频服务和高频功能来达此目标。高频服务包括用内容资讯、签到打卡、游戏化、用户成长体系来承载每日活跃用户，高频功能包括小额支付、社交通讯等。

考察每日活跃用户，要从 DAU 的客群组成来精细化运营，营销资源是有限的，所谓"把钱花在刀刃上"，除了标准的新客、老客、沉默唤醒和流失召回用户外，还可以结合自己的产品特征从渠道、功能场景等维度来拆分 DAU 进行精细化活跃运营。

考察每日活跃用户，如果遭遇天花板，想要进一步提升用户活跃程度，提升的方向包括提升使用频次和使用时长，但这个时候运营难度已经非同一般。

3. 什么是 MAU

MAU，众所周知是每月活跃用户，其口径为每自然月内的活跃用户。

考察每月活跃用户，是因为希望用户能够每月都打开产品，不要求培养用户使用习惯，因为一个月至少来一次实在难以和用户习惯联系起来。

考察每月活跃用户，通常是基于用户的强需求来承载每月的活跃用户，大部分都是"非我莫属、独此一家"的功能或服务，运营商的话费查询和充值、信用卡的还款分期等均属此类。

考察每月活跃用户，目的依然是缩短考察周期，尽力将每月的维度缩短到每日的维度，看起来是时间维度的缩减，但是从 MAU 到 DAU 的变化可能会带来用户经营体系的完全改变，意味着之前的用户低频需求场景改为用户高频需求场景，不仅需要资源和时间转换用户习惯，更需要从运营体系上做出根本性变革。

运营商和金融产品，绝大多数属于 MAU 的范畴，为了从 MAU 提升到 DAU，他们无一例外地加入了 DAU 专属场景，比如内容资讯、签到打卡等，并在 MAU 场景和 DAU 场景的相互协调和联动上做出了巨大的投入。

> 说明：如何从 MAU 场景过渡到 DAU 场景，如何让 MAU 场景和 DAU 场景和谐共处不显突兀，又如何让用户接受这种改变，实属一项精妙工程，欢迎文末联系我进行深入交流探讨。

综上所述，完整的活跃运营进化路径如表 2-29 所示。

表 2-29 活跃运营的路径

活跃类指标	MAU	DAU	每日打开频次	每日使用时长
运营难度	易	中	难	很难
资源需求	低	中	高	很高

2.5 第 4 把利器：用"相关性分析"来判断业务归因

前文深入探讨了描述性统计、变化分析和指标体系，用描述性统计的中位数 / 平均数来分析指标数据的大小分布，用描述性统计的方差 / 标准差来分析指标数据的波动性和稳定性，用描述性统计的箱线图来分析指标数据中的异常值，用变化分析来寻找分析的突破口，再用指标体系来寻找变化的原因。

此时指标变化的原因是定性的，即仅仅回答了"是不是"，而没有回答"是多少"。用指标体系可以分析出活跃用户发生波动变化时的原因来自新客和老客，那到底是新客对活跃的影响程度大呢，还是老客对活跃的影响程度大呢？大到什么程度？这些都是需要继续明确的，因为只有定量地确定影响变化的各种原因，后续营销资源的投放才能有的放矢，营销效果才能可期可待。

我们把定量分析指标原因的方法叫作相关性分析。

2.5.1 什么是相关性分析

相关性分析，指对两个或多个指标进行分析，评估它们两两之间联系或相互影响的程度。相关性分析不仅可以分析出多个指标间的联系程度，还能给出联系程度紧密的量化值。例如，营销活动的投入成本和活动转化率相关，且投入成本高，转化率一般也较高；产品获客能力和渠道运营相关，且渠道运营能力越强，产品获客能力也越强。

相关性分析也会用来帮助寻找运营常识之外的隐形因素。根据业务经验，有时候指标的相关性可以明显看出，但大多数时候很难发现某些重要相关性指标。

谁能想到在各大短视频平台投放产品营销资源，和引流到电商完成付费转化这两者几乎无关联呢。

这是一个非常有趣的案例。一位做快消品的厂商，希望借助火热的各种短视频平台来为电商平台上开的店铺引流，以完成购买转化。厂商在快手、抖音等平台上根据自家产品的功能特性投放了大量广告，希望可以引流短视频用户到淘宝去付费下单，可谁知当厂商分析短视频平台商品链接的点击情况，和淘宝付费下单情况时，非常意外地发现产品视频的点击量和淘宝的付费用户数不相关，毫无关系。经过仔细排查后，发现用户的行为模式并不如预期所想。

厂商预想的用户行为模式应该是，用户在短视频平台看到商品视频后，点击商品链接自动唤醒淘宝并直接进入商品详情页，同时被引导付费，降低用户行为路径长度，提升付费率。

可实际上用户的行为模式却是，看到商品视频后，关掉短视频APP，手动启动淘宝，搜索商品名称，找到目标商品，进入详情页完成购买转化。

于是厂商果断大幅调整营销方向，不再在短视频平台投放产品功能特性关键字，而是投放品牌，在淘宝搜索栏也不再购买产品功能特性关键字，而是购买品牌类关键字。如此之后，营销效果立竿见影。

为什么要将营销资源从产品功能特性转为品牌，其背后的核心逻辑是什么呢？

2.5.2 相关性分析的2种数据

相关性分析的应用范围非常广，除了互联网产品，传统行业和线下业务也可以用，原因在于相关性分析支持几乎所有的业务指标类型，包括连续型指标和离散型指标，如图 2-61 所示。

```
1) 连续型指标              购买率、销售额、投诉率
              ┌ 二分型指标        男/女、是/否、对/错、有/无
2) 离散型指标 │ 无序离散型指标    城市集、年龄段、厂商/品牌
              └ 有序离散型指标    满意度、评分、用户价值
```

图 2-61　相关性分析的 2 种变量类型

连续型指标，即指标值是连续的自然数，或等距区间的数据，也叫等差，是有限的集合，但不能穷尽。例如 APP 使用时长，以秒为单位，从 0 秒到 100 秒；用户次日留存率，从 0% 到 100%。常见的连续型指标还有注册用户数、DAU、转化率、点击率等。

连续型指标，通常是反映业务连续性变化，或有明显趋势性的指标。通过对连续型指标进行相关性分析，来寻求随着变化和趋势发展的关联关系和程度，是最常见的相关性分析数据类型。

离散型指标，即指标值是有限的集合，可以穷尽。离散型指标又包括 3 类，分别是二分型、无序离散型和有序离散型指标。

（1）二分型指标，即指标值只有两个，最常见的就是性别，其值只有男和女，其他诸如 VIP 用户标识（是，或不是），图标的角标（有，或无）。

（2）无序离散型指标，即有多个值，值和值之间为平等关系，最常见的就是用户画像的年龄段分布，少年（10～20 岁），青年（21～30 岁）等，其他诸如设备厂商（小米、华为等），操作系统类型（iOS、Android、WP 等）。

无序离散型指标，通常是有限状态的指标，其每个状态都是平等的，是分析用户的年龄、地区、设备、访问时间等画像特征常用的相关性分析方法。

> **注意**：无序离散型指标，要求每个区间长度必须一样，即仍旧服从等距区间的约束。不正确的无序离散型指标是少年（10～18 岁），青年（21～30 岁），因为两个年龄区间长度不一样，少年是 9 年，青年是 10 年。

（3）有序离散型指标，与无序离散型指标类似，但其指标的每个值都有严格的先后顺序，或不同的权重。例如用户满意度，包括非常满意、满意、

一般、不满意等。同样的，有序离散型指标也必须严格遵守等距区间的约束。其他还有用户偏好（内容、签到、打卡等），用户城市级别（一线城市、二线城市、三线城市等），用户活跃度（每天打开APP3次、5次、7次、9次等）。

有序离散型指标，可以理解为给无序离散型指标增加权重，并按权重排序。此等行为的目的是为相关性分析结果提供更具业务指导意义的结论。

若无序离散型指标是用户导航栏的偏好，包括首页、通讯录、发现和我的，经相关性分析其与DAU的关联性后发现与"我的"联系紧密，后续投入更多的促活资源在"我的"。

若有序离散型指标用户导航栏偏好（按权重从低到高排序），首页、我的、发现和通讯录，经相关性分析其与DAU的关联性后发现与"我的"联系紧密，还不能立刻断定后续投入更多的促活资源在"我的"，因为"我的"的权重偏低，按照导航栏偏好的权重排序，理应"通讯录"才是对活跃贡献最大的。现在出此异样，需深度排查用户行为路径、产品调性定位、"我的"和"通讯录"的营销资源等才能确定问题。

> 说明：想想为什么用户活跃度中的打开次数是有序离散型，而不是无序离散型？其背后的业务含义又是如何？

2.5.3 相关性分析的3种算法

根据上述3种不同的指标类型，组合后可得出相关性分析的3种分析算法，分别是Pearson相关、Spearman相关和Kendall相关。

1. 连续型指标和连续型指标的相关性算法：Pearson相关性分析

分析商品曝光量和购买转化率的相关性，是否曝光越高，购买转化率也越高，此时曝光量和购买转化率都是连续型指标，用Pearson相关性分析，输出的是Pearson相关系数，一般用R表示。

Pearson相关系数，是度量两个指标之间线性相关关系强度的统计量。对两个或多个连续型指标进行Pearson相关性分析，有几个前提条件：

- 指标服从正态分布。
- 两个指标的数据要一一对应，成对出现。

- 异常值对相关系数的影响极大，因此要慎重考虑和处理，必要时需要移除异常值再进行分析。

这里做了简化，前提是曝光量和购买转化率服从正态分布才可以用。当数据量较大的时候，大多数指标均可简化等价为正态分布。

Pearson 相关系数 R 是线性相关，即两个指标的关系是一条直线，其结果分布在 -1 和 +1 之间。R 大于零，表示这两个连续型指标是正相关，即这两个指标的变化趋势是一致的，你增我增，你减我减；R 小于零，表示这两个连续型指标是负相关，即这两个指标的变化趋势是相反的，你增我减，你减我增。

当 R 大于零，处于正相关时，$R>0.7$ 则为强相关，$0.5<R<0.7$ 则为中相关，$0.3<R<0.5$ 则为弱相关，$0<R<0.3$ 则为不相关。

当 R 小于零，处于负相关时，$R<-0.7$ 则为强相关，$-0.7<R<-0.5$ 则为中相关，$-0.5<R<-0.3$ 则为弱相关，$-0.3<R<0$ 则为不相关。

> **注意**：Pearson 相关系数 R 能否说明总体的相关程度，需要考察相关系数的可靠性。一般通过显著性检验来检查 Pearson 相关系数的可信性，检验方法通常使用 t 检验。有兴趣的可以查阅统计学相关书籍，不在此赘述。

在实际业务经营中，因为很多业务指标都是连续型指标且可以认为是服从正态分布，所以 Pearson 相关性分析和相关系数 R 最为常用，例如分析 APP 中不同操作系统的次日留存率对整体次日留存率的贡献，短视频 APP 不同频道下的活跃对 APP 整体活跃的贡献，营销活动的投放周期与产品营销的关系等。

当我们讨论分析 ××、×× 和 ×× 对整体 ×× 的贡献或价值时，基本上就是在讨论这几个指标间的相关性。

2. 有序离散型指标和有序离散型指标的相关性算法：Spearman 或 Kendall 相关性分析

分析商品评分和用户等级的相关性，即是否商品评分越高，购买转化率也越高。此时商品评分是有序离散型指标，因为商品评分一般是五星制，一星和五星的业务意义以及权重完全不同，故归为有序离散型，购买转化率继续是连续型指标，此时应当用 Spearman 或 Kendall 相关性分析，输出的是

Spearman 或 Kendall 相关系数，一般用 Rs 表示。

当分析离散型指标的相关性时，由于其不满足正态分布规律，故不能使用 Pearson 相关性分析，需要借助 Spearman 或 Kendall 相关性分析来解决。同样的，Spearman 或 Kendall 相关性分析也有几个前提条件：

- 指标不服从正态分布。
- 两个指标的数据要一一对应，成对出现。
- 异常值对相关系数的影响极大，因此要慎重考虑和处理，必要时需要移除异常值再进行分析。

Spearman 或 Kendall 相关系数 R 分布在 -1 和 +1 之间。R 大于零，表示这两个连续型指标是正相关，即这两个指标的变化趋势是一致的，你增我增，你减我减；R 小于零，表示这两个连续型指标是负相关，即这两个指标的变化趋势是相反的，你增我减，你减我增。

当 R 大于零，处于正相关时，$R>0.7$ 则为强相关，$0.5<R<0.7$ 则为中相关，$0.3<R<0.5$ 则为弱相关，$0<R<0.3$ 则为不相关。

当 R 小于零，处于负相关时，$R<-0.7$ 则为强相关，$-0.7<R<-0.5$ 则为中相关，$-0.5<R<-0.3$ 则为弱相关，$-0.3<R<0$ 则为不相关。

在实际业务经营中，特别是用户画像分析中，因为很多用户画像特征指标是有序离散型指标，例如所在城市的级别、收入的分布、所用设备的品牌和型号，它们都不服从正态分布，所以需要应用 Spearman 或 Kendall 相关性分析。例如分析 APP 中用户年龄段和活跃等级的关系，用户年龄段是有序离散型指标，因为 20～30 岁和 30～40 岁的人群对于 APP 的认知是不同的，一般认为年龄越大对 APP 产品认知越弱；活跃等级也是有序离散型指标，因为每天打开 5 次和每天打开 10 次的人群对于 APP 的偏好也不同，一般认为每天打开次数越多对 APP 越偏好，所以用 Spearman 或 Kendall 相关性分析来评估年龄段和活跃等级之间的关系。

3. 无序离散型指标和连续型指标的相关性算法：对不起，无相关性算法

很可惜，无序离散型指标和连续型指标之间没有一种相关性算法可以支持。

微信公众号的运营中，通常会要求分析推文的发布时间和阅读量的关系，以寻找最佳的发布时间。此时发布时间是无序离散型指标，因为发布时间通

常是小时时段，例如上午 8 点到 9 点，10 点到 11 点等，也可能是更粗粒度的时间段；阅读量是连续性指标，我们想评估哪个时间段发文阅读量可能会比较好，并无合适的相关性算法。

完整的相关性算法和应用场景如表 2-30 所示。

表 2-30　不同场景下相关性分析算法选择表

指标间无先后关系			
指标类型		相关性算法	应用示例
连续型指标	连续型指标	Pearson	商品曝光量和购买转化率
有序离散型指标	有序离散型指标	Spearman Kendall	用户等级和活跃程度
无序离散型指标	无序离散型指标	卡方检验 Fisher 检验	手机品牌和年龄段
二分型指标	连续型指标	Point-biserial	性别和阅读率
二分型指标	有序离散型指标	Biserial	性别和商品评分
有序离散型指标	连续型指标	无直接算法，但可将连续型指标离散化后进行处理	商品评分和购买转化率
指标间有先后关系，即所谓有自变量和因变量			
自变量	因变量	相关性算法	应用示例
二分型指标	二分型指标	逻辑回归	是否注册和性别
二分型指标	有序离散型指标	逻辑回归	性别分布是否对商品评分有影响
有序离散型指标	二分型指标	Cochran-Armitage 趋势检验	不同等级渠道是否对注册转化率有影响

2.5.4　相关性分析的适用场景

相关性分析在业务经营中应用极广，因为可以寻找出看似两个毫无关联的指标之间的关系，这里仅列举几个典型场景，如表 2-31 所示。

表 2-31　运营中的相关性分析典型场景

业务类型	场　景	目　　的	指　　标
电商	产品销售分析	寻求影响销量的因素	商品数量 商品品类 下单购买率 客单价 复购率
	店铺商品运营	分析店铺进货上架和品类运营	

续表

业务类型	场景	目的	指标
内容	热门内容分析	热点运营，分析热点或潜在热点内容的相关特征	视频频道 点击 PV 点击 CTR 人均消费 ITEM 数 阅读时长 阅读完成率
	提升内容质量	分析影响短视频内容质量的因素	
	提升内容消费	分析用户消费短视频的特征，制订提升计划	
社交	提升用户规模	迅速沉淀用户的社交关系链	活跃用户 打开频次 使用时长 留存率 粉丝数量 关注数量

2.5.5 重要！相关性分析的前提条件

1. 相关和因果，千万不要混淆

相关性是指一个变量变化的同时，另一个变量也会伴随发生变化，但不能确定一个变量变化是不是另一个变量变化的原因。因果关系，是指一个变量的存在一定会导致另一个变量的产生。相关和因果的核心差别是：

- 相关性是双向的，A 和 B 相关，B 也和 A 相关。
- 因果是单项的，因为 A 发生，所以 B 发生，但反过来，B 发生，不一定 A 发生。
- 相关性是同时发生的，A 和 B 正相关，那么 A 增加的同时 B 也增加。
- 因果是有先后顺序和时间差的，无论这个时间差有多短，A 和 B 是因果关系，那么 A 发生后，B 才发生。

实际业务经营中有很多容易混淆相关和因果的场景，如表 2-32 所示。

表 2-32 相关和因果

营销活动投入越高，活动效果越好	相关
获客不变的情况下，提升购买转化率的一个重要抓手是降低客单价	相关
公众号推文放到第一位，阅读量较好	相关
活动入口放到了首页首屏的 Banner 位，所以活动流量效果较好	相关

> **说明**：每每讲到相关性，都拿柯南举例子：柯南只要出现，就一定有命案？命案一旦发生，柯南一定在现场？命案发生，柯南在现场，凶手就一定在我们之中？显然，每一点都不能按照因为—所以来说，因为完全没有逻辑。只能说按照原作者的故事安排，柯南的出现，命案的发生，以及凶手在我们之中这三件事有极强的相关性。

2. 异常值会严重影响相关性结果

这个不言而喻，异常的指标，不管是极大值，还是极小值，都会显著影响相关性的计算，所以一般情况下，先要通过描述性统计找出异常值，并把异常值剔除后再进行相关性分析。

3. 指标间务必相互独立，互不影响

相关性分析的本质即是分析各个指标间的联系紧密程度，如果指标本身就是相互联系的两个指标，那么相关性分析的结果必是强相关，其实这样的结果毫无意义。所以相关性分析的重要前提是指标间互相独立。所谓相互独立，就是说事件 A 的发生对事件 B 发生的概率没有影响，也就是说事件 A 和事件 B 互不影响。例如商品在短视频平台的曝光量和商品在电商平台的交易情况就互不影响，相互独立，但是二者相关。反之，商品销量、商品销售额、购买人数和人均笔数等就是相互影响的非独立指标。

2.5.6 在 Excel 中进行"相关性分析"

事实上，Excel 为我们提供了 Pearson 相关性分析的算法包，操作步骤如下所述。

第一步：点击"数据"选项卡，找到"数据分析"，如图 2-62 所示。

图 2-62 找到"数据分析"工具包

第二步：点击"数据分析"，找到"相关系数"，如图 2-63 所示。

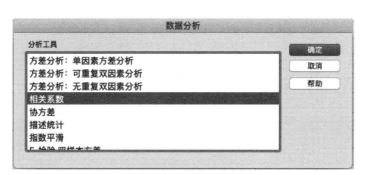

图 2-63　找到"相关系数"

第三步：选择数据区域，如图 2-64 所示。

图 2-64　选择数据区域

第四步：单击"确定"按钮完成。

第五步：结果解读，如图 2-65 所示。

	整体投诉率	产品A投诉率	产品B投诉率
整体投诉率	1		
产品A投诉率	0.15493596	1	
产品B投诉率	0.60994342	0.82597074	1

图 2-65　结果解读

可以看出，对整体投诉率影响最大的是产品 B 的投诉率，可以做出初步判断：如果要降低整体投诉率，应当投入更多资源降低产品 B 的投诉率。

2.5.7 如何寻找对购买转化率贡献最大的渠道

现有某产品从各个渠道获客的用户的购买转化率，需要评估哪些渠道的用户对整体购买转化率贡献最大，以便后续重点营销此渠道，如图2-66所示。

日期	整体购买转化率	渠道A购买转化率	渠道B购买转化率	渠道C购买转化率	渠道D购买转化率
10月9日	50%	69%	17%	96%	29%
10月10日	61%	53%	86%	18%	58%
10月11日	40%	41%	4%	49%	41%
10月12日	52%	90%	88%	6%	72%
10月13日	55%	29%	46%	18%	36%
10月14日	64%	48%	67%	85%	14%
10月15日	10%	50%	42%	78%	42%
10月16日	4%	52%	33%	34%	69%
10月17日	59%	56%	51%	68%	72%
10月18日	25%	75%	15%	6%	54%

图 2-66 渠道购买转化率数据

第一步：点击"数据"选项卡，找到"数据分析"，如图2-67所示。

图 2-67 找到"数据分析"

第二步：点击"数据分析"，找到"相关系数"，如图2-68所示。

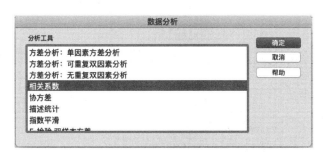

图 2-68 找到"相关系数"

第三步：选择数据区域，如图2-69所示。

图 2-69　选择数据区域

第四步：单击"确定"按钮完成。

第五步：结果如图 2-70 所示。

	整体购买转化率	渠道A购买转化率	渠道B购买转化率	渠道C购买转化率	渠道D购买转化率
整体购买转化率	1				
渠道A购买转化率	−0.01238102	1			
渠道B购买转化率	0.481957841	0.205035492	1		
渠道C购买转化率	0.063824099	−0.215640774	−0.248989774	1	
渠道D购买转化率	−0.238521422	0.432907403	0.238240219	−0.559741351	1

图 2-70　结果解读

可以看出：

- 渠道 A 与整体购买转化率的相关性为：−1.2%。
- 渠道 B 与整体购买转化率的相关性为：48.2%。
- 渠道 C 与整体购买转化率的相关性为：6.4%。
- 渠道 D 与整体购买转化率的相关性为：−23.9%。

渠道 B 的购买转化率对整体购买转化率为正向贡献，故若要提升整体购买转化率，应当投入资源在渠道 B 的运营。同时，渠道 A 和渠道 D 对整体购买转化率为负向贡献，应当仔细分析排查原因。

2.5.8　如何寻找对活跃有高贡献的功能场景

某产品首页设计了八大金刚位，均是产品的重要服务和功能，需要评估哪些金刚位的功能访问情况对整体活跃贡献最大，以便后续重点运营此项服务，如图 2-71 所示。

日期	DAU	1号位活跃	2号位活跃	3号位活跃	4号位活跃	5号位活跃	6号位活跃	7号位活跃	8号位活跃
10月9日	1921521	1480	1375	188	97	35	77	214	234
10月10日	1843693	9912	7681	967	496	205	652	1156	1743
10月11日	1852142	7316	5737	543	235	112	1505	668	1178
10月12日	1621769	11052	8824	1011	560	212	911	1275	2106
10月13日	1499127	13306	10499	1242	604	310	999	1649	2748
10月14日	1635666	15070	11933	1040	421	211	723	1108	1988
10月15日	1739889	62095	46477	4697	2112	1245	3415	5143	6277
10月16日	1687552	279244	202779	20794	10351	4674	16570	22929	24336
10月17日	1699927	366006	268146	27512	13925	5629	24423	29178	32869
10月18日	1832938	384655	282899	28931	15116	5981	70074	32588	41893

图 2-71　活跃贡献分析

第一步：点击"数据"选项卡，找到"数据分析"，如图 2-72 所示。

图 2-72　找到"数据分析"

第二步：点击"数据分析"，找到"相关系数"，如图 2-73 所示。

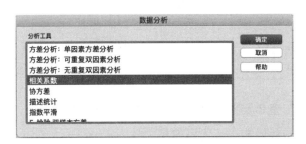

图 2-73　找到"相关系数"

第三步：选择数据区域，如图 2-74 所示。

图 2-74　选择数据区域

第四步：单击"确定"按钮完成。

第五步：结果解读，如图 2-75 所示。

	DAU	1号位活跃	2号位活跃	3号位活跃	4号位活跃	5号位活跃	6号位活跃	7号位活跃	8号位活跃
DAU	1								
1号位活跃	0.05342882	1							
2号位活跃	0.05355005	0.99997753	1						
3号位活跃	0.05238288	0.99994846	0.99995754	1					
4号位活跃	0.05999388	0.99939912	0.99951967	0.99960403	1				
5号位活跃	0.04300926	0.99863286	0.99843033	0.9984238	0.99696664	1			
6号位活跃	0.20481154	0.84913509	0.85153934	0.85073706	0.86306327	0.83943335	1		
7号位活跃	0.05584068	0.99931786	0.99938189	0.99941376	0.99960108	0.99813697	0.86499005	1	
8号位活跃	0.07159894	0.99117091	0.99182258	0.99170231	0.99433314	0.9877237	0.91015181	0.99467843	1

图 2-75 结果解读

可以看出：

- 功能 1 与整体活跃的相关系数为：5.3%。
- 功能 2 与整体活跃的相关系数为：5.4%。
- 功能 3 与整体活跃的相关系数为：5.2%。
- 功能 4 与整体活跃的相关系数为：6.0%。
- 功能 5 与整体活跃的相关系数为：4.3%。
- 功能 6 与整体活跃的相关系数为：20.5%。
- 功能 7 与整体活跃的相关系数为：5.6%。
- 功能 8 与整体活跃的相关系数为：7.2%。

故功能 6 对整体活跃贡献较大，后续应重点运营功能 6。

2.6 第 5 把利器：用"趋势预测"来预测走势

终于来到数据分析中最有魅力的章节，数据除了可以反映已发生的业务特点，还可以非常科学严谨地预测未来趋势。本章将深入探讨数据预测的方法、适用场景并详细进行案例拆解。

2.6.1 趋势预测的概念

预测分析是典型的数据挖掘应用，通过分析序列进行合理预测，做到提前掌握未来发展趋势，为业务经营决策提供依据。

之所以可以"趋势预测"是因为：

1. 足够大的样本量和足够丰富的样本维度

大数据有 4 个特性，即 4V，Volume（大量），Velocity（高速），Variety（多样）和 Value（价值），其中最特殊的就是数据量大和丰富的多样性，同时大数据分析基础能力和架构的飞速发展使得量级和维度都很大的数据可以在可接受的时间花费中完成分析，也因为数据量级的巨大提升，抹平了原本相对小量样本可能带来的个体特征过于明显的问题，使个别比较突出和特别样本的影响度被包容和消除，也因为数据维度的丰富，可以从多种多样异构的维度中多角度分析数据。正是以上原因让趋势预测有充分和扎实的数据基础。

样本的个体特征过于突出，例如预测 DAU 的趋势，DAU 样本数据包含了最近 20 天的数据，其中有几天的 DAU 非常高，显然用这样的样本去预测会导致结果偏高，出现过于乐观的情绪。但是当 DAU 样本包含最近 100 天甚至 200 天的数据时，几天比较突出的 DAU 所带来的影响力显然会大幅下降，因为趋势预测是从整体分布去考察的。

2. 考察概率而不是准确率

大数据最迷人的魅力并不是精确计算出准确的结果，而是评估每次分析结果的可信程度。实际业务经营随着国家政策、行业发展、竞争对手等因素变化而瞬息万变，贸贸然说出一个决定性的结论显然不合时宜，而且站在今天武断地说出未来发展趋势也是不负责任的，反而是应当借助大数据的概率性思考方式，抛弃准确率，拥抱概率，站在今天预测未来趋势的可能性和可信程度，才是科学的做法。

> 提示：在本节中会大量用到概率性思考方式，你会看到很多关于置信度、置信区间、可能性的字眼，它们都是在说明分析的结果有多少可信度，而不是有多少准确性。

3. 相关而非因果

相关和因果的区别联系前文已经阐述，实际业务经营中寻找原因远比寻找相关因素要困难得多，本身这个世界就是多维的，数据是多维的，影响指标变化的因素也是多维的，影响指标未来发展趋势的因素更是相互影响、相互交叉。趋势预测是站在历史数据的角度，综合考量可能的所有影响因素后才做出的趋势发展方向分析。

2.6.2 基于时间序列的趋势预测

时间序列，是以时间顺序排列的指标数据。时间序列预测是根据时间序列数据的发展过程和方向等，通过合理的算法来可信地预测未来发展趋势。时间序列预测，认为指标的历史数据是有一定延续性的，即历史上指标的趋势在未来也会大概率延续，同时接受一定程度的指标波动，认为是合理的随机事件，并把这种波动也考虑到未来走势中，所以时间序列预测输出的趋势以及波动性，是和历史数据的趋势与波动性大概率高度一致的。

注意：时间序列预测属于定量分析，也叫方向性分析，是找出未来可能的走势方向，其输出的趋势值仅供参考，若是非要抬这个杠，我也没办法。

时间序列预测的几个重要概念及其业务含义：

1. 什么是时间序列

时间序列是指标在相同时间单位且不同时间点上排列而成的序列。时间序列包括世纪、年、季、月、周、日、时、分和秒等。

2. 什么是平稳序列

时间序列中指标的各个值在某个固定的值上或固定的区间内波动。如果渠道的获客能力稳定，其每天的获客数量，即新增用户数就是一个平稳序列，围绕在某个固定的值上或固定区间内波动。

3. 什么是趋势

时间序列中指标的数据呈现出明显的增长、下降，或随季节性、周期性的变化。

4. 什么是季节性

季节性是指时间序列中指标的数据在自然时间或符合人类生产活动规律下出现的周期波动，典型的季节性有按周、按月、按季的变化，例如按周的季节性，每周一是 DAU 低谷，然后逐步升高，到周五周六达到高峰，周日开始回落，周而复始；按月的季节性，每个月初是业务办理的波峰，然后迅速降至低谷，下个月初又在重复；按季的季节性，每年第 1 季度和第 3 季度是旅游高峰，因为是寒假、春节和暑假。

> 说明：上述按月的季节性案例，你能想到是哪类产品吗？

5. 什么是周期性

周期性是时间序列中指标的数据呈现出来的不符合人类生产生活规律，但又呈现出周期性波动的特殊情况。例如产业升级和迭代的周期一般认为是 10 年，即在 10 年间产业从诞生新的黑马逐步占据较大的份额，继而带动产业进行自清洗或自升级，这个时间约 10 年，中国互联网和移动互联网均遵循此规律。周期性也会表现出很特殊的时间，例如某些产品的指标变动周期是 3 周，每 3 周会有 1 次活跃高峰，原因在于该产品的版本管理周期是 3 周，每隔约 3 周就会发布新版本，同步会做一波应用商店的运营，带来一次小的活跃高峰。

时间序列趋势预测最常用的算法是指数平滑算法，它对离预测期较近的数据给予较大的权重，对离预测期较远的数据给予较小的权重。

指数平滑法的核心价值是历史上每个数据的权重都不一样，即距离预测起点越近的数据权重越高，距离预测起点越远的数据权重越低，也就是越近期的数据对未来趋势的影响越大，越远期的数据对未来趋势的影响越小，如图 2-76 所示。

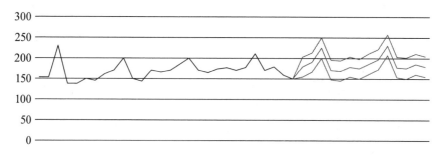

图 2-76 时间序列预测结果

左边曲线为历史数据，右边曲线为预测趋势，其中：

- 预测数据中的上方曲线为置信上限,即未来趋势不会高过此条曲线。
- 预测数据中的下方曲线为置信下限,即未来趋势不会低于此条曲线。
- 置信上限和置信下限之间的区域为置信区间,即未来趋势在置信区间内波动。
- 预测数据中加粗的曲线为趋势线,即未来大概率以此趋势发展。

基于时间序列的趋势预测有以下特点:

- 时间的定义,包括世纪、年、季、月、周、日、时、分、秒等。
- 充分分析每个历史数据点的信息,特别是走势和波动性,都会在未来趋势中呈现出来。
- 时间序列预测对于中短期预测效果明显,长期效果显著减弱。
- 时间序列可以发现历史数据中的周期性波动,并延续到未来趋势。
- 时间序列预测仅仅根据历史时间上指标的变化来预测未来趋势,可以认为仅仅依据时间这个因素来预测,即忽略了很多其他重要的影响因素。

2.6.3　基于回归分析的趋势预测

回归分析,是指定量分析两种或两种以上指标间相互依赖关系的分析方法。回归分析支持两个或多个指标间的关系。在内容的热点运营中,通常需要能够提前预判在未来短期内可能成为热门或爆款的内容,然后在这些潜在爆款内容爆发前进行人工干预和运营,或许流量打压或许流量扶持。以短视频为例,一般是以短视频的下发量、收藏量、点赞量、转发量、发布者的等级和粉丝数等指标来分析其与播放量的关系,这个时候不能用时间序列预测,因为有多个指标与时间序列无关,故只能通过回归分析找到上述指标与播放量的关系,继而预测未来播放量走势,这就是典型的多元回归分析。

回归分析预测法,是在分析两个或多个指标相关性的基础上,通过寻找指标间的回归方程来预测的方法,使用回归分析可以:

- 表明指标之间的显著关系。
- 表明多个指标对一个指标的影响程度。
- 支持分析异构指标之间的影响程度,例如营销活动中的活动触点和活动转化率之间的关系。

回归分析是非常实用和成熟的分析方法，适用场景也非常多：

- 营销活动效果预测

通常营销活动的指标非常多，曝光量、触点数量、目标客群、投放时间、投入成本、活动入口、活动路径等，为了可以充分有效地分析营销活动上线后的效果，可以在活动投放过程中及时监控并实时预测未来走势，可以在活动执行中动态调整活动策略，以最大限度提升活动效果。为此收集营销活动的运营指标，并建设多元回归模型以评估活动上线前的可能效果。

- 腰部 KOL 发展潜力预测

越来越多的平台都把 KOL 作为运营的重要抓手和工具，在头部 KOL 被一抢而空后，腰部 KOL 成了新的运营重点。但要从更大量级的腰部 KOL 中找出有潜力的可不是一件容易的事情。通过分析过往成功从腰部 KOL 晋升为头部 KOL 的特点，粉丝增长速度、发布内容阅读量、平台活跃度、所在领域、内容生产能力和质量等，建设多元回归模型来预测这些指标与 KOL 粉丝数的关系，以寻找出未来有潜质成为头部 KOL 的去重点培养和运营，这套打法是很多 MCN 机构的日常运营手段。

- 预测微信公众号阅读量

微信公众号运营中，在内容发布前我们总是希望能够预测发布后的阅读量等数据，继而可以提前优化标题、内容、图片和内容方向。对于一篇推文，发布时的粉丝数、发布时间、文章位置、文章长度、标题长度等都能成为影响用户点击阅读的因素，故而为它们以及阅读量建立多元回归模型来预测内容发布后可能的阅读量。

前面深入探讨了时间序列预测和回归分析预测，下面在 Excel 中实现这两种预测方法。

2.6.4　在 Excel 中实现时间序列趋势预测

> 注意：Excel 2016 版本以上才有时间序列预测的图形化操作功能，不然只能通过几个函数来做。

在 Excel 中，能够实现时间序列预测的叫预测工作表，这个工作表在"数据"选项卡中,如图 2-77 所示。

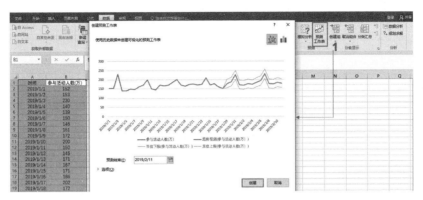

图 2-77　Excel 的时间序列预测工具:预测工作表

具体的预测操作流程如下:

第一步:检查数据是否符合要求。要求数据为两列,第一列必须是时间序列,且间隔均匀,即必须是连续、等差的时间数据,不能出现缺漏的情况。

■ 正确:1月1日、1月2日、1月3日、1月4日。
■ 错误:1月1日、1月3日、1月4日、1月9日。

如果出现缺漏,请补充缺失日期的数据或重新调整时间间隔。

第二步:选中所有数据。

第三步:点击"数据"选项卡,找到"预测工作表"。

第四步:点击"预测工作表"选项卡,弹出时间序列配置窗口,如图 2-78 所示。

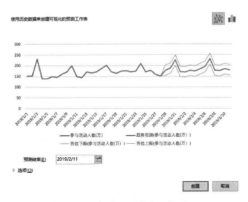

图 2-78　点击"预测工作表"

第五步：通常 Excel 会自动分析数据的季节性和周期性，并输出预测线。检查各项配置无误后，单击"确定"按钮即可。

2.6.5 在 Excel 中实现回归分析趋势预测

在 Excel 中，能够实现回归分析的叫趋势线，是图表的附属功能。具体的预测操作流程如表 2-33 所示。

表 2-33 趋势预测示例数据

年龄	10	12	14	20	25
使用时长（秒）	105	106	105	110	120

第一步：选中所有数据。

第二步：点击"插入"选项卡，选择柱状图，如图 2-79 所示。

图 2-79 点击"插入"选项卡，选择柱状图

第三步：在柱状图的数据柱上单击右键，找到"添加趋势线"，如图 2-80 所示。

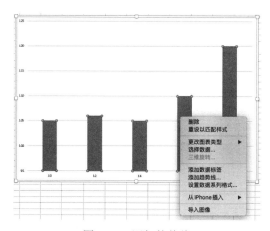

图 2-80 添加趋势线

第四步：点击"添加趋势线"，弹出趋势线配置窗口，如图 2-81 所示。

第五步：勾选"显示 R 平方值"，如图 2-82 所示。

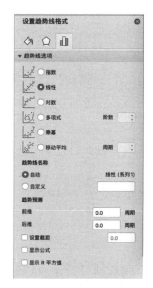
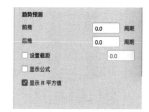

图 2-81　趋势线配置窗口　　图 2-82　勾选"显示 R 平方值"

第六步：切换不同的回归算法，选择 R^2 接近于 1 的算法，如图 2-83 所示。

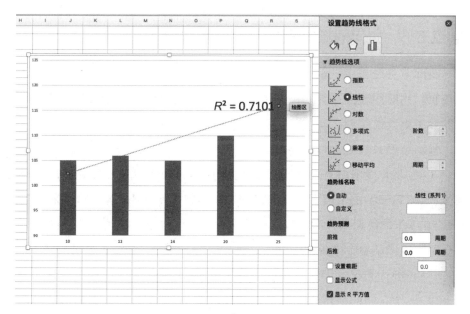

图 2-83　选择 R^2 接近于 1 的算法

说明：一般情况下用线性或指数，其他算法较少使用。

第七步：在趋势线配置窗口找到"向前"，输入预测周期，如图 2-84 所示。

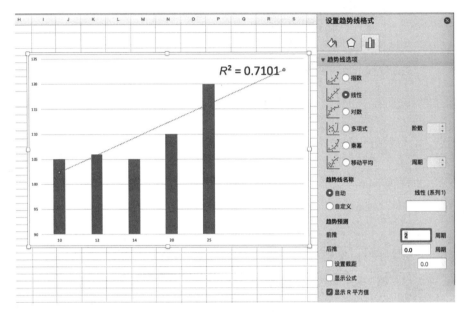

图 2-84　设置预测周期

2.6.6　如何预测年度 KPI

实际业务经营中，制定下一年的 KPI 是重中之重，相比拍脑袋的无依据无逻辑，用时间序列预测下一年的 KPI 趋势，基于此结果作为制定下一年指标的参考更具说服力。

预测年度 KPI 分为以下步骤。

（1）将年度 KPI 作为整体来评估近几年的 KPI 走势和变化，用时间序列来预测下一年的 KPI 目标。例如基于 2015 年、2016 年、2017 年、2018 年和 2019 年的注册用户数进行时间序列分析，预测 2020 年的注册用户数（有时也叫年度增长率，或 Year of Year，YoY）。

（2）细化到每月，考察 1 个完整年度中 12 个月的数据趋势。例如分析近 5 年 60 个月的注册用户数趋势，来预测未来 12 个月的数据走势。目的是尽可能找出数据变化的季节性和周期性，并能够在历史数据的选择中覆盖至少一个完整季节或周期。

（3）验证下一年每月的数据走势是否符合历史季节性或周期性，且符合年度增长率。

（4）基于此结果，结合实际业务规划进行调整。

2.6.7　如何预测下年春节期间的业务指标

实际业务经营中，主题节日是重要的运营节点。预测下一年春节指标分为 3 个步骤或 3 个层次：

（1）将春节期间（例如腊月二十至正月十五）的 KPI 作为整体来评估近几年的 KPI 走势和变化，用时间序列来预测下一年的 KPI 目标。例如基于 2015 年、2016 年、2017 年、2018 年和 2019 年的注册用户数进行时间序列分析，预测 2020 年的注册用户数。

（2）细化到每月，考察春节期间（例如腊月二十至正月十五）的数据趋势，找出数据变化的季节性和周期性，并能够在历史数据的选择中覆盖至少一个完整季节或周期。

基于此结果，结合实际业务规划进行调整。

2.7　本章小结和思考

（1）"描述性统计"有几种分析方法？分别适用于哪些运营场景？

（2）站在业务角度，异常值的解读还应当注意哪些方面？

（3）指标体系是整个数据分析体系、数据中台、BI 平台等核心中的核心，为什么这么说？

（4）北极星指标是否只有 1 个？

（5）为什么说趋势预测是定性分析，而不是定量分析？

第3章 将运营机会转化为运营策略

前面深入讨论了如何对业务经营指标进行分析，讲解了完整的数据分析流程，以及数据分析的方法和工具。为了完成数据分析的闭环，必须将数据分析的结果落地到业务，如果分析结果不能很好地和业务经营衔接，那可真是"竹篮打水一场空"，只有苦劳没有功劳。

本章将讨论将数据分析结果转化为业务策略的方法，这个方法就是 Business-Operation 模型，简称 B-O 价值模型。

3.1 B-O 价值模型概述

B-O 价值模型，即 Business-Operation 模型，业务—运营模型。这是一个非常成熟的概念，其变体 BOSS 系统，即 BSS 业务支撑系统和 OSS 运营支撑系统已经在通信运营上使用 20 多年之久。

B-O 价值模型试图建立起一种通用的业务经营框架，将业务目标、合作渠道、盈利模式、用户经营、品牌传播等一系列业务经营模块有机组合在一起，来解决实际业务经营的各种问题。

对于数据分析而言，B-O 价值模型是一个非常有效的工具，可以非常高效地将冷冰冰的数据分析结果转换为可落地可执行的业务经营策略。

3.2 B-O 价值模型的组成

B-O 价值模型，如其名所示，由 3 个部分组成：北极星指标、业务模型和经营策略，如图 3-1 所示。

北极星指标是 B-O 价值模型的战略方向，关于北极星指标的定义和使用，请参详前文，不再赘述。

Business：业务模型，即熟知的商业模式/模型。商业模式的各个组成部分正好对应北极星指标的特点，所以也就自然而言地成为北极星指标在实业务经营中具象化的落地形态，属于阶段性静态策略，归属于目标方向层面，一般制定后在一定时间内不会改变。

Operation：经营策略，包括产品策略、用户策略、营销策略、传播策略、体验策略等，属于动态策略，归属于执行落地层面，一般在策略落地执行中动态灵活实时优化。

B-O价值模型的3个模块看似割裂，实则相辅相成。北极星作为战略指导，像一盏明灯高悬天空；商业模式是围绕北极星指标的战略部署，经营策略是围绕北极星的战术打法，并且商业模式的子模块都和经营策略中的子模块精确对应，所以是一个有机整体。

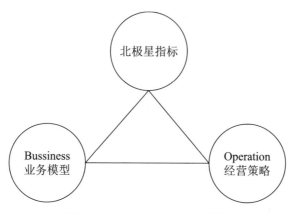

图3-1　Business-Operation 模型

3.2.1　Business：业务模型

Business：业务模型，即商业模式。最常见的商业模式由9个部分组成，简称商业模式九要素画布，包括客户细分、价值主张、渠道通路、客户关系、收入来源、关键资源、关键活动、关键伙伴和成本结构，详解如下所述。

1. 目标客户

目标客户是商业模式需要服务的客户或客群，也就是产品的用户。把目标客户放在第一位去考虑，正是秉承"客户第一"理念，找准了商业模式所服务的客户或客群，才能继续后面8个模块的规划。例如短视频产品服务于内容消费者和内容生产者，社交产品服务于用户的社交关系链，服务于他们线下或线上的好友，电商产品服务于终端消费者和供应商。例如淘宝的 88VIP 会员、视频网站的付费优先观看，以及各种 VVVVIP，都是所说的目标客户，在实际业务经营层面，也称之为细分客群。

> 注意：目标客户不一定是唯一的，正同北极星指标非唯一一样，可以是一个或多个客群，例如 DAU 背后最常见的就是新客活跃和老客活跃，将 DAU 作为核心北极星指标，那么目标客群就是两个，需要围绕这两个客群制定后续的模式和策略。

2. 价值主张

价值主张，指商业模式为目标客户创造出的，满足其特定需求的，有价值的产品或服务，也就是说，产品为用户提供什么功能，解决了用户的什么需求，为用户创造了什么价值。价值主张可大可小，大可到"让天下没有难做的生意"，小可到"记录美好生活"。产品常见的价值主张有：

主张价格，比竞争伙伴的等价服务或功能更低的使用成本和价格，主要集中在电商行业，在大量同质商品中借助主张价格的价格战来寻求增长。

主张个性化需求，反"大量同规格产品量产制"其道而行之，突出小量甚至每单均定制，互联网家居，甚至很多重资产的传统行业也在向客户主张个性化，越来越多的汽车可以定制配置，且可定制的模块越来越多，甚至车标是立标还是大标都可以个性化定制，满足"物以稀为贵"带来的"稀缺性"，以从其溢价中赚取利润。

主张服务触达，产品的功能或服务可以触达更多的客群，辅以主张价格，可以极大刺激下沉市场，以及城郊甚至山区市场，电商平台为了抢夺客户，除了主打"五线城市"，还在主打"进村"，君不见一个十八线的只有十几万人的乡村路边红砖墙上都刷着电商平台的 slogan。

主张品牌价值和地位，通过品牌本身的影响力和行业地位，为旗下的产品赋予特殊含义，将品牌调性移植到用户身上，来凸显用户的尊贵和独一无二，品牌的影响力和行业地位相对不易短期改变，所以行业领头羊的产品通常会通过此去营销客户，"这就是骑士精神"，立马就起范儿了。

主张便利性，最实在的价值主张，通过实打实的便捷功能或服务直击用户,交个水费只要几分钟,而且几个月才交一次,还要下载APP自然难以获取用户,所以不用下载不用安装,"用完即走"的小程序应运而生,专门解决此类极低频但又必需的场景需求,连支付工具都转型为"生活服务平台",用提供各类生活服务去营销用户。

> 说明:价值主张没那么复杂,大白话就是卖点,你用什么给用户洗脑,让用户接纳并且认可。

3. 合作渠道

合作渠道是指找到与目标客群高度匹配的渠道,这3个月产品主打城郊接合部的客户,要能触达和获取这部分用户,显然找那些高大上流量渠道并不合适,因为这些渠道能够带来的高大上客群显然并不匹配城郊接合部用户的客群画像和特征,留存大概率令人心疼的差,反而是小县城尘土飞扬的土路两旁的夫妻店、拉面馆、"1元钱安装1个APP"更能获取到想要的客人。

某国际化信息流产品,其目标客群偏重中青年,主要分在等同于国内3、4线的城市,客群画像偏好娱乐、社会新闻和各种奇闻逸事,统称娱乐八卦,哪里火车出轨了、浓妆艳抹的女性大头照、1台摩托车坐30人,诸如此类,所以渠道就选择了当地的大学进行地推获客,以及承办当地特色体育活动来获客。

合作渠道主要关注点:渠道类型,考察线上渠道还是线下渠道;渠道匹配度,渠道所接触的用户客群画像特征是否与商业模式的目标客群和价值主张吻合;渠道ROI,渠道合作无论是否投入真金白银,都要考察ROI,以评估渠道的效率和质量;细分的渠道是否可整合运营等。

合作渠道的经营非常灵活,根据目标客群和价值主张灵活组合,目标客群分为5个,对应5个合作渠道,每个渠道都可以投放不同的价值主张。

> 提示:在实际业务经营中,特别讲究"接地气"3个字,不仅说的是做事要踏实落地,还要求不要忽略任何可能获客的渠道,也不要瞧不起几千几万的渠道,成熟期的产品绝大多数获客都是这个渠道抠3000,那个渠道抠2万,从这个竞品捞10万,从那个平台引流4万。

4. 客户关系

客户关系，是指在产品的不同阶段需要与客户建立和维系的关系。从通过渠道接触客户的那一刻起，产品需时时刻刻保持和客户的联系，直至客户的生命周期结束。互联网产品中常见的客户关系方式有用户首触产品的功能引导、随时随地可调用的售前售后、提升活跃、沉默唤醒和流失召回的推送、短信机制，以及电话外呼等，这些都是维系客户关系的手段。内容型产品的客户关系维系方式是不断地进行创作引导，短视频平台的"才艺秀""舞艺秀"，图文创作平台的每月创作活动，"新作者扶持活动""伯乐计划"等都是维系客户关系的形式。

> 说明：绝大多数名称令人眼花缭乱的运营，都是在做客户关系维系这件事儿，巴不得时时刻刻分分秒秒和用户保持互动，目的自然是提升客户活跃度和留存度，以抬高平台的估值和价值。

5. 收入来源

收入来源也叫盈利模式，是指企业向客户提供价值所获取的收入，是商业模式画布的最核心组成。收入来源关注的是制定能够匹配目标客群、价值主张，同时符合渠道特征的盈利模式，既能保证一定的利润率，又能保证较低的用户付费门槛。在实际业务经营中，收入来源也同目标客群一样是一个多元组合，针对目标客群中的细分客群分别制定不同的盈利模式，这也导致了相对复杂的收入模式。

当提供视频播放的网站用户达到一定规模时，活跃在网站上观看视频的用户组成通常非常复杂，也就直接导致了复杂的收入模式，常见的有主要针对平台的使用费，商家在电商平台上的平台入驻费和交易手续费，知识付费平台的手续费等；有针对终端用户的订阅费，大部分的 SaaS 服务都以此类形式提供按月或功能模块数量的订阅制收费，视频和电商也有所涉足；主要服务渠道体系的授权费，在侧重产品销售中常见，手机销售渠道和餐饮加盟都属此类；以及互联网最著名的盈利模式——广告费。

> 提示：订阅费（订阅制）是一种非常有趣，能够黏住用户，降低用户交

易门槛，又被极大忽略的收入模式和营销工具，在后续篇章会深入讨论。

除了上述的常见收入模式外，近些年还诞生了很多有趣的收入模式，反向收费即是其中的翘楚。反向收费诞生于美国的健身房会员制运营中。通常健身房的会员费是一次性缴纳，有效期一两年，但健身是一项很考验毅力的事情，坚持不下去半途而废的大有人在，这就造成缴纳会员费的会员们随着时间流逝，与健身房发生互动的频率越来越低，最后彻底流失。虽然会员费已收入囊中，但这对于健身房而言远远不够，会员的流失不仅减少了很多中间收入，同时未来的复购/续费率也会大大降低，从长远看极其不利。所以健身房实行退出反向收费制度，只要缴纳会员费时签署一份约定，在会员有效期内来健身达到指定次数或者达到指定身体指标，会员费就原路退还，但只要中间偷懒缺席指定次数，会员费就不再退还。这样一来，会员们为了能够拿到全额返还的会员费便会积极健身，与健身房互动频率大大提升，中间收入和复购/续费率也大大提高。

即便如此，能够坚持下来拿到全额退费的依旧不足 4 成，大部分人依旧难以抗拒"时刻兴奋，持久懒惰"，反向收费模式的本质是对用户进行补贴，只不过补贴的来源依旧是用户，用那些败于惰性的大多数交的钱来补贴少数的粉丝，一来经营主体不用承担巨大的补贴压力，二来也将用户"洗"过一遍，形成非常清晰的忠诚度和付费能力分层，毕竟 80% 的收入来自 20% 的核心用户。

社群运营中也常用反向收费的运营策略，付费进群，在群内完成指定任务，比如发言 5 次，交 10 次作业，即可退还入群的费用，用客户的钱培养了客户的忠诚度和使用习惯。

> 说明：企业赚钱盈利是天经地义的，企业存在的意义就是创造价值创造利润，利润是企业前行发展的汽油。残酷的是，声称为情怀或理想而生的企业，多数都会很快终止运营，毕竟没有利润，哪里有资格谈情怀和理想呢。我经历和知道的凡是大讲特讲情怀和愿景的团队，若在 2 年内没有正向现金流或自主造血，无一例外全部终止运营，俗称倒闭。

至此商业模式 9 要素已经拆解了 5 个，还有 4 个在这里不做深入探讨，放到后续篇章中结合运营和经营再展开。

3.2.2 经营策略画布

经营策略画布就是熟识的老伙计了，运营经常和它们打交道，下面各用一句话说明：

- 产品策略

产品策略服务于产品运营，即设计产品的信息架构、功能架构、业务架构、营销架构以及产品版本迭代等运营策略工作，也叫"做好产品"。

- 用户策略

用户策略服务于用户运营，即围绕用户在产品上的生命周期阶段所表现出的特征制定策略，包括线索用户、种子用户、首触用户、活跃用户、沉默用户、流失用户等，也叫"服务好用户"。

- 营销策略

营销策略服务于产品营销，即从产品的目标客群、主张价值和盈利模式制定各种价格运营策略以及品牌影响力策略，也叫"让用户心甘情愿掏口袋"。

- 传播策略

传播策略服务于传播推广，即借助公域、私域以及其他渠道讲产品的价值主张等，以触达更大范围的客户群体，也叫"刷存在感"。

- 体验策略

体验策略服务于用户体验，不同于产品策略，体验更关注用户在使用产品过程中的流畅度和视觉体感，也叫"让用户用得爽"。

3.3 B-O 价值模型使用指南

B-O 价值模型的使用非常简单，只有 4 个步骤：

（1）确定北极星指标体系，1 个核心北极星指标和 3 个伴随指标即可。

（2）将北极星指标拆解到 Business 模型的九要素，制定合适的商业模型。

（3）将 Business 模型的九要素映射到 Operation 模型，制定合适的运营策略。

（4）整体检查，沙盘模拟，几次打磨，无误后出街。

下面具体讲解如何用 B-O 价值模型提升产品的 DAU。

DAU 是绝大部分产品的核心指标，用 B-O 价值模型来制定提升 DAU 策略的步骤如下所述。

（1）确定 DAU 为核心北极星指标，围绕核心北极星指标拆解出新客和老客，新客口径为近 3 天首次打开过产品的用户，老客为近 3～7 天首次打开过产品的用户，7 天以上打开过产品的用户定义为沉默用户，不是此次目标客群。

（2）基于新客和老客，结合商业模式九要素画布制定业务模式和资源，如表 3-1 所示。

表 3-1　新客和老客的商业模式九要素结果

商业模式九要素画布	新　　客	老　　客
目标客群	近 3 天首次打开过产品的客群	近 3～7 天首次打开过产品的客群
价值主张	品牌、核心服务	黏性服务、用户价值
合作渠道	外部渠道	产品自身
盈利模式	免费	首次付费、复购
客户关系	引导、培养	维护、挽留
关键活动	优惠活动、新手任务	老客优惠、老用户专属
成本结构	获客成本	营销费用
合作伙伴	外部＋内部	外部＋内部

（3）将商业模式九要素映射到 Operation 模型，如表 3-2 所示。

表 3-2　新客和老客的业务经营策略

业务经营策略	新　　客	老　　客
产品策略	近 3 天首次打开过产品的客群	近 3～7 天首次打开过产品的客群
用户策略	线索用户、种子用户、首触用户	活跃用户、沉默用户、流失用户
营销策略	新客专区	老客专享
传播策略	无	MGM、裂变
体验策略	全场景体验	核心服务体验

3.4 本章小结和思考

1. 若产品需要提升规模,请尝试将"注册用户数"拆解到 B-O 模型中。
2. 若产品需要促进活跃,请尝试将"DAU"拆解到 B-O 模型中。
3. 若产品需要提升留存,请尝试将"次日留存率"拆解到 B-O 模型中。
4. 若产品需要扩大营收,请尝试将"GMV"拆解到 B-O 模型中。

第二篇
数据运营的玩法

运营之路：
数据分析 + 数据运营 + 用户增长

从本篇开始，将在数据分析基础上进化到数据运营，并站在运营的角度深入探讨常用数据运营和营销工具，主要内容包括：

- 数据运营体系的根基：用户场景和场景营销；
- 产品运营的 1 个模型和 7 种工具；
- 用户运营的 3 个模型和 5 种工具；
- 内容运营的 2 个模型。

第4章 数据运营的基础：用户场景营销

产品是重要的用户营销载体，多数产品都从功能架构和信息架构等方面来规划。

功能架构，是指基于产品所提供的功能和服务来规划产品的模块组成。功能分为核心功能和衍生功能，微信作为社交服务产品其核心功能是即时通讯，围绕即时通讯衍生出更多服务，如发图片、发语音、发视频、转账、红包等，并从用户社交关系中衍生出内容服务，如朋友圈、视频号、公众号等，所以在微信的产品功能架构中，明显看出即时通讯类功能在导航第一位，并在启动微信时默认进入此页，其他衍生功能被安排在其他导航以及二级、三级甚至更深的入口。

信息架构，是指基于产品所提供服务的对象[也叫实体（Entity）]来规划产品的模块组成，这些对象/实体的属性、状态和服务构成整个产品的信息架构，淘宝的功能架构非常复杂，但是其实体只有用户、商品、订单、店铺、物流和内容等6个，用户属性包括个人信息、浏览记录、收藏夹、购买记录等，商品属性包括上下架、库存、品类、销量等，例如用户购买记录关联到订单、商品、店铺和物流，继而形成网状的信息架构。

与产品功能架构和信息架构不同，场景营销模型更关注当前用户场景下的业务运营架构。产品功能架构和信息架构都是远离用户场景的技术型架构，而非业务运营架构。业务运营架构能够从用户的多维场景需求和产品如何向用户进行营销出发来规划产品，用户打开产品后首先看到的是产品的什么场景，此时用户的需求可能有哪些，应该用什么功能和服务去匹配，如何匹配，当用户从A场景离开后，我们需要考虑用其他业务场景继续承接住用户，以避免流失。

4.1 场景营销模型概述

场景营销模型是顶层模型，是站在用户经营和用户场景角度来制定经营策略的模型。本质上，场景营销模型是在用户使用产品的每个细分场景中通过分析用户需求整合功能、实体和体验等为用户提供服务的模型，如图4-1所示。

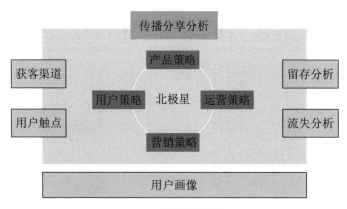

图 4-1　场景营销模型

4.2　什么是场景

假如你是可口可乐的营销人员,你会如何制订可乐的营销方案以提升销量?如图 4-2 所示。

图 4-2　你将如何提升可乐的销量

看似简单,实际上这个问题非常难回答,难点在于可乐是一种功能饮料,其卖点是口味非常赞的碳酸饮料,就此卖点而言,实在难以提炼出有竞争性的营销点,因为口味赞的饮料极多,口味赞的碳酸饮料也不少,故以功能去营销用户在现在这个时代是不可取的。究其本质原因,在于试图用相同的功能去匹配用户不同场景下的需求,用静态的功能性饮料去匹配动态的用户消费场景,自然是失败的。用户消费时,本身是处在各种场景中的,不同的场景用户的消费需求出发点完全不一样,若要提升可口可乐的销量,必然要求将碳酸饮料的营销点转为匹配用户场景的营销点,如图 4-3 所示。

图 4-3 可乐在不同场景下的不同功能

显然，在看比赛或忙工作这两个不同的场景下，都用功能性碳酸饮料这一卖点去打动用户，必然是失败的，因为并不符合这两个场景下用户的需求。看比赛时，用户一般是在家中，非工作时间，身心放松，在观看精彩比赛的同时能喝点吃点算是不错的比赛调味剂；忙工作时，用户一般是在办公场地，精神高度集中和紧张，在忙着码字或做 PPT 时喝点东西也算忙中取乐，颇有"偷得浮生半日闲"的意味。所以在这两种场景下，可乐所代表的营销方向完全不同，如图 4-4 所示。

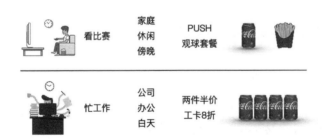

图 4-4 可乐在不同场景下的不同营销点

- 看比赛时，可乐是陪伴用户的好兄弟，可将可乐和其他小食打包，作为"观球套餐"向用户营销。很多运动饮料和速食产品都有"观影套餐"或"比赛伴侣"之类的套餐产品，通常是冰镇的碳酸饮料和薯条、爆米花之类的组合，几乎所有的影院都提供类似套餐服务。
- 忙工作时，可乐是用户的减压工具，将可乐多支装，作为"量贩装"向用户营销。沃尔玛和山姆会员店同属一个集团的两种完全不同经营类型的超市，沃尔玛主打便利和零售，和人们认知中的超级市场并无太大差异，商品均是生活所用，因为其瞄准的客群是日常消费人群，特点是单订单金额较低，且购物车一般装不满；山姆会员店主打会员制和量贩装，不同于日常消费品的售卖，山姆会员店中绝大部分产品都是量贩装，就连酱油、醋、胡椒粉也是 6 瓶装，极少零售的，因为其瞄准的客群是中高端用户，周末才有时间来采购接下来一周的生活用品，特点是单订单金额非常高，且购物车中的物品像山一样高。

可口可乐的案例非常形象和深入地阐明了场景的含义。

场景，是指在特定时间和特定空间下匹配用户特征的需求的集合。众所周知的电梯广告，在人们坐电梯达到指定楼层前的这段时间，在电梯间的小空间中，用户正处于无所事事的状态，如能对用户进行营销，接受程度远远高于其他场景；视频网站在用户观看视频时会判断当前用户网络条件，若是 4G 网络会提示用户是否继续播放以免过多消耗流量；用户在电商产品中完成付费后还会被引导继续逛逛。这些都是用户在特定时间和特定空间下的场景化运营方式。

4.3 场景的起源和特点

如图 4-5 所示，数据运营体系在发展过程中经历了 3 个重大阶段：信息技术时代（information technology，IT）、大数据时代（data technology，DT）和场景时代（situation technology，ST）。

进化的时代

IT 信息技术	DT 大数据	ST 场景时代
信息	数据	场景
感知	认知	理解
机器	智能	模拟
支撑	服务	赋能

图 4-5　从 IT 到 DT，再到 ST

信息技术时代，人们尝试用数据去感知物理世界，用机器的计算能力来支撑生产生活。大约从 20 世纪 70 年代开始，电子计算机的出现开始从根本上影响人们的生产生活，人类的物理世界第一次开始以数字化方式存储进计算机，计算机试图用各种数学运算来支撑人类物理世界中的复杂计算。

大数据时代，数据成为生产力工具。数据量级和数据维度爆炸式发展，多维大数据中所蕴含的信息已具备初步能力来近似地认知人们在物理世界的一举一动。人工智能的出现，让大数据开始服务于人们的各种复杂需求。

场景时代，人们的复杂需求对数据提出了更高的要求，希望数据能够理解用户需求，并试图模拟用户在不同场景下的特征，基于此来更及时、更准确、更主动地服务用户。

在从数据、信息到场景的发展过程中，产品的营销策略出现了从技术语言到业务语言、从功能视角到用户视角、从静态服务到动态服务等 3 个重大转变。

4.3.1 从技术语言到业务语言

图 4-6 左图所示 20 世纪大部分洗衣机的标准按钮、洗涤时间和洗涤方式按钮的排列和文字就是典型的技术语言。看似简单明了，但是问题来了：

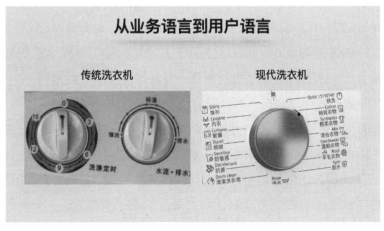

图 4-6　从技术语言到业务语言

■ 如何知道洗毛衣应该用多长时间？用标准洗涤，还是强力洗涤？

■ 如何知道1天没洗的衣服和2天没洗的衣服分别要洗多长时间，以及选用什么样的洗涤方式？

这正是技术语言和业务语言天然的代沟，因为需要用户进行二次加工才能使用，门槛不小且不低。图4-6右图所示是现代洗衣机的标准配置，很明显，不再用时间、强洗、排水、标准等技术化字眼，而是用内衣、棉被、抗菌、轻柔等直击用户场景的字眼。很自然，内衣、棉被这些场景背后也是设置好的洗衣时长和洗涤方式。只是，用户不需要考虑这些技术层面的语言，只要关心洗什么样的衣服即可。

通信运营商的套餐，是世界上最复杂的商业模式之一。早期被人诟病不已，被吐槽的点主要集中在套餐的文字表述过于复杂，且和用户实际应用场景相脱离，用户的理解门槛很高。本身通信套餐分为3种，即语音通话、短信和流量。语音通话分为本地、省内和国内等维度，短信分为同运营商和跨运营商等维度，流量分为本地、省内和国内等维度。以上这些维度又分为不同的消费档，组合起来简直令人绝望，所以早期有大量的运营商套餐分析和对比文章来指导人们正确理解套餐之间的差别。近些年这种情况几乎绝迹，你再也看不到这么多种维度组合的套餐，现在的套餐基本上就告诉用户4件事：多少钱的费用可以打多长时间电话，可以发多少条短信，可以用多少流量。

有谁还记得10年前移动号码给联通号码发短信是每条0.15元，移动和联通各自内部发是每条0.1元，导致同学之间因为用了不同运营商的号码，其朋友圈也具有强烈的运营商归属特点，要好的朋友大多数是同一运营商。

线上产品也是如此。微信在其发展过程中一直践行用户场景的经营策略。通过好友的申请后，通常要设置好友的备注、好友权限等。其中设置朋友权限就是典型的业务语言，非常方便理解。如果添加好友时，将对方权限设置为"仅聊天"，那么这位不幸的好友只能和你聊天沟通，无法看到你的朋友圈、微信运动等信息，非常适合临时添加的好友。在"仅聊天"3个字的背后对应了很多个人隐私的权限，包括朋友圈、微信运动等，如图4-7所示。

图 4-7　微信的朋友权限

业务语言还有一层更为重要的含义，即将技术语言转化为用户可以理解和接受的品牌语言。一般而言，技术语言是底层的产品内部的表述，是产品经营团队内部统一的认知，非常专业化，服务于团队高效的沟通，并不适合用户层面的业务表达，也不适合营销推广。用户对于余额宝基本上花 5 秒钟时间即可知晓它是干什么的，能给用户带来什么价值，花呗更是简洁易懂，并且借鉴了非常口语化的特点，提到支付宝，大多数人的第一反应就是余额宝和花呗。如果我告诉你余额宝其实是华安日日新货币市场基金 A 类，花呗其实是消费信贷产品，你会如何感觉？

在互联网金融领域，将技术语言转化为业务语言极其重要。通常互联网金融会提供很多种产品，其金融领域的专业名称实在难以让外人一下子就理解，所以一般都会起一个易懂易记的业务名称，或者将多个相似类型的金融产品打包后再起一个简洁的业务名称。中邮消费金融提供了 2 种信贷类产品——"邮你贷"和"邮你花"。"邮你贷"可以让用户借现金，背后是现金分期业务；"邮你花"可以让用户分期购物，背后是消费分期业务。招商银行的掌上生活，其提供的现金分期业务的业务语言更加简洁，只有 2 个字："借钱"。殊不知，"借钱"背后可是包含了多个不同种类的现金分期产品，通过掌上生活的客服，即可知道"借钱"后面有"e 招贷""我要取现"和"申请现金分期"3 类金融服务，如图 4-8 所示。

图 4-8 招商银行掌上生活的金融服务

4.3.2 从功能视角到用户视角

如图 4-9 所示，左边是过去功能服务触达用户的方式：被动地等待用户来触达。用户需要主动寻找所需的服务，并自行判断服务是否符合自己的需求。本质上依旧是一种典型的技术型思考方式，"功能做好就不怕没有用户"，"我给你什么你就看什么"。被动的服务触达方式非常依赖于用户的主观能动性，以及依赖产品所提供服务的形态，具体说就是用户如果愿意消耗时间和精力在产品中主动寻找功能和服务，只有 2 种可能性：产品提供的功能和服务是用户无法拒绝的、独一无二的，以及这个用户是产品的死忠粉，功能服务藏得再深，使用路径再不合理，用户掘地三尺也能找出来。

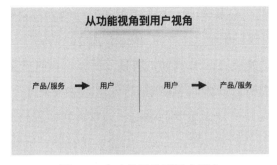

图 4-9　从功能视角到用户视角

类比人的性格,我们给这种被动的营销方式起个名字,叫内向型营销性格,肚子有料但是不善于表达。显然,它已经不符合场景时代的特点,我们需要肚子有料也善于表达的产品营销。

图 4-9 的右边是场景时代功能服务触达用户的方式:主动告知用户。用户坐享功能服务主动送到手上。所有让用户动手的操作都是高成本的,都必须有明确的目的,用户才会动手在产品上产生各种内容,例如搜索,搜索的关键字是推荐系统中评估用户兴趣的极高权重的信息之一,用户能够去主动搜索内容,意味着这个时刻他的强兴趣表达。例如 B 站,截至 2020 年 3 月,只有 281 万人投稿过视频,对比 2020 年 Q1 的月活跃用户 1.7 亿,大概能评估出 UGC 的比例依然非常非常小,绝大多数用户依然只看不拍。

因为人是有惰性的,主动式服务更能让人感到"管家式"温暖,而不是一个冷冰冰的产品。美团是生活服务平台,基于场景的主动式服务做得非常彻底,如图 4-10 所示。

图 4-10　美团的主动式服务

图 4-10 这张截图是美团的一条普通推送，仔细看看它给用户提供了什么服务和信息：

- 推送时间是周六下午 5 点前，再过 1～2 个小时就是晚饭时间。
- 推送标题是预计今晚将要降雨，告知用户接下来几个小时的天气情况。
- 推送内容是避免延误用餐，请提前订餐，告知用户这个天气可能会影响外卖送达的速度，建议现在就订餐，以保证能够按时用餐。

表面上看这条推送很普通，并不特别，但是稍加思考就可知其厉害之处：

- 美团分析了用户过往外卖的行为特征和偏好，认为用户在周六晚上有大概率定外卖解决吃饭问题，为了提升外卖的服务质量和用户体验，故而在用餐时间前几个小时告知用户。
- 美团不仅分析用户的外卖习惯，还结合了影响外卖的重要因素——天气变化，为了进一步保证客户体验，故而提前告知。

更震撼的是，点击这条推送后，所呈现的正是用户过往下过单的餐厅、菜品和套餐的推荐，并提供了"再来一单"快速购买按钮。

> 说明：这个案例非虚构，是我在 2019 年 3 月 23 日收到的推送。显然，我按照推送之后的流程完成了订餐。篇幅关系仅分享此案例来说明场景中主动性服务，事实上除了这种在线主动服务外，还有很多非在线形式的主动性服务。

4.3.3 从静态服务到动态服务

如图 4-11 所示，过往产品设计完成交由运营后，在一个稳定的版本周期内，其功能和服务不再变化，即用户看到和使用的均是同一功能和服务，没有对错，只是略显枯燥。产品框架在版本周期内是固定的，方便用户建立起对产品功能布局的认知，虽然有助于用户熟悉产品，但也略显死板。所以在产品架构设计时通常会预留出各种运营和营销位置，方便在产品版本周期内也能有一定的运营灵活性。

图 4-11　从静态服务到动态服务

这么做的原因是用户随着时间和空间均体现出不同的需求，故而产品服务本身也应动态变化。网易云音乐在最新版本中重点运营"场景推荐"，用户在不同时间和地点会在产品的这个板块中看到不同的歌单，周五或放假前看到"周末假期运势"。苹果的 CarPlay 在连接上手机后，会自动静音除电话外所有的通知铃声，并且也能设置自动挂断来电并自动回复一条消息；美团的外卖模块，早上、中午和下午打开，其中间营销区域会分别推荐供应早餐、午餐和晚餐的优质餐厅和菜品，晚上 10 点以后打开美团，会主推烧烤一类的店（主打宵夜文化），如图 4-12 所示。

图 4-12　网易云音乐的场景推荐

4.4 场景的三个高阶特性

场景除了上述特点外，还有 3 个非常有运营价值的特性，分别是场景的五要素、场景体系和场景连接。

4.4.1 特性 1：场景的五要素

如图 4-13 所示，场景之所以重要是因为它包括了 5 个核心元素：时间、空间、设备、社交和状态。

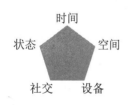

核心五要素

■时间
包括当前时刻以及所处时间周期

■空间
包括物理空间的位置以及业务流程的环节

■设备
场景中特有的多屏联动

■社交
用户在场景中是否与其他用户产生互动

■状态
用户在场景中的特殊状态

图 4-13　场景的五要素

时间，即用户进入场景的时间，用户在不同时间打开音乐产品听歌，音乐产品推荐的歌曲不尽相同，就如上文提到的网易云音乐的场景推荐和美团的外卖，都会根据用户进入该场景的时间来推荐与当前时间匹配的歌曲和外卖。绝大多数产品的推送，都是集中在晚上 7 点～11 点之间，特别是工作日的白天，极少有产品会进行推送，原因在于晚上 7 点～11 点之间是人们相对轻松的时间段，大概率人们会拿起手机刷刷视频，刷刷新闻，这个时候做推送最有可能触达用户。

空间，即用户进入场景时的物理空间位置以及所处业务流程的环节。这里有两层意思：一是用户的物理空间位置，你可能更加熟悉"基于 LBS 的服务"的称呼，基于用户的物理位置可以相当准确地知道用户的偏好；二是所处的业务流程环节，通常场景内的业务繁多、流程复杂，用户进入业务流程中的某个节点，能反映用户不同的偏好，如果此时用户出现异常行为，则需要结合在业务流程中的具体节点来进行挽留。

苹果手机自带的地图，使用一段时间即会自动学习判断出用户的常去地点，而无须用户告诉地图哪里是家，哪里是公司。当苹果手机的地图学习到用户的出行偏好时，下次用户打开地图，地图会根据打开时间和空间来判断用户是早上去公司上班，还是晚上下班回家，从而自动提示用户最可能去的地点并自动选择最快路线开始导航，这一切都是无须用户干预的非常流程的自动化操作，很明显，这也是场景的特点之一：主动性服务。

延伸阅读

基于空间的主动导航服务确实令人惊喜，我在工作日早上出发时，只要手机连接上车机，carplay 界面一出来，地图服务就自动启动并提示去公司需要多久，建议走哪条路线，5 秒钟内我不做任何干预，或者判断出车辆开始有移动，地图就自动进入导航模式引导我去公司。周末更加令人意外，周六上午我一般去 TiT 创意园，导航过几次后的某个周六，我早上再次连接 carplay 后，地图自动提示去 TiT 创意园的最快路线。显然此时苹果的地图已经结合我的出行偏好、当前空间以及当前时间，为我推荐了最合适的出行服务。

电商要让用户找到心仪且价格合适的产品，并让用户痛快地下单交钱，实属一件很困难的事情，特别是已经购买商品还未付款的用户，此时用户已经在购买流程中的倒数第 2 步，距离付费只缺临门一脚，调起各种支付工具输入付款密码了。对于购买商品场景中处在当前业务流程节点（即空间）的用户，必须用某种运营策略推动用户尽快付费，常用策略是用户如果返回上一步则用弹窗提醒是否取消付款，或在等待付款页面加入倒计时提示用户再不付款订单就要失效、优惠即将过期或者可能无法抢到商品，统称用户挽留策略，如图 4-14 所示。

图 4-14　京东等待付款的挽留策略

设备，即用户进入场景时的载体。设备不仅可以反映用户的使用偏好，还能表征用户的空间信息。苹果手机的用户忠诚度非常高，很多用户都是苹果全家桶用户，即 iPhone、iPad、Mac 和 iWatch 应用均有，并且用户流失率非常非常低，原因在于苹果搭建了完善的跨设备使用体验，Handoff、随航以及 iCloud 的全设备同步极大提升了用户的迁移成本，国内手机厂商也在近些年重点发力这块建立起多设备场景以提升服务体验和降低用户换机率，很多视频 APP 都会做"三屏联动"，三屏是指手机、电视和电脑，以满足用户在场景中的设备无缝切换，这些统称用户场景下的跨设备联动，如图 4-15 所示。

接力：在一台设备上开始工作，再切换到附近的另一台设备上继续工作。

通用剪贴板：在一台 Apple 设备上拷贝文本、图像、照片和视频等内容，然后在另一台 Apple 设备上粘贴这些内容。

iPhone 蜂窝网络通话：从 Mac、iPad 或 iPod touch 拨打和接听电话，只要这些设备与 iPhone 连接到同一网络。

信息转发：在您的 Mac、iPad 和 iPod touch 上发送和接收 iPhone 短信和彩信。

智能热点：无需输入密码，便可以从您的 Mac、iPad、iPod touch 或另一台 iPhone 连接到您 iPhone 或 iPad（无线局域网 + 蜂窝网络）上的个人热点。

自动解锁：在您佩戴 Apple Watch 期间，快速访问 Mac 系统，还可以快速批准其他要求输入您的 Mac 管理员密码的请求。

连续互通相机：使用 iPhone、iPad 或 iPod touch 扫描文稿或拍摄照片，随后扫描的文稿或拍摄的照片便会立刻出现在您的 Mac 上。

速绘连续互通：在 iPad、iPhone 或 iPod touch 上创建速绘，然后速绘轻松插入 Mac 上的文稿中。

标记连续互通：使用 iPad、iPhone 或 iPod touch 将速绘、形状和其他标记添加到 Mac 文稿中，并在 Mac 上实时查看所做更改。

随航：将您的 iPad 用作第二个显示屏，以扩展或镜像您的 Mac 桌面。或者，将它用作平板电脑输入设备，以在 Mac APP 中使用 Apple Pencil 进行绘图。

隔空投送：通过无线方式将文稿、照片、视频、网站、地图位置等发送到附近的 iPhone、iPad、iPod touch 或 Mac 上。

Apple Pay：在 Mac 上在线购买，并使用 iPhone 或 Apple Watch 上的 Apple Pay 完成购买。

有关非 Apple 制造的产品或非 Apple 控制或测试的独立网站的信息仅供参考，不代表 Apple 的任何建议或保证。Apple 对于第三方网站或产品的选择、性能或使用不承担任何责任。Apple 对于第三方网站的准确性和可靠性不作任何担保。联系供应商以了解其他信息。

发布日期：2020 年 08 月 08 日

图 4-15　苹果的跨设备联动服务

社交，即用户进入场景后所进行的社交行为。社交对于提升场景中用户黏性和场景中的用户各种转化率有直接帮助。直播作为一种非常特殊的内容营销形式，最初是在其中嵌入电商，用户在看直播的时候可以直接付费购买，现在则是在电商中嵌入直播，拼多多的商品详情页会默认有直播小窗口，用户在浏览商品详情时可以观看直播，通常是店家展示自己家的商品，目的只有一个：提高购买转化率，如图 4-16 所示。

图 4-16　拼多多的直播小窗口

状态，即用户进入场景时的状态，通常与时间、空间和设备联合使用。要判断用户进入场景时所处的状态，对于产品而言确实难度有点大，要求也有点高,但如果能命中用户状态,那么用户的活跃、留存和黏性会有极大提升。网易云音乐的"心动模式"就是命中用户听歌的一个状态:随便听听。随便听听这4个字可不是看上去那么随便的,我们也知道和朋友聚餐最怕说"随便吃点","随便"才是最难的。网易云音乐的"心动模式"以用户自己的歌单为基础,同时在其中随机插入一些符合用户口味的歌曲,让用户既不会觉得完全陌生,也不会觉得歌单听腻了,从而始终保持一定的新鲜感和熟悉感。"心动模式"上线初期仅仅在歌单播放方式中选择,现在已经在其他场景中出现,例如首页中提供了心动模式的一级入口,如图4-17所示。

图 4-17　网易云音乐

如果你留意,就会发现在探讨场景的五要素中无时无刻不在用无感服务、用户流失、服务推荐、用户挽留、提升转化等字眼,没错,场景化运营的目的就是服务于用户的活跃、留存、忠诚度和创收的。

延伸阅读

网易云音乐心动模式的策略分析(发表于 2019 年 1 月 11 日,内容有删减)

有心动模式前,我们听歌无外乎这么几个场景:主动搜索,搜索歌手、歌曲和歌单;自建歌单,把自己喜欢的歌手、歌曲收藏起来;听电台,随机听,无目的听歌;以及每日推荐。但是,这背后隐藏着一个非常严重的问题。

看似多种多样的内容分发场景,归根到底大体可以归为两类:私域流量场景和公域流量场景。

私域流量:在社交场景下,用户自身可以获取/购买到的流量场景,例如个人主页、我的关注、我创建的歌单、我收藏的播放列表等。对于自己的私域流量,用户有一定自主管理权。

公域流量:在社交场景下,用户不能直接干预和管理的流量场景,例如我的公开主页、发现、推荐、各种频道页、运营专题等。

私域流量和公域流量本质不同,所以相对难以融合和互通,不过信息流这个分发场景解决了这个问题,如表4-1所示。

表4-1 内容分发产品的私域流量和公域流量场景

产　　品	私域流量场景	公域流量场景
微博	登录后的个人主页 我的收藏 我的赞 好友圈	发现 热门微博 热门视频
头条	订阅	各类频道 小视频

歌曲这个内容类型确实有点与众不同,不像图文或者视频相对容易可以有一个集中的场景进行分发,这个集中的场景就是信息流。歌曲没有。这就导致私域流量和公域流量见面的场景少之又少,仅有的几个还显得那么粗糙。我创建的歌单,基本上别人看不到也不知道;我创建的歌单,分享出去,没有一个有效的场景让别人看到;我收藏的歌曲,我不知道别人有没有也收藏。

于是乎,流量要么集中在自己的私域,压根出不去,要么集中在人工运营或机器下发的优质内容。优质内容的运营和推荐,第一个大坑就是极易导致流量集中,而无法有效分发和探索,即马太效应。马太效应带来的直接问题就是:流量朝顶部内容聚集,而且是越来越猛烈地聚集;顶部内容数量极少(对比全库),导致流量过度集中;大量中尾部内容难以得到流量补贴,用户压根看不到。

而歌曲本身又和其他内容类型(图文、视频)有所不同,无图像可做实体分析。不同于图片和视频可以通过图像识别提取其中的实体信息,音频压根没这些;中频人声做语音识别转NLP分析有难度。你试试开着音乐对Siri说话,识别率有多少?特征边界不明显,难以分类。

所以,马太效应再加歌曲本身的特征,就会给运营者带来很多问题:

（1）每天要人工选很多被埋没的优秀歌曲；

（2）想着法儿地让它们尽量有机会在用户面前露个小脸；

（3）首页首屏就不奢求了，二级频道页也不奢求了，能刷新几次推荐出来就不错了。

可是，马太效应和心动模式有什么关系呀？

心动模式是一个新的内容分发场景，可以让更多的内容（就是歌曲啦）有机会见到用户，有机会获取流量补贴，有机会成为热门。既然是一个分发场景，那么这个场景到底怎么玩呢？

这个官方有很清楚的说明啦，画个重点：基于播放列表中起始播放的歌曲来推荐，心动模式中"荐"的歌曲，基于起始播放歌曲的语言、歌手和歌曲类型来推荐，也就是官方说的用户第一首听的歌曲代表了用户当前的心情和状态，后续的歌单排列和心动模式推荐都基于第一首歌曲的风格来进行，如图 4-18 所示。

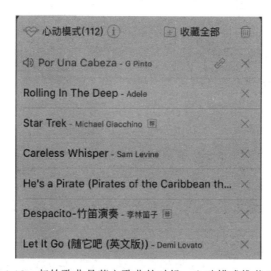

图 4-18　起始歌曲是英文歌曲的时候，心动模式推荐示例

4.4.2　特性 2：场景体系

如图 4-19 所示，场景本身即是一个多维度的概念，起床的场景下还有洗漱、规划行程和醒醒瞌睡等所谓的子场景。当场景可以逐步细分时，即同指

标体系一样，成为场景体系。

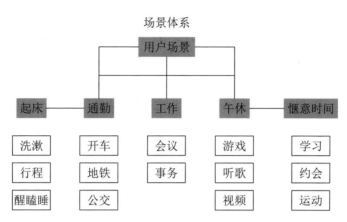

图4-19 用户场景体系

场景体系背后的核心逻辑是场景本身是由大大小小的服务和功能组成，每个服务和功能即是一个子场景，同时因为进入场景的用户形形色色，故而会形成场景体系。

场景体系的价值在于极好地支撑了精细化运营，满足用户在不同时间、空间、设备、社交和状态等元素下的不同需求。

地铁站这个场景中，包括了购地铁票、逛地铁商铺等子场景，购地铁票子场景服务于即将坐地铁出行的人群，但这个子场景又可细分为刷卡和现金等两个细分场景，每个细分场景服务于不同购票方式的人群，故而提供二维码、IC卡、自动购票机以及网上购票现场取票等功能；逛地铁商铺子场景为地铁出行人群提供便利的高频低消日常用品服务，如便利店、茶饮店、面包店等。

线上产品也有类似场景体系，几乎所有APP都有所谓的新客专区。第1次下载打开APP的用户被定义为新客，这类用户会被引导到新客专区中了解APP的功能服务以及新客权益等。度过新客周期后，进入APP则是正常的首页，并且很多APP的页面都做到了千人千面，用户进入的都是APP首页，但是看到的内容不尽相同，关于千人千面和个性化推荐会在后文详细讨论。

发现了吗？场景体系拆到不能再拆就是具体的功能和服务了，所以我们也常说每个功能和服务都是对应于1个或多个场景的。

4.4.3 特性3：场景连接

如图4-20所示，当用户进入一个场景，场景应该如何为它提供服务，当用户完成服务，需求满足后会离开该场景，是让用户自然流失还是用某种方式继续留住他们呢？所以，这里就有两个问题：场景如何为用户提供服务以及如何留住离开场景的用户。

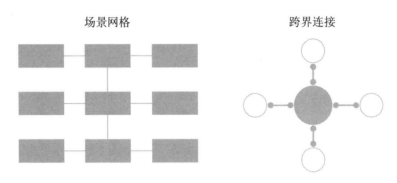

图4-20　场景连接

1. 场景如何为用户提供服务

场景的五要素——时间、空间、设备、社交和状态对应了用户的各种需求，当用户进入场景时，场景应能通过连接各种类型的服务去匹配用户需求，用户预订旅游城市的酒店，自然会考虑出行方式和当地的美食娱乐等。事实上，当用户在携程上浏览过或收藏了旅游景点后，携程一般都会发送短信推荐当地的酒店；当用户预订酒店后，携程当天便会通过短信和消息推送告知用户最好的出行方式，并引导用户预订机票或火车票；在出发前一周左右，携程会告知当地的天气，协助用户做好出行准备；当用户到达目的地并入住酒店后，携程还会推荐当地的美食和娱乐。对于用户旅游这个场景，携程将景点、酒店、出行方式、天气、美食等不同类型的服务一起推荐给用户，我们称之为场景内异构服务的连接，也叫交叉营销。

在网上买电影票，一般都会引导用户再买个可乐爆米花套餐，或者电影相关的手办、T恤等。场景内异构服务的连接并不是新鲜词汇，已经在很多平台型和细分垂直服务产品中充分应用了。

2. 如何留住离开场景的用户

用户在场景中使用完服务后，总归要离开，这是常情，古人都说"天下没有不散的筵席"。对于用户经营而言，用户离开场景不重要，重要的是用户离开去哪里，什么都不做自然用户就流失，成为一款"用完即走"的工具型产品，留存差的没眼看。如果不想用户离开场景后流失，可以用另外一个场景来接住用户，来满足用户的下阶段需求。用户如果再离开，再用一个场景来接住用户，让用户始终在规划好的不同场景间流动而不离开产品，我们称之为场景间的网格连接，也叫沉浸式消费体验。

当用户成功付款完成商品购买，一般都会离开这个场景继而离开 APP，此时可以设置很多的"您还想买"或"更多优惠"的相关推荐场景，引导用户继续停留在 APP 上；用户看短视频，一般看完即会返回上级页面，如果没有刷出感兴趣的短视频就有可能流失，此时可以设置沉浸式短视频体验，用户看完当前短视频不用返回，直接下滑就能继续看视频，引导用户继续停留在 APP 上；用户在支付宝借呗借出钱后，一般会选择离开 APP，此时可以设置现金消费场景，引导用户将借出的现金在平台上消费掉。

4.5 本章小结和思考

1. 为什么说运营中万事万物皆场景？
2. 为什么动辄就提"用户场景"？
3. 场景连接的核心逻辑是什么？
4. 功能、服务有什么区别和联系？
5. 网页端最著名的场景是什么？都有哪些运营策略？

第 5 章 产品运营工具和模型

本章深入讨论产品运营中常用的运营工具和模型,并从营销角度阐述它们的应用场景和应用实例,主要包括:

- 产品生命周期模型
- 11 种产品运营工具和模型

5.1 产品生命周期模型

产品生命周期是重要的产品运营模型,在生命周期的每个阶段都应该充分、全面和整体地制定经营策略。在本节中将深入探讨:

■ 产品上线首发的策略
■ 产品更新迭代的策略
■ 产品下线停运的策略

5.1.1 模型概览与架构

产品生命周期模型从顶层设计来看,可分为产品上线首发、产品更新迭代和产品下线停运 3 个阶段。

产品上线首发,是产品第一次接触正式终端用户的场景,此场景重点验证设计的功能和服务是否符合预期,并短期内尽快建立用户对产品的认知度和熟悉度,重点关注用户规模和用户留存的变化,兼顾产品口碑和舆情。

产品更新迭代,是产品正常运营过程中的场景,此场景验证新版本对用户的吸引程度,理论上应当在短期内引导用户尽量迁移至新版本,重点关注多版本共存时的运营,版本迁移过程中的用户流失,考察产品版本迁移速度、新版本活跃和留存,兼顾部分获客。

提示:没错,产品每次版本迭代都是一次重生的机会,每次版本迭代都不亚于一次产品上线首发。

产品下线停运，虽然是一个令人悲伤的场景，但也要做好善后工作，重点关注用户财产、用户权益和用户数据的迁移，考察产品走到生命周期末期时的口碑和舆情。

5.1.2 产品上线首发

产品上线首发是令人兴奋的场景，意味着经过长达几个月甚至更长时间的产品调研、开发和测试工作已到尾声，是时候让产品去面对真正的用户，标志着产品运营工作正式开始。所谓万事开头难，产品上线首发的重要性不言而喻，产品给人的第一印象非常深刻，后期再去扭转非常困难，无数创业公司的产品在上线首发后都会遭遇严重的生存问题，新增困难、活跃乏力、留存萎靡，最终产品走向失败。产品上线首发既然是重要的场景，自然在场景内的策略就不是单一的打法，而是涉及产品、运营、市场、品牌、用户、体验、传播等多元的跨部门的系统工程。

1. 运营目标

产品上线首发的目的是验证产品功能和服务是否满足用户需求、让用户建立起对产品的认知模式，以及在产品赛道内面对竞品时真实的差异化竞争力。

2. 运营指标

产品上线首发的运营指标包括用户规模、用户质量、使用数据、业务数据等，详情如表5-1所示。

表5-1 产品上线首发的运营指标

指标		维度
用户规模	新增设备数	用户画像
	新增用户数	城市
	应用下载量	应用渠道
	下载—打开率	传播渠道
用户质量	活跃用户数	日、周和月
	用户留存率	次日、五日、七日 次月
	使用时长	人均单次 人均每日
	打开次数	人均每日

续表

指　　标		维　　度
使用数据	流量分布（PV 和 UV）	导航栏各按钮 页面各区域
使用数据	点击率/渗透率	各功能板块
使用数据	黏性/频次（PV/UV）	各功能入口
使用数据	漏斗转化率	各业务流程
业务数据 （收入类）	付费用户数	用户画像 商品品类 获客渠道
业务数据 （收入类）	订单量	用户画像 商品品类 获客渠道
业务数据 （收入类）	客单价	用户画像 商品品类 获客渠道
业务数据 （收入类）	首次成交周期	用户画像 商品品类 获客渠道
业务数据 （收入类）	复购率	用户画像 商品品类 获客渠道
业务数据 （内容类）	内容生产量	用户画像 内容频道 内容类型
业务数据 （内容类）	内容消费量	用户画像 内容频道 内容类型
业务数据 （内容类）	CTR	用户画像 内容频道 内容类型
业务数据 （内容类）	阅读完成率	用户画像 内容频道 内容类型
业务数据 （内容类）	观看量	用户画像 内容频道 内容类型
业务数据 （工具类）	服务完成率	用户画像 服务类型
业务数据 （工具类）	服务黏性	用户画像 服务类型

3. 运营策略

产品上线首发场景中，从功能/服务、用户与场景、内容与场景、传播与场景等方面制定运营策略，后续也均用此结构拆解，如表 5-2 所示。

表 5-2　产品上线首发的场景运营策略

子　场　景	策　略　明　细	协同部门
功能/服务	仅重点突出一项核心功能或服务	产品
功能/服务	避免打包多个功能服务砸晕用户	产品
功能/服务	避免技术化语言的炫技和自嗨	产品
功能/服务	尽量使用口语化、简单易记的接地气口号	产品
功能/服务	避免复杂的用户注册流程	产品
功能/服务	尽量采用第三方登录或预设账号密码	产品
功能/服务	避免节假日前发布产品	产品
功能/服务	选择合适的上线时间	产品
用户子场景	拓展寻找合适的种子用户	BD
用户子场景	制定用户灰度策略	用户运营
用户子场景	制定用户使用反馈机制	BD/客服

续表

子　场　景	策略明细	协同部门
内容子场景	制定产品宣发通稿	内容运营
	制订内容营销计划	
传播子场景	【公域】应用市场	渠道
	【公域】线下媒体	
	【公域】社交媒体	
	【公域】微博、知乎、短视频	用户运营 BD
	【私域】朋友圈	
	【私域】社群	
	【私域】微博、知乎、短视频	

延伸阅读

没有心动模式前，我们听歌无外乎这么几个场景：主动搜索，搜索歌手、歌曲和歌单；自建歌单，把自己喜欢的歌手、歌曲收藏起来；听电台，随机听，无目的听歌；以及每日推荐。但是，这背后隐藏着一个非常严重的问题。

成功的都是千篇一律，失败的却各不相同，说一个产品首发后半年即结束的失败故事吧。某建筑行业内容平台，产品在经过约8个月的封闭式开发后，即将迎来正式上线的时刻，团队特意将上线时间选择在10月。在上线前的3个月，市场部门即协同BD、产品、运营和研发共同提炼产品Slogan："泛建筑行业知识服务平台"，并邀请了各种大V站台和传播。可惜的是，大约半年后产品即宣告失败，复盘后发现并未遵守如下原则。

- 仅重点突出一项核心功能或服务

很可惜，运营和商务团队在外宣时恨不得将产品的所有亮点都告诉用户。这种心态可以理解，毕竟产品是自己的亲生宝贝，放眼望去全是优点。可是这种"优点/亮点轰炸式"营销策略，不仅掩盖了产品真正的核心优势，而且还严重扰乱了用户的心智。看似狂轰滥炸，实则无一命中。

- 避免技术化语言的炫技和自嗨

这款产品底层与一家人工智能公司合作，使用了大量的机器学习的算法和模型，故也作为产品亮点之一打向用户。在对用户进行营销时各种高大上的词汇层出不穷，"无监督学习""智能匹配""神经网络"等，充满了炫技和自嗨，与之形成鲜明对比的却是用户的懵逼。如果不能用一句大白话讲出产品的亮点，那么营销就是失败的。

- 避免复杂的用户注册流程

这个是产品团队的锅，甩都甩不掉。这是我见过最复杂、最烧脑的用户注册流程。注册流程步骤多就不说了，还要用户填写多达几十个字段。

- 尽量使用口语化、简单易记的接地气口号

市场团队为了将这个初生的产品打向市场，为它的线上传播取名"马良行"，线下品牌取名"榫卯"。3秒钟内正确读出这两个词的同学请速加我微信好友，我有事相求。同时英文名为"Mahoooo"，即马虎。你说这个产品不死，谁死？

- 制定用户使用反馈机制

更令人惋惜的是，在上线后的3个月内，团队只收集了寥寥几份用户反馈，全都是负面评价。用户反馈样本量的缺失，导致产品团队缺少客观和公正的迭代依据，最终像无头苍蝇般几次迭代后，产品宣布停止运营。

5.1.3 产品更新迭代

产品更新迭代是产品在其生命周期内最重要的场景，正所谓"产品不停，迭代不止"，打法清晰和有节奏的迭代可以快速训练用户认知和培养用户忠诚度，也是弥补产品早期缺陷的重要抓手，更是产品后期逆天改命的唯一路径。纵览互联网产品，70%的产品中后期的服务与其上线初期并不完全相同，甚至战略方向都有180°大转弯。此遭状况绝不可采用开发新APP的策略，除非不想珍惜来之不易的用户资源。若要让产品随着时代发展也能不断演进，更新迭代是唯一策略，不会丢失既有客群，又能通过多次更新迭代在潜移默化中带领用户走向新的方向。

支付宝的每次进化，都伴随着大版本的更新和迭代。支付宝早期就是一个中间代付商或支付通道，用户绑定银行卡后，在淘系平台购买产品即可在支付宝中支付，并在确认收货后款项才由支付宝打给商家，在这个阶段支付宝除了代付代存资金没有其他服务。随着用户体量越来越大，越来越多的商家开始接入支付宝，支付宝由支付通道进化为第三方支付平台，不仅仅服务于淘系产品。商家接入的同时终端用户也大量涌入，一个很顺滑

的策略就是借助第三方支付这个强金融属性的产品定位，为终端用户提供金融产品和金融服务，就是大家熟知的余额宝、花呗和借呗，此时支付宝由第三方支付平台进化为金融服务平台。金融服务平台始终是低频高消的工具型产品，且金融的强监管机制也让支付宝对于终端用户在无形中设立了不低的准入门槛，经常有人吐槽花呗额度只有几百块，或者借呗利率比银行还高，或者支付宝压根不给某些人提供这些服务，所以支付宝在2020年提出了由金融服务平台进化为生活服务平台，提供各种各样的生活服务，小到买瓶饮料，大到旅游，从家事到政事，无一例外，一应俱全。支付宝的每次方向调整都在次版本和主版本中体现，并且大版本发布不亚于产品上线首发的场景。

1. 运营目标

产品更新迭代的目的是弥补优化产品服务，在更新中寻找新的增长方向。

2. 运营指标

产品更新迭代的运营指标包括用户规模、用户质量、使用数据和业务数据等，如表5-3所示。

表5-3 产品更新迭代的运营指标

指标		维度	说明
用户规模	新增用户数	用户画像 应用渠道 产品版本	特别关注新版本的用户迁移速度
	应用下载量		
	下载—打开率		
用户质量	活跃用户数	日、周和月	重点关注每次更新迭代后用户客群特征是否有变化
	用户留存率	次日、五日、七日次月	
	使用时长	人均单次 人均每日	
	打开次数	人均每日	
使用数据	流量分布（PV和UV）	导航栏各按钮 页面各区域	特别关注新增功能、服务和用户场景
	点击率/渗透率	各功能板块	
	黏性/频次（PV/UV）	各功能入口	
	漏斗转化率	各业务流程	

续表

指　　标		维　　度	说　　明
业务数据（收入类）	付费用户数	用户画像商品品类获客渠道	
	订单量		
	客单价		
	首次成交周期		
	复购率		
业务数据（内容类）	内容生产量	用户画像内容频道内容类型	
	内容消费量		
	CTR		
	阅读完成率		
	观看量		
业务数据（工具类）	服务完成率	用户画像服务类型	
	服务黏性		

3. 运营策略

产品更新迭代中，从功能/服务、用户与场景、内容与场景、传播与场景等方面制定运营策略，如表5-4所示。

表5-4　产品更新迭代的场景运营策略

子　场　景	策 略 明 细	协同部门
功能/服务	新功能是否具有延续性	产品
	避免突兀的新功能宣发	
	对于旧版本用户集中反映的问题，新版本应突出对用户反馈意见的回应	
	选择合适的上线时间	
用户子场景	制定核心用户灰度策略	用户运营
	制定用户使用反馈机制	BD/客服
内容子场景	制定产品宣发通稿	内容运营
	制订内容营销计划	
传播子场景	【公域】应用市场	渠道
	【公域】线下媒体	
	【公域】社交媒体	
	【公域】微博、知乎、短视频	用户运营BD
	【私域】朋友圈	
	【私域】社群	
	【私域】微博、知乎、短视频	

5.1.4 产品下线停运

产品下线停运是常见的场景，产品在其生命周期中会上线新的场景和服务，也会有很多场景和服务下线。毕竟是下线停止运营，是令人沮丧的时刻，但越是逆境越要做好各种运营策略。

产品本身的下线停运并不常见，大多数情况下是产品中某个功能、服务或场景因为种种原因而停止运营。平台型产品由于本身作为各类服务承载平台，天生就是“广聚天下英雄”的打法，哪天某个英雄或者服务提供商不再力争上游而是另谋高就，要么该服务彻底停运，要么寻找相似服务商补位。不管哪种方式，平台都有义务和责任提前知会用户，并做好各种保障策略，保证服务的平稳降落或平滑迁移，如图 5-1 所示。

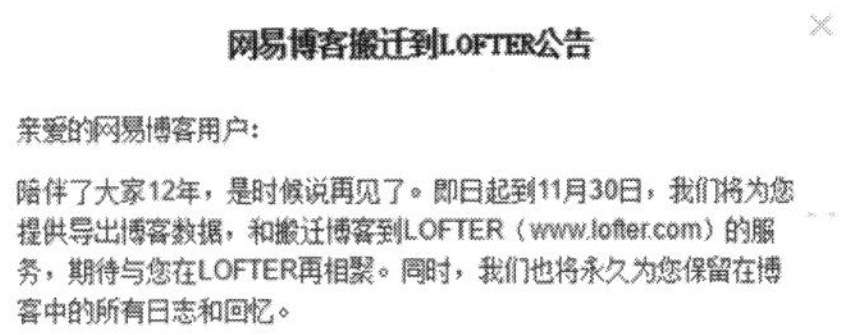
网易博客搬迁到LOFTER公告

亲爱的网易博客用户：

陪伴了大家12年，是时候说再见了。即日起到11月30日，我们将为您提供导出博客数据，和搬迁博客到LOFTER（www.lofter.com）的服务，期待与您在LOFTER再相聚。同时，我们也将永久为您保留在博客中的所有日志和回忆。

图 5-1 网易博客下线通知

1. 运营目标

产品下线停运的目标是产品平稳降落和服务平稳过渡，以及用户数据安全迁移。

2. 运营指标

产品下线停运的运营指标包括用户质量、使用数据，如表 5-5 所示。

表 5-5 产品下线停运的运营指标

指标		维度	说明
用户质量	活跃用户数	日、周和月	重点关注在正式发出下线通知后，活跃类指标是否按预期下降
	使用时长	人均单次 人均每日	
	打开次数	人均每日	
使用数据	流量分布（PV 和 UV）	导航栏各按钮 页面各区域	对于已进入下线期仍然使用产品某些功能的用户，应合理引导其在其他平台使用相似功能和服务
	点击率 / 渗透率	各功能板块	
	黏性 / 频次（PV/UV）	各功能入口	

3. 运营策略

产品下线停运场景中，从功能 / 服务、用户与场景、内容与场景、传播与场景等方面制定运营策略，如表 5-6 所示。

表 5-6　产品下线停运的场景运营策略

子 场 景	策 略 明 细	协同部门
功能/服务	制定产品功能下线的辅助功能	产品
	寻找可能的类似服务补位	
用户子场景	强通知告知用户产品/功能即将下线	用户运营
	跟进核心用户建立长期沟通机制	BD/客服
内容子场景	制定产品下线通知	内容运营
	制定用户服务迁移指引	
传播子场景	【公域】应用市场	渠道
	【公域】线下媒体	
	【公域】社交媒体	
	【公域】线上门户	用户运营 BD
	【私域】朋友圈	
	【私域】社群	
	【私域】微博、知乎	

5.2　产品运营的场景和运营策略

基于产品的使用流程、产品运营区域类分析并探讨产品中不同运营场景及其对应的运营策略，如图 5-2 所示。

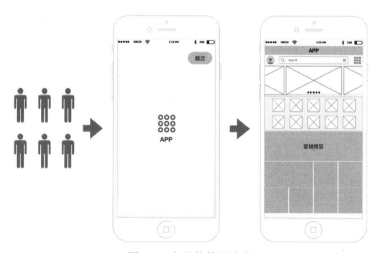

图 5-2　产品的使用流程

5.2.1 启动屏

1. 概念

如图 5-3 所示，启动屏，特指 APP 产品启动时即显示的界面，这个界面一般会停留几秒钟时间，在这个时间内 APP 会在后台加载服务框架、启动各种服务 SDK、获取用户地理位置、判断有无新版本、判断用户账户状态以及其他系统级别的权限检测。由于这些都是底层服务，所以在启动屏展示过程中用户无法立即跳过，最快也需要 3～5 秒后才能离开启动屏进入主页面。故而在启动屏和用户产生交互的 3～5 秒内，大多数用户都选择等待，并且此时手机屏幕上除了启动屏，再无其他干扰信息，启动屏是重要的、天然的能够完完全全吸引用户注意力的场景，可以实现对用户注意力的深度运营。

图 5-3 启动屏

2. 产品形态

启动页的产品形态常见的有产品 Logo，几乎所有产品都会设置产品

Logo 和 Slogan，通常是极简风格：一是训练用户对产品的认知，二是作为其他形态的启动屏内容加载不出来时的兜底策略；图文，最常见的启动屏形态，用以承载各种运营策略；视频，多见于旅游、摄影、视频编辑等文艺青年范的产品，视频信息承载量大，同时还有音频辅助攻击，打击用户效果显著，如图 5-4 所示。

产品Logo和Slogan　　　　　营销图文

图 5-4　启动页常见产品形态

启动屏对应的产品策略有自动跳过、倒计时自动跳过、用户主动跳过、是否可点击跳转等。

启动屏适用于新客认知产品、新客首触留存，老客的活跃、老客的留存，以及品牌宣传等。

3. 运营策略

正因如此，启动屏成为产品上最重要的营销场景。产品启动屏的常见运营策略有合作广告，90% 的启动屏都会选择投放合作广告，因为可以直接将启动屏上用户的注意力变现，对于一个 DAU 有几百万甚至上千万的产品，启动屏广告可谓真正的全量用户投放，特别对于自身盈利较弱的产品，启动屏流量变现是重要的营收来源；品牌宣传，让产品深入人心，建立起用户坚固的认知模式是每个产品毕生追求的方向，启动屏上聚集着极高的用户注意力资源，在 3～5 秒时间内足以将品牌的核心营销点打给用户，后续用户每次打开 APP 都会被营销一次，特别适合于品牌自己的主题活动，或者多品牌的联合营销；营销活动，运营的重点工作是通过各类广义的活动来拉新促活（粗略地讲），很多营销活动在 APP 内的分布级别不均，优质资源位又被大量活动争得头破血流，对于平台型产品，启动页相当于多提供了一个优质资源位给营销活动，基本上现在所有 APP 都会在启动页挂一些经评估效果可能较好但分配不到优质资源位的活动；流量分发，有流量的场景就有流量分发，既可以直接分发进产品的深层功能，因为产品信息架构原因使得原本藏得比较深的功能可以通过启动页直达而无须烦琐地一步一步点进去，很多 APP 在新版本启动屏会引导用户进入 APP 版本说明，了解新版本的特性和功能，也可以分发给其他 APP，有大量 APP 的产品体系中，常能见到从启动页直接跳转到另外一个 APP 的操作，闲鱼和淘宝在启动页就可以相互跳转，相互为对方带来活跃用户；就算没有任何运营，启动屏也会设置默认的产品 Logo，再加产品 Slogan 来不断加深用户对产品的认知。

在启动屏运营中需要关注的指标，如表 5-7 所示。

表 5-7 启动屏关注的指标

指标	口径
人均停留时长	—
"跳过"点击率	"跳过" UV/ 启动页总 UV
跳出率	从启动屏点击直接进入 APP 对应板块的 UV/ 启动屏总 UV
流失率	从启动屏离开 APP 的 UV/ 启动屏总 UV
加载成功率	正确呈现营销活动内容的次数 /APP 启动次数

4. 启动屏的本质

深入一点，启动屏本质上就是互联网的底层经营逻辑：占据流量入口。流量入口，即用户接触互联网产品和服务最前端的触点和入口，是最接近用户的互联网入口。最熟知的流量入口是浏览器、路由器和手机。20 世纪 90 年代，微软的 IE 和网景的 Netscape Navigator 大战，到 21 世纪前 10 年的路由器百家争鸣，再到现在手机厂商的激烈竞争，"得入口者得天下"始终未变。对于 APP 产品而言，用户使用 APP 提供的功能和服务的入口即是启动屏，无论用户打开 APP 做什么都必经启动屏，更别说有多少用户惯性打开 APP 后就退出，即使什么都不做也要在启动屏停留。所以在很多场合我都会强调小小启动屏对于产品的商业价值有巨大贡献，容不得半点忽略。这就是流量入口的价值。

5. 几条运营经验

启动屏如果设置了自动跳过，务必注意预设的自动跳过时间不要超过 5 秒。事实上，用户对于移动互联网产品的容忍度越来越低，原本网页端用户体验的"3-5-7"规则在 APP 端已经太宽松了。启动屏的要求是在 1～2 秒内能够刺激用户视觉，2～3 秒内让用户抓住营销点。这个要求真不算高，你们可以试一下，事实上在 2 秒左右时间就已经能够判断出启动屏营销内容是否有效了。除此之外，用户每天接收到的启动屏也有运营限制，新浪微博一般每天不超过 5 次推送启动屏，即用户同一天内多次打开微博时，最多看到 5 次不同的启动屏内容，部分产品控制在 3 次以内。

启动屏除了默认的产品 Logo 和 Slogan 外，其他形式的运营，包括品牌活动、营销活动等，在做流量分发时请务必添加跳转链接，即每个启动屏所呈现的活动均要有对应的落地页。如果仅仅作为品宣而无须跳转，请将其设计在产品默认页上。

启动屏是重要的资源位，同样涉及活动的上挂和排期，运营规则约束性不那么强，因为用户在使用 APP 时只会看到 1 次启动屏，除非出现运营事故，否则即使启动屏运营得很差，用户也还是会进入 APP 使用相关服务和功能，所以启动屏可以安排一些 B 级以下的活动（通常营销活动分为 S、A、B 和 C 等级别，分别对应活动不同的重要性）。

启动屏显示时长是最高优先权的指标。若加载过程中出现意料之外的临时情况，比如网络中断或资源服务无响应之类，切记不可死脑筋地一直重试加载，此时应该提升启动屏加载时长的优先级，当启动屏资源加载超时，则立刻进入 APP 主页。原则上，启动屏首先显示默认的产品 Logo 和 Slogan，若在 2 秒内无法显示营销活动则直接进入 APP 主页，继续停留在启动屏是一种极其愚蠢的行为。

5.2.2 首页和主页

首页,即用户进入产品时第一次/首次看到的页面。首页是站在用户角度来定义的,用户在场景中拥有不同的状态,自然不同用户进入同一服务场景时就应该进入不同的首页。SaaS 类产品的用户首页是账号登录页,而不是那个犹如外星飞船控制面板的"首页"。很多产品设置了所谓的"新用户首页",即首次启动产品的用户进入的并不是常见的"首页",广发银行信用卡 APP 发现精彩对于首次打开 APP 的用户是进入"精彩页",位于底部导航栏的第 4 个入口。而在活动运营中,参加活动的用户首页,都是承载活动的单独营销页面,其页面架构和风格甚至与产品本身并不一致,如图 5-5 所示。

图 5-5 发现精彩新用户的首页

很明显,营销上所讲的首页是用户从产品外进入产品后首次接触的页面,故此时首页也叫落地页。

主页，是默认的承载产品中主要业务的页面，负责主要客群经营。主页是站在产品端来定义的，产品在设计之初就已经确定好主页，所有用户均可访问主页，主页在整个产品架构中有且只能有一个。绝大多数 APP 启动后会进入主页。主页本身属于 APP 的基础架构，且不会随 APP 版本迭代而发生巨大变化，故其相对首页而言运营的灵活性更差，主页更多通过其内部的其他容器来满足精细化运营。SaaS 产品的主页是用户成功登录后的主要功能面板；非第一次打开产品的用户后续都将默认进入产品的主页。

不同产品主页的运营策略也不尽相同。平台型产品的首页主要是承载平台中的核心服务、合作资源和营销活动；内容型产品的首页主要承担内容分发的职责，故主页容纳的是信息流，并且为了达到最高的分发效率，内容型产品的首页信息流绝大多数都是推荐流；工具型产品的首页同样承载产品中的各种服务和功能，故多用聚合性服务目录来体现。

在产品场景运营中，不能把首页和主页等价而谈，二者都有其服务的目标客群，以及运营目标和策略。主页，面向的是全量客群，承载了整个产品中大部分最核心最重要的服务和功能。首页，面向的是非常细分的客群，为他们提供非常垂直的服务和功能，如表 5-8 所示。

表 5-8 首页和主页的区别

首 页	主 页
可以有多个	有且只有一个
逻辑概念	实体概念
可配置	不可配置
动态	静态
支持精细化运营	不直接支持精细化运营（需要借助其他形式）
页面内容精细和精准	页面内容大而全
细分客群	全量客群

5.2.3 主页的首屏

1. 概念

首屏，是指在手机端或 Web 浏览器上用户无须进行任何垂直滚动或活动即可看到的屏幕范围。首屏有非常重要的营销意义。

（1）承担流量分发

如果说主页的首屏聚集了产品 99% 的流量，一点不为过，如果不能有效分发则是巨大的浪费。对于平台型产品，主页首屏的楼层（楼层的概念在后面深入讨论）中，70% 都做流量分发，淘宝 APP 的首屏中，包括了 TopBar、顶部频道区、轮播区、金刚区、营销楼层区等，目的是将进入主页的用户按照画像特征引导进不同的专区去使用对应的服务；对于内容型产品，主页首屏一般是信息流，信息流的意义就是流量分发，快手的首屏就是推荐信息流的瀑布流呈现，目的是将流量从信息流分发到各个频道以及视频用户的私域流量中；对于工具型产品，主页首屏一般是使用频次最高、功能价值最高的服务聚合目录，目的是让用户快速进入最常用的功能模块。

（2）负责流量变现

主页首屏也承载着营收的目的，正是因为其聚集了大量的流量，如果不变现同样是巨大的浪费。流量如同现金流一样，如果不"流起来"是无法体现价值和不断增值的，故流量变现的方式：一是内部导流，即将流量从首屏的入口直接导入变现能力页，电商平台的主页首屏呈现的商品可以直接进商品详情页完成购买，而跳过搜索或浏览的中间路径，故拥有极高的价值。短视频平台最著名双 # 活动就是"# 我要上首页 #"，这里的首页就是指首屏。显然，要上首屏可不仅凭优质的视频质量，额外的付费推广不可或缺。二是合作资源，站外合作的一种形式，将合作资源引入平台，在首屏给予一定的露出或固定资源位，按照点击或成交收费，但合作资源提供的服务仍在产品内，并未离开产品，OTA 平台上的酒店集团若要入驻并要求首屏露出营销，不付费是不可能的。三是外部导流，站外合作的另外一种形式，仅仅在首屏露出合作资源，对应的服务需要跳出 APP 到合作资源平台上完成，很多平台型产品天生依赖大量的服务提供商，但若将服务提供商的服务和功能都嵌入自身产品不现实也不可能，故而采用此形式，"什么值得买"上的首屏有"每日必领"，对接的是各大电商平台的优惠券中心，领券时会离开"什么值得买"而跳转到电商平台完成领券操作，如图 5-6 所示。

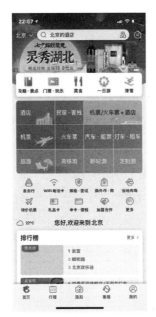

图 5-6　携程和"什么值得买"的首屏均负责流量变现

（3）承载服务

主页的首屏除了流量类服务，就是承载产品本身的所有重要功能，或者说是能够满足 80% 活跃用户的功能和场景。服务有两个意思，一是功能层面，即产品的最小颗粒度组成单位，也是产品的核心价值；二是营销层面，应能呈现符合用户权益的优惠、关怀、主题等各类活动。绝大多数产品的主页首屏都是功能+活动的组合，功能是静态，活动是动态，这一动一静才正好体现了产品的"运营感"和"节奏感"，如图 5-7 所示。

2. 产品形态

首屏的产品形态以信息流和混合流最为常见。信息流，特点是无限下滑和下拉刷新，可以承载多种形态的内容，结合推荐系统和广告系统可以满足个性化和商业化服务，缺点是难以承载固定

图 5-7　掌上生活 APP 的首屏承载了产品的主要服务

服务或功能入口，适合以内容营销为主的产品；混合流，即固定的功能入口和动态的信息流组合，既适用于内容营销为主的产品，也适合平台型产品。

3. 运营策略

（1）合理排列首屏的组件

首屏的组件类型繁多，搜索栏、扫码入口、个人信息入口、轮播位、金刚位、营销活动位等，须按照使用习惯排布，不要试图重复造轮子，提升用户使用成本和门槛。

（2）别忘了露出第二屏

首屏仅是"首屏"，主页的很多营销区域都在第2屏，为了能够引导用户继续使用主页其余部分的功能和服务，请在首屏最下方露出第2屏的部分内容。从心理学上讲，这种半露出的预期容易引起用户关注，从而尝试观察其全貌，自然就会下滑查看，如图5-8所示。

图 5-8　最下面的 2 个视频即是半露出，引导用户往下滑

4. 运营指标

首屏的运营指标一般为流量和营收类指标，如表 5-9 所示。

表 5-9　首屏关注的指标

指　　标	口　　径
营收贡献率	从首屏直接带来的营收 / 产品总营收
跳出率	从启动屏点击直接进入 APP 对应板块的 UV/ 启动屏总 UV
流失率	从启动屏离开 APP 的 UV/ 启动屏总 UV
营销区域流量分布	首屏各个营销区域的 PV、UV 和点击率

5.2.4　搜索区运营

1. 概念

如图 5-9 所示，搜索区，即主页首屏中承担按关键字查找产品内信息的楼层，一般置于首屏顶端。搜索区是产品内为数不多的可以让用户主动生产内容的场景中门槛最低的一个，对比让用户发布视频、发布文章、发表评论等，用户对于搜索天然没有抵抗心理和生产难度，甚至比用户填写个人简介的难度都要低。同时，对比发布视频、发布文章和发表评论，用户在搜索区主动搜索的关键字，比它们更加精准，更强地表达了用户当下的迫切需求，这一点是难能可贵的，也是搜索区天然和独特的优势：

图 5-9　搜索区

- 大部分产品会把搜索入口放在首页首屏的显眼位置；
- 大部分产品会在主导航栏上放搜索入口；
- 大部分产品会把搜索页面作为重要的二级页面给予很大的运营资源；
- 信息越丰富的产品越重视搜索框的运营；
- 搜索场景下是用户"主动"产生内容，推荐场景下是用户"被动"接收内容；

- 搜索框是为数不多的可以采集到用户即时兴趣的场景，要知道UGC多难呀，实在想象不到除了搜索之外还有什么场景是不需要激励就可以让用户主动倾诉衷肠的；
- 搜索的变现路径极短，搜索结果列表可以直接进行商业化变现；
- 搜索也是绝大部分产品极易忽视的运营场景。

2. 产品形态

搜索区常见的产品形态如图5-10所示。

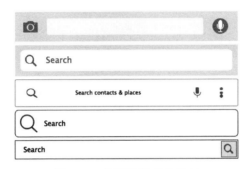

图5-10　搜索区的产品形态

3. 运营策略

搜索框的素人形态就是一个大白框，好似白开水般的存在，既无可非议又乏味无聊，反正空着也是空着，为什么不在这个空间上做点事情呢？

（1）个性化推荐

从搜索框的产品形态来看，神似只有一个槽位的信息流。所以只要有槽位的存在，就可以玩个性化推荐，就可以用搜索框的默认文本来实现用户兴趣的推荐。这样做的优势是可以复用已有的槽位推荐策略，劣势是搜索区是APP架构级功能，相对固定和静态，并不具备信息流的各种花式刷新，内容的推荐更新并不那么灵活和随心所欲，故一般是进入搜索框所在页面级框架时更新推荐，适合推荐用户强兴趣/即时兴趣的内容或商品，如图5-11所示。

图5-11　在搜索区进行个性化推荐

（2）热点/人工下发

在搜索框同样可以实现热点下发或人工运营，主信息流热点运营的补充和协同。优势是可以显性、有目的引导用户进入运营路径，劣势是受空间限制，同时与信息流中的热点和人工下发对比，稍显羸弱。所以适合临时性、突发性热点和人工下发需求，如图5-12所示。

图5-12 搜索区进行热点/人工运营

（3）动态滚动

动态滚动一定程度上解决了搜索框空间狭小、呈现信息有限的不足，通过多行滚动文本实现动态信息呈现，有时也叫跑马灯。优势是可以呈现多行内容，劣势是用户视觉略疲惫。所以这里的滚动文本不宜超过5个，否则会让人觉得眼花缭乱。

（4）搜索区做实时联想

输入动态推荐和引导屡见不鲜，常见的有3种方式：搜索框内直接联想，出现下拉列表联想，以及上述合二为一。其优势是试图理解用户意图，降低用户输入成本，提高搜索效率，劣势是搜索框内的用户意图理解是难题，因为信息有限，故很难高准确度地命中用户意图，且若联想结果不准确，用户容易中断搜索，导致联想功能沦为鸡肋。适合词义明确和意图清晰的搜索关键字，如图5-13所示。

> 说明：由空格组成的多关键字的联想，以及用户退格删除修改后的重新联想（没见过几家做得好的）。

图 5-13　搜索栏做实时联想

（5）预搜索

借助于关键词动态联想，在联想结果中呈现更多信息，在真正进入搜索结果页前提前告知用户可能的搜索结果以供预决策，我们叫预搜索。优势是提前给用户部分信息以供决策，劣势是搜索结果如果很少或者无结果，极其影响用户体验。适合关键字对应结果相对较多的内容（你总不会希望每次联想结果都是"约 3 条结果"吧），如图 5-14 所示。

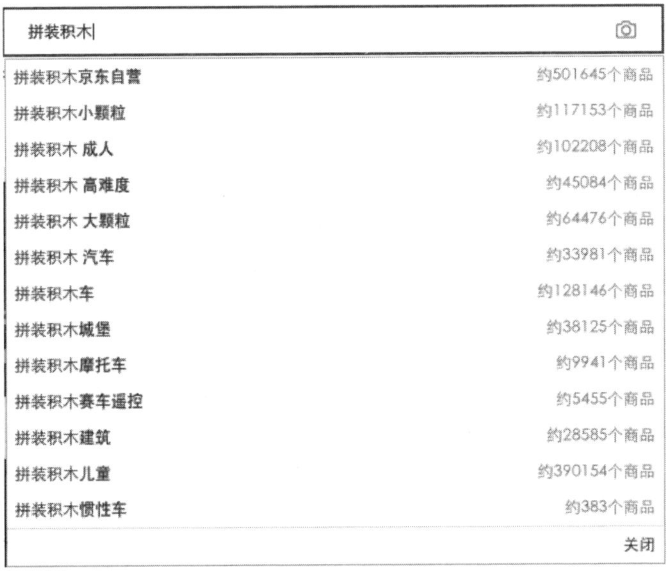

图 5-14　预搜索

(6)搜索列表直达详情页或落地页

当搜索关键词或联想词命中某些运营端配置好的功能、业务板块或专题入口时,预搜索列表就会引导用户直达该功能、业务板块或专题入口,属于非常强悍的人工运营直通车,可以为指定功能、业务板块或专题迅速带来大量流量。优势是用户可直达某些较深或被其他营销活动淹没的重要业务板块,劣势是需要人工运营提前配置好准入的功能、业务板块或专题。适合申请不到较好营销位或 PK 不过其他营销活动,但短期内又需要流量的功能、业务板块或专题,如图 5-15 所示。

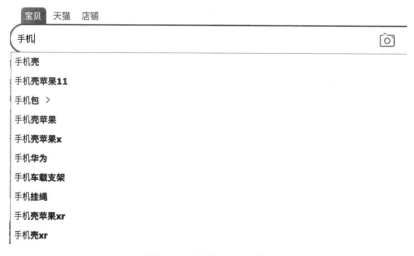

图 5-15 搜索列表直达

(7)搜索为空的引导

用户的搜索需求五花八门,难免出现搜索为空的情况。搜索结果为空的大忌是直接告诉用户搜不到或无此内容。因为用户已经主动表达了兴趣和意图,此时若直接反馈为空将极大地伤害用户感情,需要用更加柔软的方式来谨慎处理,如图 5-16 所示。通常有以下几种处理方式:

a. 精彩推荐,推荐站内可能更加匹配用户搜索意图的内容或推荐热点(矮子里面拔将军);

b. 建议用户更改关键词,换用更宽泛的搜索词以扩大搜索结果;

c. 告知用户已收到,并在有更新时通过私信或其他触点及时告知用户(务必言出必行)。

图 5-16　搜索为空的运营策略

搜索框当然不止这几种,再罗列几个未能详尽的高阶玩法。

■ 搜索结果列表页,妥妥的商业化变现场景,因为有列表和排序的地方就有商业价值。

■ 基于搜索关键字的反向运营,有点难懂? 想一想百度贴吧和其他社区的核心区别。

■ 搜索框是用户主动表达兴趣的场景,运营可以快速抓住短期内群体兴趣的凝聚点,而后在产品上及时落地,很多平台就是通过搜索框收集用户兴趣继而创建出新的内容分类或频道反哺用户的。

5.2.5　轮播区楼层

1. 概念

如图 5-17 所示,轮播区也叫 Banner 区,是最常见的重营销型运营工具,一般情况下会占据首屏顶部 20%～40% 的空间,淘宝的商品详情页中的轮播区甚至达到 50% 的首屏区域占比。轮播区同时可容纳多个不同类型的内容,故具备固定楼层、活动坑位的运营特点,特别适合品牌宣传、主题活动、优惠促销等运营策略,如图 5-18 所示。

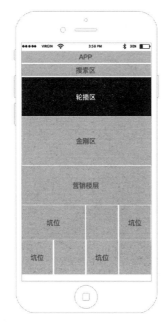

图 5-17 轮播区　　　　图 5-18 淘宝商品详情页的轮播
区甚至占据了首屏的 50%

　　轮播区的优势在于不仅占据首屏大量的视觉区域,即流量,同时具备自动滑动这样的高级特性,可以有更大概率吸引流量。在用眼动仪监测用户注意力移动轨迹和停留时,轮播区被证明是用户注意力首次落地点,并且用户在滑过查看几次轮播图后才将注意力转移至其他区域。不足之处在于,轮播区中的轮播图容易分散用户注意力。用户注意力被轮播区吸引,然后又被其中的轮播图分散,同时多张轮播图也会消耗用户的耐心,导致当轮播区设置为多张轮播图时,第 3 张之后的轮播图流量会急剧下降,如图 5-19 所示。

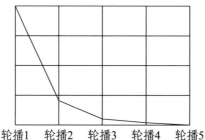

图 5-19 轮播区的流量分布

2. 产品形态

轮播区的产品形态基本一致，细节处略有不同，如图 5-20 所示。

图 5-20　轮播区的产品形态

第一种是最常见的轮播区产品形态，适用于 Web 和 APP 产品，借鉴于操作系统的 UI 设计。在轮播图下方增加白点指示器，直观地告知用户轮播图的数量，以及当前所看轮播图位置。

第二种是在轮播图左边和右边各露出前 1 个和后 1 个轮播图的部分内容，意图引导用户向前或向后继续浏览，目的是尽量将轮播区流量分配到各个轮播图上，避免流量在轮播区的过度集中。但是左右露出的部分会占据当前轮播图的显示区域，当轮播图风格差异比较大的情况下，也会造成轮播区略显杂乱。此种形态适用于各个轮播图风格相对统一的产品，不适合电商和平台中活动风格各异的产品。

第三种是在第一种的形态上增加左右指示器，适用于 Web 产品，不适用于 APP 产品。因为 APP 产品用户天然就有左右滑动的操作习惯。

3. 运营策略

（1）轮播图数量不要超过 5 个

一般而言轮播区内的轮播图不要超过 5 个，过多的轮播图会浪费流量资源，因为第 4 个、第 5 个之后的轮播图流量占比已经可以忽略不计，用户没有耐心一张一张滑动到第 9 张的。如必需，请考虑将多个轮播图聚合为主题型活动，并在轮播图中放置该活动入口。

（2）轮播区务必添加指示器，且放在轮播图区域之外

不要忘记指示器，否则用户会丧失对轮播图数量的预期，引起用户对于未知的恐惧和不安全感。并且，指示器请放置在轮播图外，否则浅色的指示器极容易融入浅色的轮播图中，如图 5-21 所示。

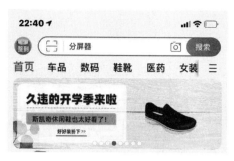

图 5-21 指示器的位置和颜色非常重要

（3）轮播图如果放置视频，请放在第 1 位

轮播图本身是坑位，所以可以容纳各种类型的内容，图片、视频等都可以。如果要容纳视频，请务必将视频放到轮播图的第 1 位，不要挑战约定俗成的习惯。

（4）轮播图严禁放置 GIF 等动态图片

如果你不想让轮播区变得眼花缭乱又很俗气，就不要用 GIF 等格式的动态图片，这个原则不是约定俗成，而是尊重用户。

（5）轮播区坑位请按业务板块来设计

平台型产品承载了很多不同的业务，轮播区的坑位请预设好规则，第 1 位和第 2 位放平台级或 S 级活动，第 3 位和第 4 位放重要合作资源的内容，以此类推。

4. 运营指标

轮播区的运营指标主要为流量类指标，如表 5-10 所示。

表 5-10 轮播区关注的指标

指标	口径
轮播图流量	PV、UV、点击率
轮播图流量贡献	点击轮播图的用户贡献（活跃、留存、营收、传播等）

5.2.6 金刚区楼层

1. 概念

如图 5-22 所示，金刚区，即主页首屏中以宫格形式排列产品核心功能和服务的楼层，一般紧邻轮播位并位于其下方，多为 1～5 行，每行约 5 个坑位。金刚区是重要的营销区域，也是首屏"唯一"使用宫格这种标准设计的楼层。在金刚区的每个坑位中可以灵活地设定各种运营规则，新用户看到的金刚位多是以服务新用户为主的功能入口，老用户看到的金刚位多是使用频次较高的功能入口，换言之，金刚位完全具备精细化用户运营的营销能力；金刚区是重要的流量分发区域，承载了产品中对用户价值最高、用户最依赖、最核心的功能或服务入口，通常金刚区的各个坑位可以直接将用户从首页带到较深的其他功能页面，对于用户而言是非常便利和快捷的，甚至某些功能只有金刚区唯一的入口。淘宝金刚区中的机票酒店、淘鲜达等就只有金刚区的入口，所以从流量角度而言，金刚区的分发作用非常重要；金刚区也是重要的流量变现区域，金刚区的每个坑位同样可以承载各类功能服务入口，当然也能承载内部变现服务和外部合作资源，这两者都是金刚区流量变现的重要方式。

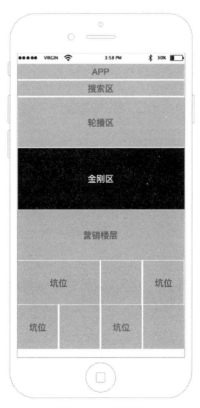

图 5-22　金刚区

金刚区的优势很突出,大部分产品的金刚区流量可以占到首屏流量的 70%~80%,如此高的流量占比自然让金刚区的商业价值凸显,成为各种活动、资源必争之位。缺点也很明显,金刚区的坑位有限,考虑到产品保留的坑位、用于分客群经营的坑位、合作资源坑位外,实际上能够给予运营灵活使用的就更少了。

2. 产品形态

金刚区常见的产品形态如图 5-23 所示。

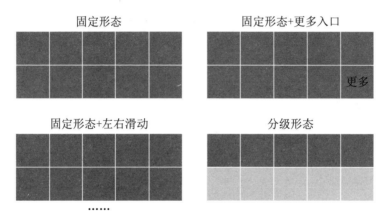

图 5-23　金刚区的产品形态

(1) 固定形态

固定形态是最常见的金刚区形态,通常每行坑位为 5 个,2 行共 10 个坑位的形态居多,较能适应大多数用户使用功能和服务的需求,如图 5-24 所示。

> 说明:有数据表明,无论多复杂的产品,用户频繁使用的功能或服务一般不超过 5 个。

图 5-24　固定形态的金刚区示例

（2）固定形态+更多入口

超级平台型产品功能极其繁多，为了能够给用户提供便利的使用，故金刚区最后一个坑位多预留为"更多"，点击后是产品中所有功能和服务的入口聚合，如图5-25所示。

图5-25　固定形态+更多入口的金刚区示例

（3）固定形态+左右滑动

固定形态+左右滑动是上述的衍生形态，将"更多"服务也在一级坑位呈现，但需要用户知晓金刚区可以滑动查看，所以需要必要的引导，否则建议沿用"更多"，如图5-26所示。

图5-26　固定形态+左右滑动的金刚区示例

（4）分级形态

有时金刚区的坑位并不都是平等的，且有些功能入口在产品版本周期内是稳定不变的，没有必要继续占据宝贵的坑位资源，故将这些常态化功能提升到金刚区最上方，并以不同的视觉和设计体现与其他金刚区坑位的不同。这样常态化的核心重要功能依旧保留入口，同时也腾出更多坑位给其他功能和服务，如图5-27所示。

图 5-27　分级形态的金刚区示例

3.运营策略

（1）金刚区流量分布

必须要清楚金刚区每个坑位的流量不尽相同，一般遵循用户注意力的路径，大部分情况下流量从左到右逐步下降，从上至下逐步下降，即左上方的坑位流量较高，右下方的坑位流量较低，仅少部分产品不遵循此规则。故将重要的功能服务放在左上方，然后从左到右、由上至下逐级降序排列其他功能，如图 5-28 所示。

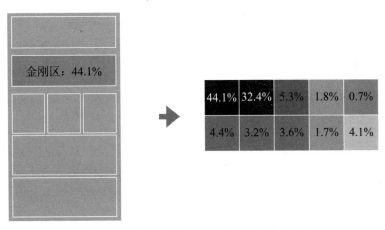

图 5-28　某产品金刚区流量占比的分布规律

（2）分区域运营

金刚区通常并不是看上去那么灵活可变的，作为重要的营销区域，金刚区的坑位可以细分为产品自留区、合作资源区、流量分发区、自主运营区，如图 5-29 所示。

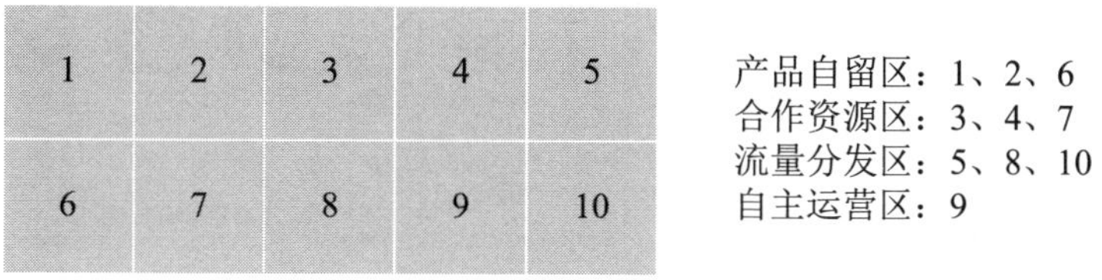

1	2	3	4	5
6	7	8	9	10

产品自留区：1、2、6
合作资源区：3、4、7
流量分发区：5、8、10
自主运营区：9

图 5-29　通常金刚区的分区域运营分布

产品自留区，是指金刚区中 1 个或多个坑位提供产品的核心功能和服务，一般不可变，全量下发，运营灵活度有限。

合作资源区，是指金刚区中 1 个或多个坑位保留给合作资源和服务方，分客群下发，常见于平台型产品以及商业化运营中。

流量分发区，是指金刚区中 1 个或多个坑位用作产品内部功能和服务的入口，分客群下发，保证非核心的重要功能和服务也有较优质的流量入口。

自主运营区，是指金刚区中 1 个或多个坑位留给产品运营团队自主运营，分客群下发，这是运营团队真正完全自主掌控的部分。

（3）常态化的核心重点功能请使用分级形态

随着产品发展，所承载或承接的功能和服务越来越多，每个功能或服务都想要金刚区坑位资源以获得优质流量，人之常情可以理解。不过一拥而上抢占金刚区也不是个办法，所以就需要对金刚区的坑位进行分等级运营，常见的为 2 级或 3 级的分级形态。支付宝的金刚区就是 2 级形态，顶部的"扫一扫""付钱""收钱"和"卡包"是支付宝的核心功能，常驻于此，基本不变，且图标尺寸和字体字号也人为放大，其他功能和服务在其之下排列，图标尺寸和字体字号均小一号。美团的金刚区是 3 级形态，顶部的"扫一扫""付款码""骑车"和"实时公交"是美团的核心功能，图标尺寸放大，是 1 级坑位，下面的"外卖""美食""酒店/民宿""休闲/玩乐"和"电影/演出"是 2 级坑位，其他的功能和服务在其之下排列，是 3 级坑位，如

图 5-30 和图 5.31 所示。

图 5-30　支付宝金刚区的分级形态

图 5-31　美团金刚区的分级形态

（4）务必配置基于标签的分客群策略

虽然能够自主运营的空间并不大，但依旧可以在有限的资源中玩出有趣的运营打法。在金刚区中务必记得进行基于客群标签的千人千面的自动化运营策略，让不同的用户在金刚区均能看到符合自身需求的功能和服务入口，如图 5-32 所示。

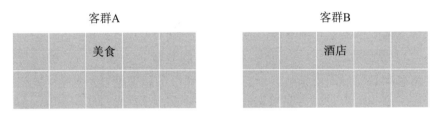

图 5-32　金刚区的分客群示例

4. 运营指标

金刚区的运营指标仅有流量类指标，如表 5-11 所示。

表 5-11　金刚区关注的指标

指　　标	口　　径
流量	PV、UV、点击率

5.2.7 楼层和坑位

1. 概念

如图 5-33 所示，楼层即产品页面中从上至下排列的，可以承载产品信息且具备独立运营能力的区域，通常是横向占据满屏。其名字本身延自电商产品，模拟显示了生活中商超的布局，即商场中的每个楼层都提供不同主题的产品。但是这个名字并不局限于电商产品，事实上，楼层适用于任何产品，特别适用于前文提到的首页混合流设计的产品，目前在平台型产品中非常常见。

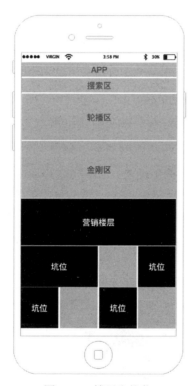

图 5-33 楼层和坑位

坑位即每个楼层中切分出来的，可以承载产品信息且具备独立运营能力的子区域。显然，坑位在承载功能和运营能力上与楼层无本质区别，坑位是在楼层中划分出来的更细粒度的运营单元。话虽如此，但坑位也有一些运营灵活性的约束，坑位的经营方向和特点必须服务于所在楼层，不能与楼层的经营方向和特点相背。类比楼层，坑位就是商场中每个楼层中的店铺。各个大型商场的楼层分布都有严谨的逻辑，目的是让不同形态的产品分开排布，让近似形态的产品集中排布，你绝不会在卖影音电器的楼层撞见一间卖内衣的店铺，也绝不会在卖内衣的楼层撞见一间卖酸菜鱼的店铺。

楼层和坑位都是产品架构中预设好的运营区域，从这点上来说楼层和坑位不会轻易改变，若要改变页面的楼层和坑位形态，除了发布新版本，在新版本上重新设计别无他法；但楼层和坑位所承载的内容和运营能力却是十分灵活的，每个楼层如何安排营销目的，服务什么客群，每个坑位放置什么内容，都有十分讲究的经营策略。

2. 产品形态

楼层和坑位的产品形态主要分为 4 种，分别是固定楼层 + 固定坑位，固定楼层 + 活动坑位，活动楼层 + 固定坑位，以及活动楼层 + 活动坑位。

（1）固定楼层 + 固定坑位

楼层在页面中位置固定，且永久显示，楼层中的坑位同样位置固定，且永久显示，适合固定不变的功能或服务入口、低运营频率常态化运营活动。合作资源方的服务入口可选用此类，如图 5-34 所示。

图 5-34　固定楼层 + 固定坑位的产品形态

（2）固定楼层 + 活动坑位

楼层在页面中位置固定，且永久显示，楼层中的坑位数量动态可变，坑位数量过多时通常以"更多"或"半露"策略引导用户，适合主题不变但运营频率高的运营活动。品牌类活动主题长期稳定不变，但其中的活动可能每月每周都不一样，可选用此类，如图 5-35 所示。

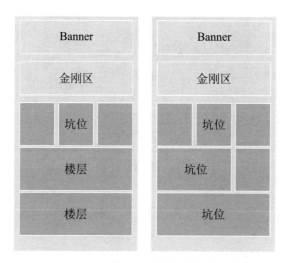

图 5-35　固定楼层+活动坑位的产品形态

（3）活动楼层+固定坑位

楼层在页面中位置不固定，且按需显示，但楼层中的坑位位置和数量均固定，适合临时性、热点类活动运营。"618""双 11"、毕业季等可用此类，如图 5-36 和图 5-37 所示。

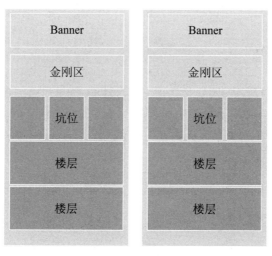

图 5-36　活动楼层+固定坑位的产品形态

图 5-37　京东的"最后 2 小时"即是活动楼层 + 固定坑位的产品形态

（4）活动楼层 + 活动坑位

楼层在页面中位置不固定，且按需显示，楼层中的坑位同样位置不固定，且按需显示，极少出现。通常产品会预先设计几种不同的楼层和坑位模板，作为营销工具给运营团队使用，并不会无限制增加，如图 5-38 所示。

图 5-38　活动楼层 + 活动坑位的产品形态

3. 运营策略

楼层和坑位本身是强产品属性的营销工具，故运营策略上更讲求适用场景和运营便利性。

楼层和坑位不仅适用于产品的页面，也适用于很多子场景，例如搜索页，注意并不是搜索结果页，而是搜索场景页。淘宝在搜索场景页就排布了楼层和坑位，楼层就是"历史搜索""搜索发现"和"全网热榜"，坑位就是"历史搜索"中的"数据运营"，"搜索发现"中的"便携显示器"和"用户增长"，"全网热榜"中的"装嫩能显瘦"和"S曲线穿搭"等，如图5-39所示。

图 5-39　淘宝搜索子场景的楼层和坑位

为了方便运营，产品通常会设计多个不同形态的楼层与坑位模板，方便运营者在使用时直接调用。楼层和模板的核心设计原则就是"栅格化"，"栅格化"原则可以保证每种模板的风格和样式统一，方便运营者后续的切图和文案设计，如图5-40、图5-41和图5-42所示。

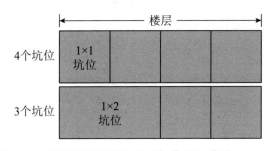

图 5-40　楼层和坑位设计的"栅格化"原则（一）

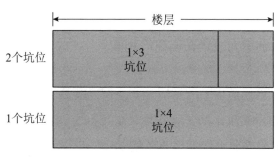

图 5-41 楼层和坑位设计的"栅格化"原则(二)

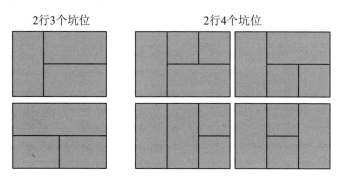

图 5-42 楼层和坑位设计的"栅格化"原则(三)

4.运营指标

楼层和坑位的运营指标以流量和营收为主,如表 5-12 所示。

表 5-12 楼层和坑位运营关注的指标

指标	口径
楼层流量	PV、UV、点击率
坑位流量	PV、UV、点击率
坑位产出	—

5.楼层和坑位的归因分析

先回答一个核心问题,楼层和坑位是什么?楼层和坑位是产品中流量的主要承载形态。在 90% 的产品中,流量均以楼层和坑位的形态呈现。所以在楼层和坑位运营中主要解决 3 个问题:

- 什么样的坑位适合什么样的流量,即评估坑位的权重。
- 什么样的流量适合什么样的坑位,即评估流量的质量。

- 如何评估楼层和坑位的产出,即评估坑位的价值。

首先是坑位的权重,包括位置权重、运营权重和流量权重。位置权重,即坑位所处产品位置,常识上认为越接近用户、用户操作成本越低的位置,其权重最高,坑位的曝光量越高,首页的位置权重高于其他页面,首页首屏的位置权重高于首页其他位置,首页首屏的金刚区位置权重又高于其他位置,坑位的位置权重将会产生坑位的赛马机制。运营权重,即投放给坑位运营资源的多少,运营权重越高,坑位获得的资源越多,坑位的曝光量越高,某些坑位虽然位置权重不高,但是却能经常获得运营资源的支持,依旧可以获得不错的流量和产出,坑位的运营权重受限于坑位的运营主导部门或资源协调部门,会产生坑位的上挂管理机制。流量权重,即坑位本身是否强依赖于流量的质量,流量的变化是否会影响坑位本身的产出,坑位的流量权重会产生分客群或千人千面的运营机制。

其次是流量的质量,包括进入坑位的流量画像特征。流量的质量包括流量对应用户的基础属性、行为属性、业务属性和交易属性,与用户画像基本一致。流量的画像特征决定了坑位本身需要投放什么样的功能、服务或活动。这个道理很简单,如果消耗运营资源将优质流量导给某个坑位的活动,但是活动效果一直未达要求,必然要求调整或更换这个坑位的活动运营策略。

最后是坑位的价值,即坑位产出。坑位和坑位中的活动都是需要精心运营的,需要仔细评估导给坑位的流量以及坑位中配置的运营活动。好的坑位长期被低质活动占据,不仅影响用户的体感,还会影响产品本身的运营,而活动本身亦获得不到应有的转化。坑位产出的计算公式如下:

$$坑位产出 = 坑位权重 \times 坑位曝光量 \times 坑位转化率 \times 单客价值$$

这里的坑位权重、坑位曝光和单客价值都已提及,接下来重点拆解坑位转化率。坑位转化率的分析,也称坑位的归因分析,包括制定坑位转化率的计算规则,以及找出影响坑位转化率的因素。常见的坑位归因分析有4种算法,即末次触达归因、首次触达归因、线性路径归因和时间衰减归因,如图5-43所示。

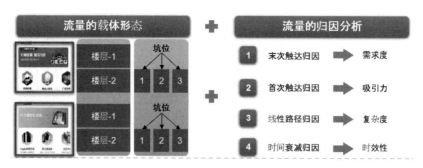

图 5-43　楼层和坑位的四大归因分析方法

末次触达归因，也叫最后点击模型，以用户在坑位中完成的最后一步操作来评估坑位的转化率。末次触达归因是应用最广泛的归因算法，原因在于其在数据获取和计算上最为清晰和简便。不足之处是末次触达归因仅仅以最后一步为计算依据，而忽略了用户进入坑位后的其他行为动作，故特别适用于营收、任务等性质的运营活动。常见的领券活动、满减活动等均用末次触达归因来计算坑位的转化率，如图 5-44 所示。

首次触达归因，也叫首次点击模型，以用户在坑位中执行的第一步操作来评估坑位的转化率。首次触达归因不考虑用户在坑位中完成第一步操作后的其他行为，大多数情况下只要用户进入坑位即计算转化率，而用户后续的行为和转化率无关，故特别适用于品牌传播和曝光类的运营活动。常见的活动日、主题日等均用首次触达归因来计算坑位的转化率，如图 5-45 所示。

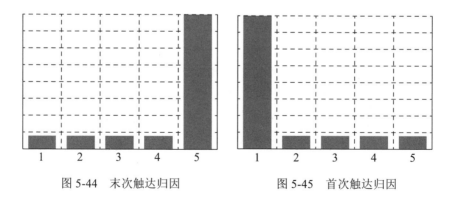

图 5-44　末次触达归因　　　　图 5-45　首次触达归因

线性路径归因，将用户在坑位中执行的每一步操作都用作评估坑位转化率的因素，这就是我们常说的漏斗分析。线性路径归因考虑了用户从进入坑位，到执行各种操作，最后完成坑位的业务目标中的每个步骤，认为用户执行的每一步都对坑位的转化率有一定影响，故特别适用于坑位内业务流程复杂的运营活动，如图 5-46 所示。

时间衰减归因，在归因模型中加入用户转化的时间，并计算用户达成转化的时间与坑位运营活动上挂时间的差值，并基于这个时间差值来计算坑位转化率。如果今天坑位上挂了运营活动，那么今天坑位转化率的时间衰减权重就是 1，明天这个坑位的时间衰减权重就是 50%，以此类推直到活动下架。由于时间衰减归因充分考虑坑位中运营活动的运营周期，故特别适用于时效性较强的运营活动，常见的"双11""618"等均是采用时间衰减归因来计算坑位转化率，如图 5-47 所示。

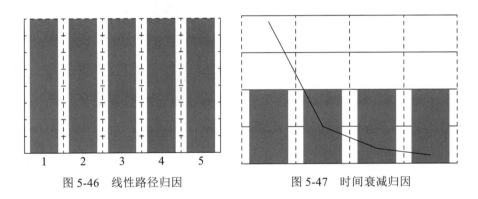

图 5-46　线性路径归因　　　　图 5-47　时间衰减归因

这里汇总评估楼层和坑位产出的 4 种算法，及其适用场景，如表 5-13 所示。

表 5-13　坑位归因算法总结

归因算法	分析目的	适用场景
末次触达归因	分析坑位转化率	营收类活动 任务类活动
首次触达归因		品牌传播 曝光类活动
线性路径归因		各类活动
时间衰减归因		时效性活动

> **延伸阅读**

网易云音乐的楼层和坑位

网易云音乐在最新的版本迭代中,对其首页的楼层和坑位做了较大的调整。

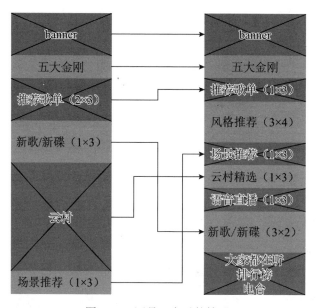

图 5-48　网易云音乐的楼层

如图 5-48 所示,其中左边为旧版本首页楼层,右边为新版本首页楼层。从上图的新老版本对比,可看出各个楼层的变化,如图 5-49 所示。

Aa 楼层	≡ 新版本变化	≡ 楼层位置变化	+
banner	无	无	
五大金刚	无	无	
推荐歌单	缩小	升级	
新歌新碟	放大	降级	
云村	缩小	降级	
场景推荐	无	升级	
风格推荐	新增	新增	
语音直播	新增	新增	
大家都在听/排行榜/电台	新增	新增	

图 5-49　网易云音乐新老版本楼层的变化

我们把新版本首页楼层分分类，合并同类项，就出现了有趣的情况，如图 5-50 所示。

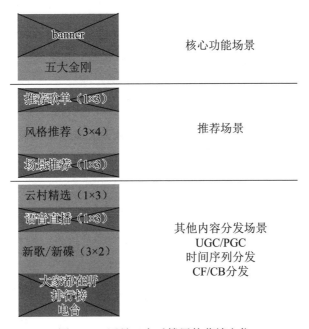

图 5-50　网易云音乐楼层的营销定位

很明显，新版本把首页的区域划分为三个区域：

（1）顶部的核心功能，包括 banner 和五大金刚。

（2）其次的推荐场景，包括推荐歌单、风格推荐、场景推荐等。

（3）最后的其他分发场景，包括云村、语音直播、新歌等。

如果加上首页首屏的视觉位置，那么约有 1/2 的推荐场景在首屏视觉范围内，所以这三大推荐场景（歌单、风格和场景）就是网易云音乐 7.0 的重点宣传和传播 point。

5.2.8　版本迭代

1. 版本迭代是重要的营销场景

版本迭代是非常重要的数据运营和增长场景，也是最容易被忽视的用户场景。因为 APP 版本迭代是一件大事，是为数不多能够直接触及全量用户的场景。用得好，不仅是一次成功的拉新促活营销，更可以把沉默和流失的用户有效拉回，效果不亚于轰炸用户的裂变；用得不好，除了用户留下一句"什么玩意"后流失外，毫无所得。

按照 APP 版本迭代的周期，把版本迭代分为 3 个主场景。

- 新版本方案期，在距离新版本出街前的 10 天到 2 个月，制定新版本的营销策略、传播方案、监控指标、回滚方案以及灰度计划。

- 版本迭代期，又分为两个子场景：新版本灰度期和版本升级期。新版本灰度期，主要针对新版本进行用户灰度和渠道灰度来谨慎验证新版本效果；版本升级期，即灰度期后基本上全量推送版本升级。

- 版本迭代后，需要效果评估、营销策略，例如针对顽固用户进行强制升级或做 Soft-Sale 逐步引导升级。

那么，在这 3 个场景中分别都有哪些有趣有料又有效的运营增长策略呢？

2. 版本迭代的增长策略

（1）顶层策略

顶层策略将版本迭代中的客群细分，根据每种客群的核心需求制定顶层策略，如表 5-14 所示。

表 5-14 版本迭代的顶层策略

客 群	说 明	顶 层 策 略
活跃客群	产品核心客群，对产品认可度高	版本灰度目标，要求至少 98% 以上的版本迁移率，以及不低于现有的留存率
沉默客群	近期无使用，需要执行召回	版本灰度目标，要求至少 50% 以上的版本迁移率
流失客群	短期或中长期无使用，需要执行唤醒	APP 版本推送无效，借助其他方式唤醒，根据用户画像特征来定唤醒率
新增客群	未知客群，借助版本迭代拉新	客群特征未知，通过渠道和传播触达，按营销活动来制定转换率

（2）获客策略

基于 3A3R 策略模型制定四大客群的获客渠道和用户触点，如表 5-15 所示。

表 5-15 获客策略

客　群	获客渠道	用户触点
活跃客群	产品本身 应用市场	弹窗 PUSH 红点提醒 应用市场曝光
沉默客群	产品本身 应用市场 线下渠道	弹窗 PUSH 红点提醒 应用市场曝光 SMS
流失客群	应用市场 线下渠道 自建渠道	应用市场曝光 SMS 自有公众号 服务电话
新增客群	应用市场 线下渠道 合作渠道 社交渠道	应用市场曝光 SMS 异业合作 地推 渠道换量

（3）营销场景

从营销层面为不同客群制定权益和投放方式，如表 5-16 所示。

表 5-16 营销场景

客　群	营销方案	投放方式
活跃客群	新版本特性 用户权益	应用市场 更新说明 PUSH 社交渠道
沉默客群	新版本特性 召回权益	应用市场 更新说明 PUSH 社交渠道
流失客群	产品差异化特性 唤醒权益	应用市场 SMS 社交渠道

续表

客　　群	营销方案	投放方式
新增客群	产品差异化特性 新客权益 品牌营销 服务优势	应用市场 社交渠道

（4）首开新版本场景

为不同客群首开新版本后制定留存策略，如表 5-17 所示。

表 5-17　首次打开新版本的客群和策略

客　　群	说　　明	留存策略
活跃客群	活跃客群首开新版本，多数情况下会引导进非首页的其他页面，完成新版本特性的学习和教育	新特性外显 PUSH 红点 落地页营销 千人千面 引导消费
沉默客群	由于在旧版本时已沉默一段时间，首开新版本应强调新版本与旧版本的差异，并设计针对沉默客群的专属服务引导	新手引导 新特性外显 PUSH 红点 落地页营销 千人千面
流失客群	由于已流失，对产品整体已无清晰感知，故首开新版本后应大力进行本客群的维系	新特性外显 PUSH 红点 落地页营销 新手引导 千人千面
新增客群	纯新客群，对品牌和产品尚未熟悉，故首开新版本后重点强调品牌认可和产品服务	新特性外显 PUSH 红点 落地页营销 新手引导 千人千面 新人专区

（5）社交和裂变场景

对于进入新版本的客群，仍需进一步挖掘其价值，为产品贡献二次裂变，如表 5-18 所示。

表 5-18 社交和裂变场景下的客群和策略

客　　群	说　　明	策　　略
活跃客群	死忠粉，鼓励传播和分享，激励新版本后的二次裂变	二次裂变 社群传播
沉默客群	摇摆客户，打包 MGM 权益	MGM 专属传播文案
流失客群	准新客群，继续经营，延迟裂变，待活跃、留存和认可度提升后再进行传播	延迟裂变
新增客群	新客群，重点传播品牌和产品价值	品牌传播 用户价值传播

5.3 本章小结和思考

1. 产品运营中提到的"长尾"是指什么？
2. 产品下线停运，或某项功能停止服务，应当遵循什么样的流程？
3. 为什么产品上线和更新都要灰度？
4. 首页、主页的区别和联系是什么？
5. 楼层和坑位只能用于电商类产品吗？是，为什么？不是，又为什么？
6. 启动屏、开屏和启动弹窗，有什么区别？
7. 为什么说版本更新是重要的竞品分析工具？
8. 尝试从支付宝的版本迭代中分析支付宝运营踩过的坑和未来的方向
9. 为什么产品运营的八大场景都可以作为营销和增长工具？
10. 你还知道哪些产品运营工具？

第6章 用户模型和运营工具

本章深入讨论用户运营中常见的运营工具,并从营销的角度阐述它们的应用场景和应用实例,主要包括:
- 用户生命周期模型
- 用户画像的核心逻辑
- 用户分层模型的原理和应用
- 5种用户运营工具和策略

6.1 用户生命周期模型

6.1.1 概述

如图 6-1 所示,用户生命周期是指用户在产品使用过程中的状态变化,一般分为 5 个阶段,分别为引入期、成长期、成熟期、沉默期和流失期。用户生命周期能够反映不同阶段用户的状态,可根据用户的不同状态进行针对性运营。运营中常说的拉新、促活、留存就是基于用户在这 5 个阶段中的状态而做的最重要的 3 个运营策略。拉新,即在引入期上尽可能获得更多的用户;促活,即在成长期和成熟期尽可能地提升用户活跃;留存,即在沉默期和流失期尽可能让用户留在产品上,所以用户生命周期的 5 个阶段一般也可以分为 3 个区间,即拉新获客、提升活跃和提升留存,如表 6-1 所示。

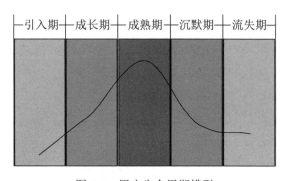

图 6-1 用户生命周期模型

表 6-1　某金融产品的用户生命周期运营策略

生命周期	用户行为特征	运营目标	运营策略
引入期	下载、注册	获取用户	精准定位 发掘渠道
成长期	登录、实名认证	提高活跃 促交易	关键转化路径的引导策略
成熟期	首次办理业务	促交易 获收入	交叉营销 鼓励复购
沉默期	30 天无登录	提高留存 提高活跃	流失预警 沉睡唤醒
流失期	90 天内无登录	提高留存 召回	用户利益刺激召回

用户生命周期 5 个阶段的划分原则一般基于用户的行为特征，包括启动次数、使用时长、业务完成情况等。某短视频产品的引入期，定义为人均使用时长小于 5 分钟，每日人均启动次数小于 5 次，且近 1 个月内注册，满足这个条件的用户就被归于引入期；成长期，定义为人均使用时长小于 15 分钟，每日人均启动次数小于 10 次，且近 1 个月内超过 30% 的时间达成时长和次数的指标，满足这个条件的用户就被归于成长期；成熟期，定义为人均使用时长小于 15 分钟，每日人均启动次数小于 10 次，且近 1 个月内超过 30% 的时间达成时长和次数的指标，满足这个条件的用户就被归于成熟期；沉默期，定义为近 1 个月活跃天数小于 15 天，满足这个条件的用户就被归于沉默期；流失期，定义为近 1 个月活跃天数小于 10 天，满足这个条件的用户就被归于流失期。

用户生命周期模型搭建的简要步骤：

- 梳理业务逻辑；
- 找到影响用户行为的核心功能；
- 定义各阶段用户的行为。

判断用户能否进入成长期的关键因素是，用户是否使用了产品的核心功能，比如电商是首次购买，银行 APP 的查账还款，而不一定仅是如登录了产品 10 次或者时长 100 小时，所以梳理业务逻辑尤为重要，不能一概而论。

6.1.2 引入期

1. 概述

引入期是用户生命周期的第 1 阶段，是承担获客拉新职责的重要场景，故在这个阶段需要分析潜在客户需求画像，通过市场调研、竞品分析、目标客群分析来输出潜在客户可能的客群特征标签，深入洞察潜在客户的核心需求；寻找获客渠道，根据客群的特征标签，针对性地寻找可能的获客渠道；制定获客策略，根据各种渠道自身特点，结合客群特征标签，制定投放广告、应用商店运营、异业合作、事件营销等获客策略。对于 APP 产品，其引入期的最大特征就是新增设备数显著增多，意味着大量流量，即 UV 开始进入产品。

2. 目标

引入期的目标就是让用户完成产品首触，即第 1 次进入产品。

3. 核心数据指标

新客的停留时长、留存。

4. 运营策略

引入期主要通过精细化的渠道运营，结合客群画像精准投放各种获客营销策略，包括产品内引流、兄弟产品导流、社交媒体获客、自媒体营销、异业合作、主题营销、节日营销、线上线下联动等。

（1）产品内引流

平台型产品聚合了大量不同的功能和业务，其中新接入的功能或业务要获客，就需要在产品内争取和寻找合适的获客触点。比如，支付宝承载的功能和场景非常多，一部分常驻首页金刚区来获客，例如"饿了么""口碑"和"酒店出游"，一部分从"更多"中获客，例如"彩票"和"蚂蚁森林"，还有一部分在首页中部的 Banner 位获客，例如"消费券"和"花呗"。

（2）兄弟产品导流

拥有多个产品的集团，新上产品时最常用的获客策略就是从兄弟产品上导流，通过打通或导入兄弟产品的账户体系来迅速引入大量新用户。微信初入市场时，就是通过导入 QQ 账户体系来快速完成第一批用户积累的，后续又通过读取通讯录等方式继续扩大用户规模。

（3）线上线下联动

时至今日，线下推广（简称地推）依旧是重要的获客手段。线下可以面对面地直接营销用户，再结合线上的用户场景，可谓最佳拍档。通常在商圈（超市、购物城等）、园区（创业园、产业园等）、城区（大学城、金融城等）布置线下展台、易拉宝展架、互动活动等吸引人群注意，再通过小礼品等直接转化用户。传统的银行业务借助线下各种营销渠道，包括营业厅、商圈活动"地摊"、营销员上门等方式来接触并直接转化用户现场下载银行APP完成获客。

> **说明**：二维码是连接线下和线上的重要触点，千万不要认为二维码就是一张图片。二维码也有很多高级的运营玩法。参数化二维码，在二维码中加入业务标识，后端服务可以跟踪到用户的准确来源；聚合二维码，可以将多个服务渠道整合为统一的二维码，最常见的就是路边小卖部的聚合支付码，无论用微信、支付宝，还是云闪付，或者其他产品扫码后都能顺利完成支付。

在引入期内获得用户后，接下来就是要将用户在引入期场景内经营并引导向下一个场景进行转化，即将引入期用户导入成长期，甚至直接导入成熟期。通过分析已经进入成长期用户的行为特征和关键指标来为引入期用户设定特殊的业务指标和功能场景，我们也叫魔法数字和首触场景。魔法数字，即能够让用户进入 Aha Moment 的指标，当用户进入产品后，如果关注 5 个用户那么它的留存率将超过 70%，所以关注 5 个用户就是魔法数字，让用户可以在产品中找到 5 个熟悉的人就是 Aha Moment。当用户命中魔法数字后留存提升到 70%，就已经具备进入成长期的条件了，稍加营销从旁辅助即可将用户顺滑地过渡到成长期。

6.1.3 成长期

1. 概述

成长期是用户生命周期的第 2 阶段，承担经营用户达成业务目标以及活跃指标的重要场景，故在这个阶段需要提升用户活跃，通过各种营销活动来逐步提升引入期过来的用户活跃程度，对于大部分产品而言提升活跃的活动在全部营销活动中占比很高，只有用户活跃起来了，才有后续营收、传播和裂变；完成特定业务目标，这个时候用户对产品已经有了一定认知，可以开始初步收割流量红利。电商产品就是引导用户完成首次购买，社交产品就是引导用户持续迁移自己的社交链，内容产品就是引导用户生产内容（UGC）；引入用户体系的最终目的，是逐步提升用户活跃和黏性。通过运营策略引导目标用户进入用户体系，借助用户等级、积分等运营工具来锁住流量，将用户逐步导入成熟期来为产品创造价值。

2. 目标

成长期的目标就是让用户完成产品设定好的核心业务指标，完成首次付费、发布视频、发表评论、关注和被关注、主动分享，以及用户活跃等。

3. 核心数据指标

MAU、DAU、活跃率、功能和场景渗透率。

4. 运营策略

成长期策略重点关注客群特征，有意识地开始进行客群分层和精细化经营，目的是针对不同层级的用户制定完成特定业务目标的不同策略，并引导用户进入用户账户体系做好向成熟期转化的准备。

（1）精细化用户经营

活跃的提升，带来的是流量的提升，全量化经营效果逐步下降甚至变得很差，因为流量增大客群特征也逐渐变得复杂，此时应当结合用户画像和用户分层模型来细分客群，既从整体考察活跃客群的特点和分布，也从每个层级考察客群的特点，以作针对性的营销策略。虽然大家都叫活跃，但是活跃也分很多种，最常见的就是新客和老客的活跃，而且还可以从更多维度考察活跃，渠道维度、地域维度、产品维度、功能场景维度、时段维度等，再利用"多维分析"方法就可以找出提升活跃的抓手和路径了。早些年做印度市场时，通过用户画像分析发现20多岁的年轻人活跃比较高，为了持续提升这部分客群的活跃程度，除了举办各种活动，还将客群下探至18～20岁人群，为这部分人群做"学生专项"，在产品上提供这部分客群关心的内容，比如求学求职、个人提升，目的是提前培养用户习惯，从另一个层面来提升20岁人群的活跃程度。

（2）优化产品功能和流程

引入期后，随着活跃的提升，产品上主要的功能和服务开始有大量用户流入，前期产品设计时的问题也会随之暴露，产品需求和用户使用方式永远存在一定的差异，所以要在这个阶段持续深入地优化产品功能和流程，目的是避免用户流失。一款平台服务型的产品，在这个阶段版本迭代频率非常高，开发版本迭代每周2次，用户版本迭代每周1次，并且配合漂亮的版本更新运营策略，每次更新都能提升一波用户活跃。

（3）促进完成特定业务目标

产品都有其经营目标，电商类产品是让用户下单付费购买，关注用户首次购买周期和金额；工具类产品是让用户使用一个或多个功能服务，关注用户的使用深度；社交类产品是让用户尽可能把社交关系链移到平台上来，关注用户的好友数量和粉丝数量；内容型产品是让用户尽可能自己生产内容，关注用户UGC的观看量、点击量和点击率。为了让用户完成首次订单，电商运营真可谓无所不用其极，新人专享价、新手券、0元抢等都是为了降低用户付费门槛，以提高首次下单转化率。某金融产品为了提升活跃，为用户设置签到领积分和优惠券，用户只要每天登录签到就可以领取积分和优惠券，并直接在线购买商品或兑换各种服务。

6.1.4 成熟期

1. 概述

成熟期是用户生命周期的第3阶段，重点关注对于产品更为重要的指标：留存。

留存有两个层面的意思：一是标准的留存，即将统计中期内仍使用产品的用户定义为留存用户，一般按照时间周期来考察，次日留存、七日留存和月留存是常见的留存指标，留存意味着用户开始对产品产生较强的认同和使用黏性，也就意味着忠诚用户开始出现，他们是对产品营收贡献最大的人群。耳熟能详的说法即是20%的用户贡献了80%的收入。二是复购，主要针电商产品，复购指标包括复购率和复购次数，直接表达用户对商品和运营策略的认可程度。

2. 目标

成熟期的目标就是让用户提升留存，并利用用户的社交关系完成品牌传播和获客。

3. 核心数据指标

留存率、复购率。

4. 运营策略

成熟期运营策略重点包括3个部分：留存、复购和传播。

（1）提升留存

提升留存是成熟期的重中之重，成长期带来大量活跃流量后，成熟期需要投入大量精力保证流量可以继续存留在产品中，留存的体现除了留存率外，还有使用频次和使用时长等。通常产品运营到此阶段，用户开始进化出新的细分需求，要求产品能够与时俱进持续性满足需求，同时深度运营留存类场景来锁住用户，最常见的留存类场景就是用户成长体系、签到打卡、交叉营销、内容营销等。有趣的是，与留存相匹配的活跃策略也会从MAU逐步提升至DAU。掌上生活是招行银行信用卡APP，其核心功能是信用卡相关服务，为了提升留存通过多个版本更新增加了内容、签到、用户星级等留存类场景。就连网易云音乐这样的音乐播放产品，也通过增加评论、歌单、云村等内容场景来提升留存和用户黏性。

留存差常见的原因主要有：产品价值不足或者不明确，未能引导用户体验到产品的核心价值，或者用户压根不匹配。新户的留存策略主要是通过选择好的渠道实现精准拉新，通过核心功能渗透让用户持续上手；老户的留存策略主要是通过加深参与度以及提供个性化体验来避免流失。

（2）提升复购

对于电商类，或内置营收转化场景的产品，复购率是重要的业务方向和目标，让用户付费一次还不行，必须要让用户多次在平台上完成付费。现在获客成本越来越高，京东和天猫的获客成本已经超过200元，产品增长的重要方向就是做复购率，经营老客比经营新客要容易得多，所以我们能看到很多电商平台用所谓团购、秒杀、老用户福利等活动来刺激复购率的提升，当然也就有了"大数据杀熟"。

（3）鼓励传播

用户本身承载的价值形态非常多，除了口袋里面那点钱之外，社交关系链也非常有价值。用户的社交关系链除了可以帮助我们传播产品、传播品牌，还能帮助我们完成获客。社交化获客现在已经是重要的获客方式之一。用户团购产品时，可通过微信好友/微信朋友圈/微博等社交渠道分享给好友，大家一起团购以获得更低的客单价。在平台型产品中也常用 MGM 策略，即 Member gets Members，俗称人拉人，用户 A 邀请到朋友 B 完成注册，则 A 可获得一定收益，比如优惠券、积分等，B 再邀请 C，C 完成注册后 B 也能获得一定的收益，按照这种模式可以大量获取新用户，社交电商就是这样玩的，典型的一个，就是拼多多。

6.1.5 沉默期

1. 概述

沉默期是用户生命周期的第 4 阶段，当用户进入沉默期，即意味着用户的活跃、留存等指标开始下降，也逐步表露出对产品的黏性下降。这个阶段应重点关注对用户沉默的预测以及再次唤醒。通过对已沉默用户的画像特征和行为数据分析，提炼出与用户沉默相关性最大的指标来做沉默预测模型，通过模型即可预测出用户在未来可能沉默的概率以便提前干预布控。不仅如此，对于已经沉默的用户仍需要积极唤醒，因为此时的用户正处于摇摆不定的状态，拉一把就有可能重新活跃，但是放置不管一定会流失，等到流失再去召回，难如登天。

2. 目标

沉默期的目标就是让用户重新活跃。

3. 核心数据指标

DAU、活跃率、活跃天数。

4. 运营策略

沉默期运营策略重点包括两个部分：沉默干预和沉默召回。

（1）沉默干预

沉默干预有两种形式，基于模型预测进行干预，以及基于用户沉默脱落点进行预测干预。

基于模型预测干预，就是通过分析沉默用户的客群画像和特征，开发用户沉默预警模型，当用户命中模型中的规则时，模型即输出用户的沉默概率。不同的沉默预警规则优先级和紧急程度各不相同，高优先级和紧急程度的规则叫高风险规则，命中此类规则的用户将触发配置好的营销策略，近30天连续登录天数少于10次，且近30天累计登录天数少于15天，则触发策略自动发送唤醒类活动通过PUSH、SMS、站内信等方式触达用户，对于有电话渠道的产品，还会通过电话呼出到用户进行更进一步的唤醒营销。

基于用户沉默脱落点干预，就是通过分析产品每个页面的流失率，即成为沉默用户前用户最后访问的功能板块或页面，在这些板块和页面设定各种挽留策略，常见的就是交叉营销，意图希望用户可能从这些板块或页面沉默前还能被引流到其他功能板块继续保持活跃，如图6-2所示。

（2）沉默唤醒

这是老生常谈的话题，沉默唤醒需要留意的点在于分客群精细化唤醒，以及唤醒中断策略。唤醒是有成本的，是要消耗资源的，为了能够让唤醒的资源利用率最高，效果最好，必须要进行分客群精细化的唤醒，通过沉默用户的特征画像和分层分析，来针对性地选择合适的唤醒方式和唤醒营销点。对于近3天没有活跃的用户，此时用户大概率尚未卸载APP，故可以通过PUSH，配合近几天用户访问过的页面和功能板块来做唤醒方案，假如用户最后访问的是手机频道，看了售价2000多元钱的iPhoneSE，那么可以猜测用户对这个价位的手机或苹果手机感兴趣，可以推手机优惠券，或免息分期购手机，或换机优惠等活动来吸引用户回来。内容型产品，可以通过沉默用户关注UP主的动态来唤醒，PUSH或短信告诉用户关注的UP主又更新视频了，吸引用户再次回来。沉睡唤醒首先要界定好沉睡的定义，通过对沉睡用户的分层，进行原因假设，并通过测试去验证，如表6-2所示。

第6章 用户模型和运营工具

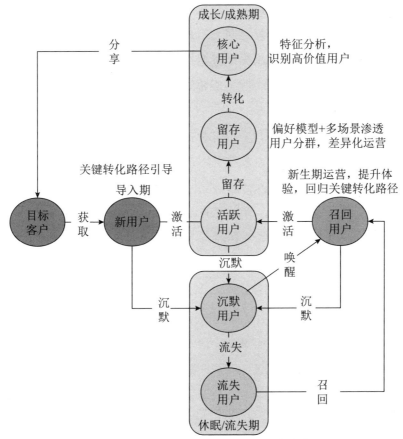

图 6-2 沉默唤醒流程

表 6-2 流失期的常见运营策略

	原因假设	运营策略
新手期流失	渠道质量偏低,用户与平台不匹配 注册流程体验差,或 APP 稳定性不足 用户对品牌不信任	优化获客渠道 优化注册流程 品牌背书,行业认可新闻短信告知
成长期流失	产品不合适 用户体验不好 没有养成习惯	利益刺激 优化用户体验 还款到期复借提醒
成熟期流失	未获得运营激励 用户疲劳	新品推荐 消费场景唤起 加大运营频次

沉默唤醒的另外一个重点是判断何时停止唤醒。前文说过唤醒是消耗运营资源的，也不可能持续反复对同一用户进行唤醒，如此会给用户带来很大的困扰，有可能加速用户的流失，甚至招来用户投诉和对产品的反感。通常情况下对同一沉默用户进行唤醒不要超过 3 次，且每次唤醒时都要不断拉长唤醒间隔周期，以及用 Soft-Sale 的方式去唤醒用户。假如第 1 次唤醒近 3 天不活跃的用户，通过 PUSH 和手机打折券，用户没做回应，第 2 次唤醒请隔 5 天左右再次进行，用通用券来吸引用户，如果用户还没回应，第 3 次唤醒请间隔 10 天再次进行，用其他方式吸引用户再次回来。

沉默唤醒是一项柔软的、有温度的运营活动，切记不要粗暴地对待用户，时刻谨记"用户就是上帝"这一真理。

6.1.6 流失期

1. 概述

流失期是用户生命周期的第 5 阶段。当用户进入流失期，即意味着用户已经大概率抛弃产品，甚至已经卸载产品了，或许已选择竞争伙伴的产品。这个时候除了尝试流失召回外，不要忘记时刻保持对用户的维系，用户虽然不再使用产品，但依然可能对召回活动做出回应。

2. 目标

流失期的目标就是重新激活用户。

3. 核心数据指标

流失召回率、召回用户的留存。

4. 运营策略

流失期运营策略重点是两个部分：流失干预和流失召回。

（1）选择合适的召回方式

流失用户已经离开 APP，PUSH 等方式不再适用，故而需要选择站外有效的方式，常见的如表 6-3 所示。

表 6-3 流失召回方式

社交渠道	邮件	电话	短信
成本低	成本低	成本高	成本高
覆盖广	覆盖广	覆盖广	覆盖广
成功率中	成功率低	成功率高	成功率低

- 邮件 DEM 召回，成本低，但是通过邮件推送召回用户，需要用户在使用产品时提供邮箱，并不是每个产品都有此账户机制。社交渠道推送，借助产品体系中其他社交产品发送消息来召回，用户虽然离开 APP，但有可能关注官方公众号，或加入了产品社群，可以借助这些渠道继续去营销和召回用户。短信，到达率高，但点击率不高，并且很多手机操作系统会将特殊号码发送的短信归到垃圾短信，个别时候需要产品厂商和手机厂商沟通将短信号码置为白名单。

（2）软营销用户

在流失召回时，结合节日、主题、产品发布新版本、用户生日等来进行用户的维系，继而软营销用户以达到召回目的。

延伸阅读

深入探讨沉默和流失

沉默和流失是近似概念，经常看到两者被混淆等同使用的场景。沉默和流失有本质区别，首先从用户状态流程来看，活跃之后是沉默，沉默之后是流失；其次从沉默和流失周期来看，沉默是暂时的，总会重回活跃或变为流失，所以沉默是有明确周期定义的，而流失是永久的，一般认为用户一旦流失便难以召回，或消耗的成本不亚于拉新，所以流失只有门槛没有截止。

不同产品对于沉默和流失的定义各不相同，不一定是按照时间或登录状态来定义。某产品沉默的定义是近 3 个月未使用，流失的定义是超过 3 个月未使用，这是按照时间周期来定义沉默和流失。一些金融或电商产品将沉默定义为近 1 个月未下单，请注意，未下单不代表用户没有使用产品，有可能用户近 1 个月每天都打开产品，但就是没有下单，这样也是沉默用户，而将流失定义为近 6 个月没有下单，不论用户在此期间是否使用产品，这就是按照用户状态来定义沉默和流失。

无论用户沉默还是流失，都意味着用户的黏性已经下降，提前分析总结原因并及时干预才是运营需要关注的点。用户沉默和流失的主要原因有如下几点。

- 自然沉默和流失。既然存在用户生命周期，自然会有沉默和流失。既然沉默和流失不可避免，那么就要思考这么几个问题：自然沉默和流失的速度是否与行业、竞品有明显差异，如果高于行业整体或竞品，那就说明产品和运营本身出了问题；如果相差无几，说明产品和运营没有明显错漏，能做的就是沉默唤醒和流失挽留，以及尽可能延长用户生命周期。

- 用户体验带来的沉默和流失。用户体验的范围很广，产品功能设计、功能架构是否合理，产品 UI 和 UX 是否吸引人，产品使用流程是否顺畅，甚至启动时间长短都是影响用户体验的重要因素。为什么常讲"新次留"这件事，因为"新次留"代表了新用户首触产品后的感知和反馈，新次留虽然是一个数字指标，却涵盖了整个用户体验对新用户的影响。平心而论，微信的产品体验并不好，用户呼喊多年的改进一直迟迟未能上架，甚至重要的功能入口藏得非常深，深入探讨下去我们却能发现微信在体验设计上的一条核心逻辑，即重要的、高频的、核心的功能和服务，即时通讯、文件传输、通讯录和群组、用户隐私保护等的体验非常好，5、6 岁的小朋友都能在几分钟内知道怎么发表情、发语音、发朋友圈、创建群、改昵称等。而其他更高级更复杂的功能和场景，都收纳到了它们应该在的地方。

- 竞争性流失。现在互联网竞争太激烈，新出现的竞争伙伴大部分都通过价格优势、品牌背书、差异化功能等来扩大自己的用户。价格优势，即竞品通过降价、优惠和补贴等粗暴简单的获客手段带来的流失；品牌背书，即"××公司也做这个功能怎么办"；差异化功能，即"你无我有，你有我优"。

- 沉默和流失阶段的运营打法，与用户生命周期的其他阶段不太相同，沉默唤醒和流失召回都是事后策略，这个阶段更关注事前干预，即如何科学预测沉默和流失，并建立完善的干预机制。夏秋之交天气忽冷忽热容易感冒，提前喝点板蓝根清热解毒预防，总比感冒到来之时头疼脑热流鼻涕强得多，若要从预防和治病花费的金钱而言，那更是不可同日而语，板蓝根几个钱，看病挂号开药复诊又是几个钱，相信各位看官心中自有算盘。

沉默和流失的干预，通常通过模型来处理，模型建设流程如下：

- 定义沉默和流失用户；

- 选择客群特征指标；

- 选择训练集样本训练模型；
- 评估模型技术指标；
- 用验证集验证模型结果；
- 模型上线；
- 用热数据持续训练和更新模型。

模型会输出与沉默率和流失率强相关的客群特征，我们还要关注用户沉默和流失的脱落点，脱落点一般是指用户离开产品前最后停留的页面或功能模块。有了脱落点，我们就可以在这些地方布控挽留。

6.2 用户画像

6.2.1 什么是用户画像

用户画像是重要的数据产品和运营抓手，指能够描述和刻画用户信息和特征的数据指标。通过用户画像，业务经营团队可以充分、深入、准确地了解用户在不同生命周期的特征，来制定高效的用户经营策略。用户画像，不论 Persona 还是 Profile，都是特征工程的典型应用，即通过数据分析和挖掘从用户的各类数据中提取共性特点的过程。

用户画像分为两类：静态属性画像和动态兴趣画像。静态属性画像关注用户的属性特征，比如年龄、性别、地域、渠道、状态等，因为这些属性在一定时间内不会变化或相对稳定，故称为静态属性画像。动态兴趣画像关注用户的偏好和兴趣，比如活跃时段、功能偏好、商品偏好、内容偏好等，如图6-3所示。

用户画像 Persona
活动客群

用户画像 Profile
个性化推荐/推送

图 6-3　两类用户画像

6.2.2 静态属性画像

如图6-4所示，静态属性画像描述用户的固有属性和天然属性，包括基础属性、地理属性、行为属性等，应用于客群分析和营销活动，在APP应用架构层级的千人千面也多有应用。表6-4展示了常见的静态画像属性。

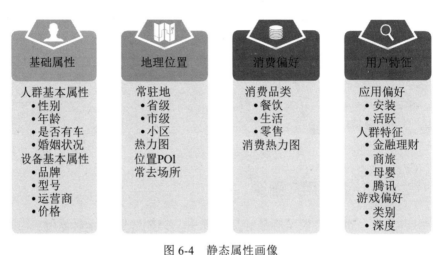

图6-4 静态属性画像

表6-4 静态属性画像

分　　类	属性画像
基本属性	性别
	年龄
	星座
	血型
	职业
	学历
	收入
	购车
	房产
	手机品牌
	手机型号
	注册日期
	账户类型
	会员类型
	注册渠道

续表

分　类	属性画像
地域属性	家庭住址（国家-省-市-区）
	工作住址（国家-省-市-区）
	常去地点
社交属性	绑定渠道
	活跃渠道
	有无关注公众号
	有无关注微信客服
	有无关注微博

静态属性画像有以下特点：

■ 静态属性画像均为事实类标签，无须数据挖掘或特征分析，也无须汇总计算，不随业务的变化而变化。

■ 静态属性画像的所有特征均平等，不存在优先级或权重不一的情况。

■ 静态属性画像是稳定的特征，稳定的含义包括 3 个层面：一是在用户生命周期内不会变化，比如用户的性别在其一生都不会改变；二是属性变化可预期，用户的机型对 APP 产品运营至关重要，虽然存在用户换机的可能，但这种可能性可预期，因为大部分 Android 手机更新周期约 1.5 年，也会随着新品发布更新；三是属性变化的可能性很低，用户的地域属性存在变化的可能，但在较长时间内可以认为是不变和稳定的。

延伸阅读

用户画像的有趣应用案例

某金融服务产品，在定期的活跃用户分析中发现，在每个月的活跃用户中有部分用户依然使用 iPhone 6s、iPhone 8 等上古机型，这难免令运营团队心生疑惑：已经 2020 年了，为什么还会有人坚守这些小屏幕、老旧处理器，甚至只有 32G 存储的手机？

单一维度的思考会陷入幸存者偏差，只考虑手机这个维度只会走入死胡同。于是运营团队开始着手深入分析这部分用户的画像特征，从城市分布发现他们集中在沿海以及一二线城市，从年龄分布发现集中在 30～40 岁的区间，从城市和年龄可初步判定，这部分客群收入水平中上，具备一定的消费能力，可还是没有解释为什么坚守上古手机这件古怪的事情。

于是运营团队继续深挖用户的行为特征，发现一个惊人的事实：这部分用户经常访问商场的手机板块，他们浏览过的手机屏幕尺寸多数为中小屏幕，并且浏览过手机的价格区间集中在 2000～3000 元。至此，运营团队继续完善判定，这部分客群偏好小屏手机，结合用户画像的机型亦可印证此观点，用户依旧使用 iPhone 6s 和 iPhone 8 的原因是用户偏好价格适中的中小屏手机，而此时市场上中小屏手机可选的并不多，从苹果迁移到安卓，迁移成本很高。

难得这部分客群活跃程度还不错，要想办法对他们进行一波营销。恰好苹果发布 iPhone SE 的第 2 代产品——一款 4.7 英寸屏幕，但又是最新处理器的小屏手机。苹果出新品这么大一件事，不用想肯定有大量竞争伙伴在盯着，大家都想借苹果这个有巨大影响力的品牌来为自己的用户经营添一把火。为了赶在竞争伙伴的前面，运营团队马上制定了针对这部分客群的营销策略：

- 联合经销商推出购机优惠券，整点抢立减券；
- 结合自身金融产品推出 12 期购机免息分期，降低用户购机门槛；
- 拉通市场部门打"iPhone 换机季"的主题活动，全网传播；
- 制定这部分客群的专属策略，提前付款优先发货，并优先 PUSH 下发。

iPhone SE 第 2 代一发布就被抢购一空，这部分活跃老用户顺利在平台上换机，而爆款热销又给市场部门一个新的主题营销，在活动后的长尾期继续二次传播，成功拉来一波用户。

6.2.3 动态兴趣画像

动态兴趣画像描述用户的行为偏好和兴趣偏好，包括即时兴趣、短期兴趣、长期兴趣等，应用于推荐系统和内容推荐。常见的场景：搜索栏、商品/内容收藏，在推荐系统中常用。表 6-5 展示了常见的动态兴趣画像属性。

表 6-5 动态兴趣画像

分 类	属 性 画 像
行为偏好	近 3 个月活跃用户
	在线时长大于 5 分钟
	PUSH 敏感用户
	偏好点赞

续表

分　类	属性画像
兴趣偏好	电影敏感
	低价敏感
	视频偏好

动态兴趣画像有以下特点：

■ 动态兴趣画像的名字来由即是这类画像是动态可变的，可变有两种情况：一是随着时间变化，用户今天买了电影票，认为用户兴趣是电影偏好，但是接下来的一段时间用户没有复购电影票，此时电影偏好这个动态兴趣就要降低影响力，甚至从用户身上移除；二是变化频率比较高，故其时效性要求很高，一位男性过往都是手机偏好用户，今天突然买了女童的玩具，明天又买了女童的衣服，此时用户的动态兴趣画像应该体现女童相关用品偏好。

■ 动态兴趣画像是有权重的，因为用户的偏好总有重要程度的排序。

■ 动态兴趣画像不存在绝对意义上的互斥情况，静态属性画像的性别非男即女，但动态兴趣画像可男可女，一个用户既可以是男性，也可以是女性。上面这个例子就是佐证，事实上这种看似不合逻辑的情况在动态兴趣画像中比比皆是，对于大数据而言，任何事情都是以概率存在的，不存在绝对的100%和0%。

■ 动态兴趣画像均为特征标签，都需要数据挖掘或特征分析。

■ 动态兴趣画像大部分都具备统计周期，缘由在于其是可变的，故需要制定统计周期，例如近3个月活跃。

■ 动态兴趣画像有时候也叫用户兴趣，分为长期兴趣、短期兴趣、即时兴趣和主兴趣。

延伸阅读

动态兴趣画像这事有点意思

不同于静态属性画像那样容易理解，动态兴趣画像这事有点虚无，你说一个用户动态兴趣画像既有男性特征也有女性特征，额，黑人问号脸；也不同于静态属性画像可验证真伪，用户兴趣这事有点缥缈，你说一个用户偏好电影，你既没亲眼所见，也没亲耳所闻，额，黑人问号脸×2。那么动态兴趣画像到底从何而来，又如何辨明真伪呢？

事实上，动态兴趣画像就来自用户的所有行为数据，点击、浏览、滑动、收藏、点赞、分享、评论、下单、购买等。因为用户行为代表了用户需求，既有明确目的的"我要买最便宜的苹果手机"，也有不明确的"我就是来随便逛逛"。这两种差异明显的需求可以通过用户的行为序列，即用户在产品上连续操作分析和挖掘出来，我们叫它模式识别，属于人工智能的范畴。模式识别并不是一个新兴的学科，在几十年前就已经在很多领域成熟应用。在互联网领域，21世纪初就已经通过分析Web站点的日志来挖掘用户浏览模式的特征，继而优化站点结构和用户营销。所以在技术层面，通过分析用户行为数据来分析用户的兴趣模型，已经非常成熟。

在现代互联网产品中，动态兴趣画像应用越来越深，看似稀松平常的用户行为，其背后都有非常重大的业务意义。电商的用户购买行为路径，一般就是搜索产品、浏览产品详情、加入购物车（或收藏）、下单、付款、确认收货、评价等流程。我面试候选人时，常问一个问题：加入购物车和收藏商品有什么区别？两者都是下单和付款前的最近步骤，为什么要设计这两个功能？在用户经营中有什么区别？加入购物车和收藏商品，代表了不同的用户购物意愿，加入购物车的购物意愿远高于收藏商品，并且购物车一般占据APP的一级入口，收藏一般在二级入口，基本上收藏的商品很少被用户看到或想起。基于购物意愿这个点，京东就会对加入购物车的商品活动进行推送，购物车内的商品价格有变动或有优惠活动，京东均会告知用户"你购物车中的××商品现在正在限时优惠"，推动用户完成下单和付款，而收藏夹中的商品价格变动后的推送频率就低很多了。因为加入购物车的用户购买意愿非常高，离付款就差临门一脚。

正文中讲过动态兴趣画像分为长期兴趣、短期兴趣、即时兴趣和主兴趣，每种兴趣其实都代表了不同场景下的用户需求。电商和内容产品极其关注用户的即时兴趣和短期兴趣，因为这两种兴趣代表用户当下或近期最关注的事情，通过这两种兴趣去匹配用户相应内容最有可能产生转化。最常见的即时兴趣场景就是搜索框，用户在搜索框输入的任何文字，都大概率代表了用户现在这个时刻最关心的事情。

即时兴趣并不神秘，作为用户经常可以见到，只是没有留意罢了。现在打开手机淘宝，在首页下方信息流中随意点开一个产品进入详情页，然后点击最下方的收藏或者加入购物车,然后返回首页,留意一下信息流发生了什么变化?出现了"你可能喜欢"的橱窗,里面聚合了你刚刚收藏或加入购物车商品的类似产品,这就是即时兴趣淋漓尽致的体现。

6.2.4 用户画像的形态：标签

用户画像是重要的数据产品,既然是数据产品,那么用户画像是以什么产品形态体现的呢?

(1) 用户画像的产品形态就是标签。

标签作为数据产品,可以直接嵌入各种业务系统中,直接在业务系统中应用,当你打通客服电话时,那头声音甜美的客服早已通过客服系统看到来电用户的用户画像了,姓甚名谁、家住哪里、收入如何、服务记录、服务结果等一览无余。在数据中台中就有一个重要的组件叫标签工厂,负责包括用户画像在内的所有业务系统的标签数据管理和应用。

(2) 权重,也是标签在运营中的重要抓手。

用户画像的组成部分之一是兴趣画像,它是具备权重这个特性的。权重,也是标签在运营中的重要抓手,通过人工或系统来调节标签的权重,就可以实现重要的运营策略。当内容平台内开始出现爆点内容时,如果平台不希望这些内容继续发酵,就可以通过降低这些内容的标签权重来降低流量分配,从而在短期内将爆点内容迅速冷却。标签的权重还体现在所有UGC平台,入驻的创作者都有某种"创作分",如果这个月平台重点鼓励新手作者,就把新手参数化标签的权重提高,给新手的创作更多流量曝光,如图6-5所示。

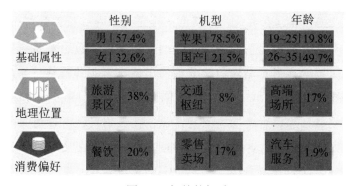

图 6-5　标签的权重

（3）标签还有一个重要特性，即参数化。

用户画像在生产标签时，通常会遇见这样的情景。

「偏好电影」：过去 3 个月看过 5 场电影的人群

「偏好电影」这个标签背后有严格的口径定义，过去 2 个月看过 10 场电影的用户无法打上「偏好电影」这个标签，并且随着业务的变化，「偏好电影」标签的口径需要更新为"过去 3 个月看过 10 场电影的人群"，如此，需要宣告作废此标签，并重新加工生产一个新的标签，名字还是「偏好电影」，只不过口径改为"过去 3 个月看过 10 场电影的人群"。

显然，不合理。

所以，在 90% 的业务场景下，用户画像的标签会被改为参数化，即将标签口径中可变的部分设置为参数，根据实际业务调整。上述「偏好电影」的标签即可改为：

「偏好电影」：过去 N 个月看过 M 场电影的人群

N 个月和 M 场就是这个标签的两个参数。这样「偏好电影」这个标签的灵活性和适应性就非常强，业务使用该标签前只需输入标签需要的参数即可。

延伸阅读

标签的更新和运算

用户画像的标签在实际业务中数量庞大，通常都是三四百个起，并且在实际用标签标记客群时还会做很多更复杂的业务操作。这里分享两个必备的标签知识。

首先是标签的更新。

标签是数据产品，在其使用中遇到一个重要问题：标签如何保证时效性，即保证标签在业务使用中始终能够保持一定的热度，而不是一次加工永不更新的冷数据。所以在用户画像的标签加工中，还需要确定标签的更新周期。一般而言，标签更新属于全量计算，工作量不小，对于静态属性画像的标签，一般一个月更新一次，对于动态兴趣画像，要区别对待，即时兴趣实时在线更新，短期兴趣离线每日更新，长期和主兴趣每月更新。

因为标签最终打在用户身上，而用户的画像总会变化，所以标签的更新也是用户状态和特征的更新。很多年前在做某南方地区的运营商用户标签时，发现"商旅用户"标签的营销效果越来越差，无论人工外呼还是营业厅 APP 推送，响应率都在逐步降低，很自然我们开始排查问题，从活动 offer、外呼话术、"商旅用户"的用户画像等分析，但始终不得其解。当大家挠头的时候，有个小伙伴随手把"商旅用户"标签覆盖的用户明细捞出来看了看，发现这个标签已经用了很久，其口径没办法适应现在通信套餐的要求，造成这个标签命中的真正的"商旅"用户浓度太低，导致营销活动响应率只有 0.5%～1.2%，同样的，标签口径过严导致客群过小达不到营销要求。

其次是标签的运算。

标签虽为数据产品，但也需要各种运算来灵活地适应业务需求。标签的运算主要是各种逻辑运算，即"与""或""非"，业务语言就是"且""和""除外"。现有"电影偏好"和"手机偏好"2 个标签，"电影偏好"与"手机偏好"，即同时满足"电影偏好"和"手机偏好"的用户，"电影偏好"或"手机偏好"，即满足"电影偏好"和"手机偏好"两者之一的用户，"电影偏好"非"手机偏好"，即只满足"电影偏好"而不满足"手机偏好"的用户。

6.3 用户分层模型

6.3.1 为什么要用户分层

业务经营最忌吃大锅饭，对待用户一视同仁。当用户只有几千几万的时候，尚谈不上精细化运营，但当用户规模达到几十万上百万甚至更高数量级的时候，如果还用同一种策略去经营客户，结果不会好到哪里去，原因在于当用户规模起来的时候，用户画像中的各个特征也将逐步出现"群体聚合"现象，群体特征越来越清晰，不仅将个体带来的偶然性特征逐步抹平，还将衍生出越来越多的小群体，也就是"物以类聚，人以群分"。在这种情况下小群体间的特征差异越来越大，越来越明显，再用同一种策略去经营，对部分小群体可能是精准的，对部分小群体可能是"隔靴搔痒"，对部分小群体可能是"对牛弹琴"。所以才需要精细化经营，将整体客群按照业务经营规则划分为多个小群体，然后再分析每个小群体的用户画像特征，继而为每个小群体制定经营策略，提升每个小群体的经营效果，而精细化经营的典型工具就是用户分层模型。

用户分层模型，是根据业务经营策略和经营目的，按照业务经营指标体系将用户分为多个客群，每个客群都能反映业务经营的实际情况。用户分层模式是从业务经营目标出发的用户分类体系。分类只是将用户划分到不同的客群中，各个客群是平等的，而分层的意义在于客群间开始有了重要性、优先级和等级之分，即每个客群拥有不同的"阶级地位"，处于高层级的客群一般代表了高价值、高贡献、高质量和高活跃的用户，是产品的核心用户，处于低层级的客群一般代表了低价值、低贡献、低质量和低活跃的用户，是产品的潜在用户。

某产品为用户提供二手产品交易服务，目前 DAU 约 100 万。运营团队希望在营收上能够有突破。运营团队当然可以让 100 万用户都吃大锅饭，人人都发通用优惠券，有钱能使鬼推磨，这种做法或多或少都能有用户领券后去做二手交易来产生营收贡献，但是这种粗暴的方式用脚指头想都能知道效果很差，原因在于 100 万用户中有人属于价格不敏感用户，有人属于羊毛党，有人则习惯于"只看不买"，通用优惠券的价格是恒定的，但是在不同用户眼中的价值却完全不一样，如此做法只是浪费宝贵的营销资源。要让营销资源最高效地应用，只有一种解法：把钱用在刀刃上。高转化率的客群就是刀刃，所以必然要按照用户画像属性、营收贡献指标以及用户需求等将 100 万用户进行分层，并为每层用户制定不同的营销策略，投入不同的营销资源。对于产品的忠实粉丝，要进一步提升其营收贡献，营销策略是推荐高客单价、精确命中用户需求的二手产品；对于一般活跃用户，要先提升其活跃度再完成营收转化，营销策略是为用户提供权益，吸引他们回来，诱导他们领券并用券。

如果有心留意一些电商 APP 的 PUSH，如京东、淘宝等，就会发现有趣的事情。当用户最近有过购物行为，就会被标记为近期活跃用户，平台就会推送用户最近加入购物车的商品价格变动信息，吸引用户回来；如果用户几天甚至几周没有打开过 APP，则被标记为短期活跃用户，会推送浏览过的商品促销等活动信息，吸引用户回来。

用户分层不是目的，而是过程。通过用户分层来深入洞察和掌握用户的构成以及特点，最终目的是制定精准高效的营销策略。不要为了用户分层而分层，为了用户分层而使用很多看上去很高深但是无用的算法和模型等，脱离了业务，脱离了营销，那可真是纸上谈兵，味同嚼蜡。

用户分层通常是对已经拥有产品账号或标识符的用户进行分层，包括游客和注册用户等，即分析的是产品的自有用户，不包括游离在产品外的用户。从业务经营角度出发，用户分层实际是用户营销价值和用户贡献的分层，更关注于站在商业层面来考量用户分层。这个时候用户分层的规则是人为确定，并且分层本身是动态的，会随着业务经营策略的变化而变化。前文提过产品的生命周期，当产品在发展初期时，用户规模是重要的北极星指标，那么在用户分层中"注册状态"就占较高的权重，这样用户分层的规则强依赖"注册状态"；当产品进入成熟期，用户质量是重要的北极星指标，那么在用户分层中"活跃、留存、营收"就占较高的权重，而"注册状态"的权重将降低甚至可以忽略。很明显，在产品的初期和成熟期，用户分层是完全不同的。

而有些时候提到的游客、注册用户、潜在用户等，都属于用户结构范畴。用户结构的特点是结构本身不会随着产品发展而改变，不管产品在什么阶段，总有游客、注册用户或潜在用户，这些结构是不会变化的，变化的只是每个结构中的客群数量，好比一栋住宅，楼的结构不会变，每层楼8户人家，变的只是有人搬进搬出，有人喜添贵子的住客数量而已。

有的时候还能听到一种说法，用户转化漏斗的每一层也是用户分层。严格意义上，用户漏斗不是用户分层，原因在于用户漏斗的每一层是有严格的先后顺序的，漏斗中的每一层用户都是从上一层而来，而用户分层之间并没有如此的顺序要求。

6.3.2 用户分层的使用原则

1. 业务出发

前文已提过，用户分层的原则之一就是从业务出发，到业务中去。在运营中看到用户分层模型时，务必先问一问：这个分层是为什么业务而用的，是为什么营销场景而用的，是解决什么营销问题的。

2. 互斥完备

用户分层有个重要原则就是层与层之间是互斥的，但全体又是完备的。互斥的意思是一个用户要么属于 A 客群要么属于 B 客群，不能二者兼有；完备的意思就是全部分层覆盖的用户是无遗漏的，每个用户都能归属且只能归属于一个分层。

2. 逐级细化

这个原则来自实际经营中。在某 O2O 产品中，运营团队对用户进行分层，但是分出了将近 100 个客群。运营团队就那么几个人，要去运营这 100 个客群，其压力可想而知。这个其实是犯了"一步到位"的理想化错误。记住，在任何时候，用户分层都是要逐级细化的，即先分出不超过 10 个客群，再从中选择合适的 3～5 个客群细分出 10～20 个客群，再从中选择最终的目标客群。这样做可以让运营资源始终关注在最需要关注的客群中。

6.3.3 经典的用户分层模型：RFM 模型

1. 概念

从本质上来说，RFM 模型是一个用户的分群和分层模型，即在运营过程中根据 RFM 规则将用户分成多个群体，多用于电商产品的用户分层，即根据 R（Recency，即最近一次购买的时间）、F（Frequency，即消费频率）、M（Monetary，即消费金额，也就是用户贡献的价值）来区分高频次、高活跃度、高净值的用户，这样就可以对他们采取不同的营销方案，更细化我们的运营，这就是其价值所在，如图 6-6 所示。

	R	F	M
1	1	1	1
2	1	1	0
3	1	0	1
4	1	0	0
5	0	1	1
6	0	1	0
7	0	0	1
8	0	0	0

图 6-6　RFM 用户模型

RFM 有 3 个指标，每个指标里有两种行为，一种叫 1，一种叫 0。例如 R，1 就是离现在的时间很近，0 就是离现在的时间很远；F，1 就是消费频率高，0 就是消费频率低。RFM 这 3 个指标具有明显的电商、用户特征，多用于电商行业用户分析。那如果不是电商行业，可以用这个模型吗？比如说我想看一下哪些是爆款视频，哪些是爆款产品，这些可以做吗？这个模型背后的数学原理是什么？怎样能让它用于更多场合呢？

2. 核心逻辑和数学原理

RFM 模型背后的数学原理，叫三因素两水平分类器，如图 6-7 所示。

	R	F	M
1	1	1	1
2	1	1	0
3	1	0	1
4	1	0	0
5	0	1	1
6	0	1	0
7	0	0	1
8	0	0	0

$$2^3 = 8$$

图 6-7　RFM 模型的核心逻辑和数学原理

"$2^3=8$"这里的"2"指的就是图 6-7 左边的 1 和 0，也就是指标的两个值，而"3"指的是 3 个指标，"8"指的就是各自带有两种行为的 3 个指标所产生的 8 种结果，也就是可以分出 8 个客群。

那么，在其他场景中，这个模型就一定也得是 3 个指标，并且每个指标只能有两种行为吗？这个在网上并没有明确的答案，但结合我多年的工作经验，可以告诉大家：不是的。

3. 进化的 RFM 模型

进化的 RFM 模型将 RFM 模型的数学原理发扬光大，扩充了其适用范围，任何业务、任何产品、任何用户都可以用进化后的 RFM 模型来解决分层和分群问题。

这个进化的 RFM 模型做了以下优化，如图 6-8 所示。

- 不再局限于 R-F-M，而是根据业务需求自定义 3 个核心指标。

- 不再局限于每个指标只有 0 和 1 这两个值，而是根据业务需求自行制定每个指标值的区间和数量。

	X	Y	Z
1	1	1	1
2	1	1	0
3	1	0	1
4	1	0	0
5	0	1	1
6	0	1	0
7	0	0	1
8	0	0	0

图 6-8　进化的 RFM 模型

把 RFM 模型中的 R、F、M 这 3 个值换成 X、Y、Z，让这个模型扩展到更多领域，这里的 X、Y、Z 就可以根据业务需求换成不同的指标，然后再按指标的顺序赋值，可以是 0 和 1，也可以是 1、2、3、4、5，后面将有案例说明。

进化的 RFM 模型使用流程：

第一步：确定 X、Y、Z 的指标。根据业务需求来定，这个没有固定答案，可以是当前的北极星指标和伴随指标，可以是当前业务的核心 KPI。特别需要指出的是，这里虽然还是 3 个指标（X-Y-Z），但并不局限于 3 个指标，不过这样的话，就会产生一个很有趣的现象，这个分类器所分出来的客群数量就爆炸了。假如 PV、UV 和 CTR 不能帮助业务很好地完成分类，那么就增加产品等级来帮助分类。从上述计算公式可知，指标增加 1 个，指数就要加 1，客群数量将呈现指数级增长，如图 6-9 所示。

	X	Y	Z
短视频	视频分类	完播率	点击率
资讯	阅读人数	点击率	阅读时长
B端服务	使用人数	续费率	客单价

图 6-9　各个行业主要的 XYZ 指标

第二步：确定 X、Y、Z 3 个指标的排序。一般来说，X、Y、Z 本身是没有排序的，但是在很多分析工具里面，由于工具本身的限制，实质上是需要你对 X、Y、Z 有个业务上的认知，也就是要有排序。

第三步：确定 X、Y、Z 这 3 个指标的值。接下来就是确定这 3 个指标的值的计算规则，一般按业务需求来确定值的数量和计算规则。需要注意的是：

- 不一定是 0 和 1，可以是多个值。
- 一般来说每个指标有 3～4 个值，当指标超过 5 个值之后，会有 3000 多个分类，这对实际工作来说并无价值，分得太细了，跟明细表没什么区别。
- X、Y、Z 的指标可以有不同等的值，比如说 X 是 2 个值，Y 是 3 个值，Z 是 4 个值。

当指标的数量和指标值的数量增加时，会造成客群数量爆炸，大幅度提升运营分析的难度，故一般需要合理控制指标数量和指标值的数量，如表 6-6 所示。

表 6-6 模型的弊端：客群数量爆炸

年龄	商品品类	城市	活跃程度	用户黏性	客群数量
大龄 低龄	面膜 口红	一线城市 非一线城市			2×2×2 = 8
青年 中年 老年	面膜 口红 眼影	华南 华东 华北	高活跃 低活跃		3×3×3×2 = 54
青年 中年 老年	面膜 口红 眼影 耳坠	省会 二线 三线 四线以下	高活跃 中活跃 低活跃	高黏性 中黏性 低黏性	3×4×4×3×3 = 432

执行到这里，模型仅仅帮助我们完成了客群和客群的分类，之后就要开始做分析了。

第四步：考察每个客群的其他维度特征。首先把每个客群的数量补上去，产生一个用户金字塔，再集中分析这群用户的特点，完善用户画像，以便进一步对客群做营销方案。

6.3.4 在 Excel 中实现 RFM 模型

RFM 模型之所以被广泛使用，原因之一就是算法实现非常方便，下面我们在 Excel 中以短视频下发和播放为例，通过实现 RFM 模型来评估短视频播放情况，找出爆款视频以及爆款视频的分布。显然不能仅仅依靠点击次数、呈现次数、点击率等来判断视频是否为爆款，而是应该整体考虑这 3 个指标。思路如下：

首先，确定 X、Y、Z 的指标，这里就选择点击次数、呈现次数、点击率这 3 个指标作为 RFM 模型的分类核心指标。

其次，设定这 3 个指标的基线，这里选择各个指标的平均数作为每个指标的基线，高于基线即为 1，低于基线即为 0。

最后，基于点击次数、呈现次数、点击率创建数据透视表，按短视频 id 计数，如图 6-10 所示。

日期	短视频id	视频分类	点击次数	呈现次数	点击率
2017-11-22	144562500340601	娱乐entertainment	636199	7864153	8.09%
2017-11-22	30361449896623082	娱乐entertainment	559822	8719639	6.42%
2017-11-22	942939168676797	奇闻异事 offbeat	550484	10378280	5.30%
2017-11-22	3023820910635610	幽默 humor	512471	3842654	13.34%
2017-11-22	3100693733636255	娱乐entertainment	448381	5013851	8.94%
2017-11-22	762833050299590	娱乐entertainment	360039	4629171	7.78%
2017-11-22	1895477705537348	社会society	305039	9267388	3.29%
2017-11-22	968091784488428	社会society	291157	2625376	11.09%
2017-11-22	887671699465329	幽默 humor	156717	1669046	9.39%
2017-11-22	293032284630854	娱乐entertainment	154913	1426925	10.86%

图 6-10　短视频 RFM 模型的案例数据

接下来看看如何在 Excel 中完成这个操作。

第一步：创建点击次数、呈现次数、点击率的对应辅助列，用来进行 RFM 模型的分类，如图 6-11 所示。

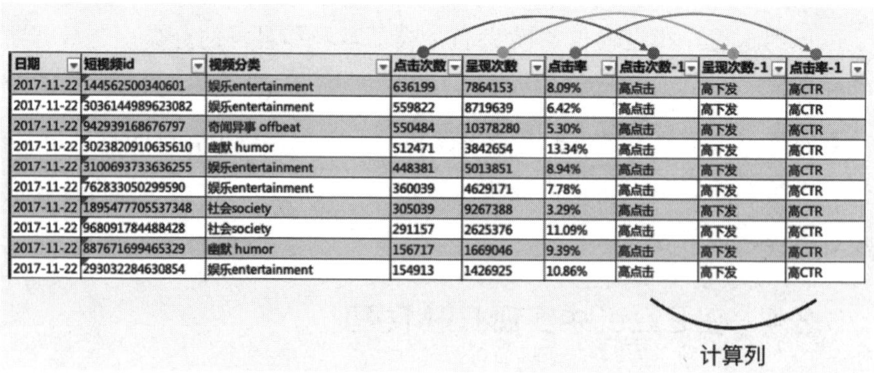

日期	短视频id	视频分类	点击次数	呈现次数	点击率	点击次数-1	呈现次数-1	点击率-1
2017-11-22	144562500340601	娱乐entertainment	636199	7864153	8.09%	高点击	高下发	高CTR
2017-11-22	30361449896623082	娱乐entertainment	559822	8719639	6.42%	高点击	高下发	高CTR
2017-11-22	942939168676797	奇闻异事 offbeat	550484	10378280	5.30%	高点击	高下发	高CTR
2017-11-22	3023820910635610	幽默 humor	512471	3842654	13.34%	高点击	高下发	高CTR
2017-11-22	3100693733636255	娱乐entertainment	448381	5013851	8.94%	高点击	高下发	高CTR
2017-11-22	762833050299590	娱乐entertainment	360039	4629171	7.78%	高点击	高下发	高CTR
2017-11-22	1895477705537348	社会society	305039	9267388	3.29%	高点击	高下发	高CTR
2017-11-22	968091784488428	社会society	291157	2625376	11.09%	高点击	高下发	高CTR
2017-11-22	887671699465329	幽默 humor	156717	1669046	9.39%	高点击	高下发	高CTR
2017-11-22	293032284630854	娱乐entertainment	154913	1426925	10.86%	高点击	高下发	高CTR

计算列

图 6-11　在 Excel 中实现 RFM 模型（一）

第二步：设置辅助列的分类基线，并为每行数据计算指标值、逻辑，如图 6-12 所示。

日期	短视频id	视频分类	点击次数	呈现次数	点击率	点击次数-1	呈现次数-1	点击率-1
2017-11-22	144562500340601	娱乐entertainment	636199	7864153	8.09%	高点击	高下发	高CTR
2017-11-22	3036144989623082	娱乐entertainment	559822	8719639	6.42%	高点击	高下发	高CTR
2017-11-22	942939168676797	奇闻异事 offbeat	550484	10378280	5.30%	高点击	高下发	高CTR
2017-11-22	3023820910635610	幽默 humor	512471	3842654	13.34%	高点击	高下发	高CTR
2017-11-22	3100693733636255	娱乐entertainment	448381	5013851	8.94%	高点击	高下发	高CTR
2017-11-22	762833050299590	娱乐entertainment	360039	4629171	7.78%	高点击	高下发	高CTR
2017-11-22	1895477705537348	社会society	305039	9267388	3.29%	高点击	高下发	高CTR
2017-11-22	968091784488428	社会society	291157	2625376	11.09%	高点击	高下发	高CTR
2017-11-22	887671699465329	幽默 humor	156717	1669046	9.39%	高点击	高下发	高CTR
2017-11-22	293032284630854	娱乐entertainment	154913	1426925	10.86%	高点击	高下发	高CTR

点击次数-1 = IF([@点击次数]>1250,"高点击","低点击")
呈现次数-1 = IF([@呈现次数]>20067,"高下发","低下发")
点击率-1 = IF([@点击率]>0.025,"高CTR","低CTR")

计算列

图 6-12　在 Excel 中实现 RFM 模型（二）

第三步：基于"点击次数 -1、呈现次数 -1、点击率 -1"创建数据透视表，并按照短视频 ID 进行分类汇总。可以看出，已经将短视频分出了 7 类，其中高点击率、高点击且高下发的短视频有 441 个，它们就是我们要找的爆款视频，无论下发、播放还是点击率都是高于大盘的，如图 6-13 和图 6-14 所示。

计数项:短视频id			
点击率-1	点击次数-1	呈现次数-1	汇总
高CTR	高点击	高下发	441
		低下发	24
	低点击	高下发	30
		低下发	3258
低CTR	高点击	高下发	28
	低点击	高下发	48
		低下发	6169
总计			9998

图 6-13　在 Excel 中实现 RFM 模型（三）

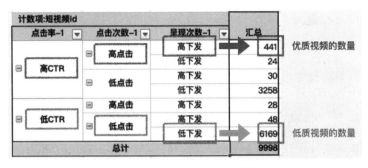

图 6-14　在 Excel 中实现 RFM 模型（四）

第四步：接下来要分析爆款/优质视频的分布，将短视频分类放到数据透视表的"列"中即可得知，爆款视频主要分布在奇闻和娱乐中，如图 6-15 所示。

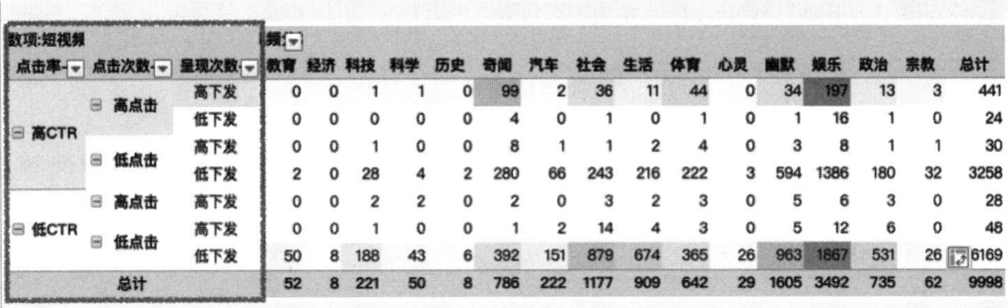

图 6-15　在 Excel 中实现 RFM 模型（五）

6.4　用户运营的常用工具和运营策略

6.4.1　用户漏斗 / 路径分析

1. 概念

如图 6-16 所示，漏斗分析是基于用户在产品上旅程的分析方法，能够从用户使用过程的角度考察用户的转化和流失，是最常见的分析模型，广泛应用于 Web、APP 以及线下产品的数据运营与数据分析中。漏斗 / 路径分析可以帮助运营团队观察用户在使用路径中的转化情况，既能从业务流程整体评估转化率，也能从流程中的每个步骤寻找影响业务流程的因素，同时还能从每个步骤继续下钻，深度分析每个步骤的用户构成，分析有问题的环节，继而优化该步骤，最终达到提升整体转化率的目的。

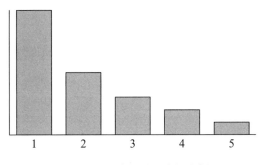

图 6-16　用户漏斗 / 路径分析

2. 产品形态

漏斗分析的常见形态有两种，这两种产品形态一致，仅转化率计算方式不同。一种是以第 1 步为基准，后续步骤均与步骤 1 对比，漏斗的最后 1 步的转化率也称之为整体漏斗转化率；一种是以上 1 步为基准，后续步骤均与前 1 步对比，此时漏斗的最后 1 步不能表达整体漏斗转化率，故而称之为步骤转化率。这两种计算方式各有其应用场景，若要评估完整业务流程的转化率或效果可用第 1 种计算方式，若要考察漏斗中每个步骤的转化率可用第 2 种计算方式，如图 6-17 所示。

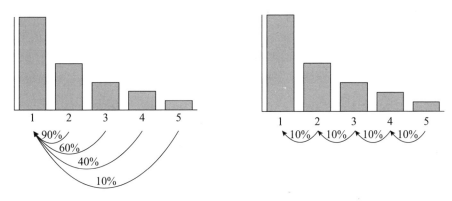

图 6-17　用户漏斗 / 路径分析的两种计算方式

3. 运营策略

漏斗分析是重要的数据运营工具，常见有以下运营策略。

（1）基础用法

如上文提到的两种转化率计算方式，其核心逻辑在于整个漏斗的路径是固定的，即预设好的，在后续运营中该漏斗分析的步骤不会变化。

这个是最常见的使用方式，在各个数据分析产品中都能见到。由于其结构固定，故适用于业务流程稳定，或变化频率低，或短期内不会变化的业务，也由于其结构固定，故可通过技术手段自动化定期输出转化率，以实现自动化运营。

（2）进阶应用

在产品中，对于同一个业务流程，用户通常会有不同的使用路径，甚至有些路径是我们在设计阶段难以预料的，而这些预料之外的用户路径极有可能成为事实上的业务流程，而非我们设计和规划的流程。所以漏斗分析的进阶应用即是智能路径。所谓智能路径，是根据用户实际产生的浏览数据来分析出实际用户的使用流程，并为之建立漏斗模型，甚至不同客群的路径也不一致。同时在进阶应用中，也不是只有柱状图，而是建立业务流程的全景视图。在这个全景视图中，漏斗的入口有多个，路径有多条，可以更加全面地考察业务流程的转化情况。

不仅如此，在漏斗分析的进阶应用中，考察的指标也更加复杂。除了转化率，还会考察流失率、跳出率和停留时长，以更加充分深入地分析漏斗模型中的每个步骤。

（3）高级应用

在"数据分析篇"中重点讲过，数据分析要通过"分析变化"来寻找可能的切入口，但在漏斗分析的基础应用和进阶应用中，转化率等指标都为静态的单一值，无从对比，难以评判好坏，更难以分析原因，故在漏斗分析的高阶应用中，为漏斗模型中每个步骤的转化率等指标增加了时间维度，考察在一定周期内的波动和变化情况，以便分析转化率变化的原因，制定相应的策略。

4. 运营经验和最佳实践

（1）连续两步的转化率超过95%，可以考虑合并相邻的两个页面

如果在考察步骤转化率的过程中发现相邻两个步骤的转化率超过95%，

甚至达到 99% 以上，表明这两个步骤的业务连续性极强，可以考虑将这两个步骤对应的页面进行合并，减少 1 次页面跳转，减少 1 次可能的用户流失。常见合并方式有两种，一是合并两个页面的页面信息，将第二个页面的信息和转化按钮直接融入第一个页面，早期电商购物流程最后两步"立即付款"和"选择付款渠道"，是独立的两个页面，用户有可能在点击立即付款后、选择付款渠道前流失，谁知道用户在付款前是不是又有什么突发情况，所以可以看到麦当劳的立即付款和选择付款渠道就在同一页面，并给用户做了默认选择，用户只需要点击付款输入付款密码即可；二是后一步作为前一步的弹窗，避免跳转，将第二页的信息和功能作为弹窗放在第一页，在不跳转页面的情况下直接完成最后的付款，如图 6-18 所示。

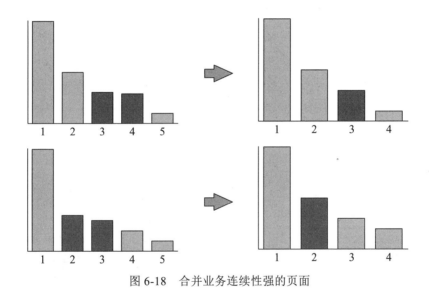

图 6-18　合并业务连续性强的页面

> 思考：购物车是电商产品的重要组成部分，也是漏斗分析中的重要步骤，可是拼多多为什么没有购物车？它又是如何实现类似购物车的多个商品一次付款功能的？

（2）连续两步的转化率低于 5%，可以考虑切割业务

如果两个连续页面的转化率低于 5%，经过分析又无明显问题，一般情况下可以认为第二个页面与之前的漏斗 / 路径业务关联度不高，可以考虑将

第二个页面从漏斗/路径中独立出来，并给予其他入口，如图 6-19 所示。

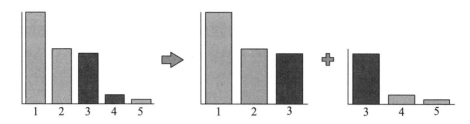

图 6-19　切割业务连续性弱的页面

（3）流程不要超过 5 步，整体转化率不要低于 1%

漏斗分析的流程超过 5 步，一般其转化率不会超过 1%，对于运营而言已经没有太多指导意义，同时超过 5 步的业务流程，其最终效果也不会好到哪里去。除去个别产品外，单一业务流程如果超过 5 步意味着流程过长，用户损耗过大，需要进行流程重构。

（4）务必严格把控埋点规范

埋点是漏斗/路径分析的数据基础，务必严格、准确、规范地维护好产品的埋点文档。因为在所有漏斗分析产品中，漏斗转化都是依据产品埋点 ID 来的，用公认的英文缩写代替拼音，用步骤名称代替步骤序号等，混乱和随意的埋点规范只会平添烦恼，如表 6-7 所示。

表 6-7　漏斗路径的埋点规范

中文含义	好的埋点命名	差的埋点命名
首页的搜索入口	INDEX_SEARCH	SYSS
商品详情	PURCHASE_DETAIL	PURCHASE4
首页	APP_INDEX	APP_SY

6.4.2　会员/权益体系

1. 概念

如图 6-20 所示，前文阐述用户分层时提过用户需求是多样性的，同时用户的活跃、贡献和对产品的认可程度也各不相同。用户经营的核心诉求即是分而治之和精细化耕作，在团队资源都有限的情况下，需要借助会员体系，让有限的运营资源更精准和更高效地经营不同的用户，让高价值的核心用户获得更好的服务和权益，让低价值的用户有更多向上转化的动力，从而增加整体用户的忠诚度和活跃度，为企业创造更多的收益。会员体系并不陌生，"空中飞人"们一定对各个航空公司的积分兑里程和贵宾厅不陌生，信用卡用户持续用卡消费可以逐步从1星用户成长为5星用户享受更多服务，例如一年无限次高铁贵宾厅、机场贵宾厅，以及额度更高的现金借贷等。

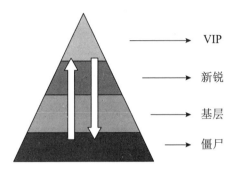

图 6-20　会员/权益体系

会员体系是用户经营中精细化运营、提升用户忠诚度、提升用户留存、促进用户活跃的重要营销工具。通过用户权益让用户持续使用产品，通过用户持续消费，积累更多用户行为数据，可以更深入分析用户特征，为用户提供更精准的服务，形成一种良性的用户经营循环；同时现在越来越多的用户权益体现了"跨界营销"的概念，淘宝的88VIP会员就打包了各种各样的用户权益，核心逻辑也是用户的多样性需求，这也是场景营销中"跨界连接"的直接体现。

从本质上来说，会员体系是"洗用户"的一种方式，大白话即是通过会员体系去验证每个用户对产品的认可程度和贡献程度，铁杆粉丝总会主动地一步一步往会员体系的顶端进化，普通用户对营销活动可能或多或少会做出一些响应，其中一部分慢慢被营销，慢慢被提升认可度后会向上进化变为铁杆粉丝，而对底层的一般用户，保持有限运营即可。从用户经营角度而言，当然希望越来越多的用户能够在会员体系中不断升级进化，但这并不符合经济学规律：20%的用户贡献了80%的利润/价值/贡献。企业的经营目的是追求利润，必然要求优先的营销资源被高效使用，维系处在会员体系中部和头部用户的成本远低于流失后召回以及打着手电筒在犄角旮旯里面找用户的成本。

在"洗用户"之后，会员体系通过权益和激励，帮助用户完成拉新、转化、活跃、留存、传播的生命周期，培养用户的忠诚度，最大化用户的生命周期价值。对于产品本身来说，可通过会员体系将产品的各种功能和服务进行分级设计，持续引导用户不断升级。视频服务类产品，会员权益玩得很通透，比如 VIP 独家观看权益、顶部弹幕、底部弹幕，以及争论不小的提前观看等，没办法，热播剧集都想早人一步观看，那就付费成为 VVVVVIP 提前观看。对于用户而言，会员体系更是身份的象征，显著的会员等级标记，以及不经意之间的露出炫耀，会让用户有更多尊贵感，满足用户虚荣心。当然，高等级的会员也能享受到更便捷更丰富的服务。特别的，对于互联网产品，能够有人工客服一对一服务绝对是顶级服务，留意一下各家电商的会员体系以及 SaaS 平台，会员权益的顶端大多数是"专属/专人客服"。

延伸阅读

形形色色的"洗用户"玩法

虽然先有用户画像再有各种运营工具和策略，但在实际中也会先通过运营工具和策略来判断用户，辅助完成用户画像的过程，我们叫"洗用户"。

第一种洗用户的策略就是各种让人讨厌的广告。没错，在广告上稍加一些有趣的玩法，就能立竿见影地筛选出我们想要的用户。例如 YouTube 的 5 秒跳过广告，如果用户点了 5 秒跳过，对于广告主而言，这个用户大概率不是这个广告的目标用户，也就不必为此再浪费营销资源。如果用户看了 10 秒、15 秒甚至 20 秒后再点跳过，基本可以确认他们就是目标用户。加入 Google Ads 的页面可以显示 Google 的广告，允许用户点击关闭。当用户点击关闭广告时，无形中即告诉了 Google 用户自身的喜好。这两种广告策略看似会影响投放效果，其实恰恰相反，由于用户主动反馈了对广告的兴趣偏好（即内容运营章节讲述的显性反馈），广告主反而会投入更多的资源，除了因为客群比传统的更为精准，还因为用户无形中反馈了兴趣，远比算法的推测准确得多。

第二种洗用户的策略就是优惠券（稍后会详细讲解），通过优惠券可以快速筛选出"价格敏感"用户。愿意花时间抢一张消费满 100 减 5 块钱的优惠券，大概率对低客单价非常敏感，对于价格的波动非常敏感。对于抢满减券的用户，其实我们不太关心他们是否真的用券，反而可以在后续给他们营销更多的低客单价产品，或者原价和实价差异很大的产品，突出强调降价幅度、优惠力度等。拼多多的崛起除了利用社交关系，还充分运用这种策略获得了大量非一线城市的用户。同样的道理也适用于整点秒杀、限时限量抢等运营玩法。

第三种洗用户的策略是营销短信。很多时候我们会收到各类营销短信，例如您可以借50万现金，点击即可领取之类。当然，真正能借到的可能不到1000元。可是为什么还会做这个事情？原因在于如果你点了这条短信，无形中就告诉运营团队你是对资金有需求的人，更可能是有大量需求的人。背后代表着你可能财务状况不错，需要临时的流动资金解决手上的问题，也可能财务状况很糟糕，急需用钱。但无论哪种情况，只要点击过短信，运营团队也就大概率知道了你的财务状况，后续的营销电话或其他营销服务会接踵而至。因为，他们通过一条营销短信将你从大量用户中"洗"了出来。

2. 产品形态

如图6-21所示，会员/权益体系的产品形态包括会员和权益两个部分，会员体系从下至上，用户规模逐渐变小，用户价值逐步升高，对应的权益体系从下至上，权益数量逐渐增加，权益价值逐渐提升。会员体系的产品形态常见的有数值、星级、徽标等，一般与产品特性匹配。

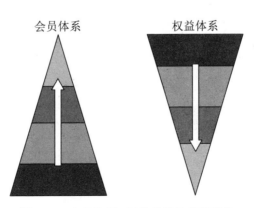

图6-21 会员体系/权益体系的产品形态

游戏类产品，是会员体系/权益体系做得最好的。

权益体系是与会员体系对应的用户激励体系，用户若想在会员体系中不断升级，就需要不断贡献自己的价值，贡献自己的时间，贡献自己的金钱，贡献自己的资源等，权益体系基于"付出即要有回报"的原则来给予用户升级过程中所付出的这些贡献一些相对应的激励。

权益体系主要分为实体权益和虚拟权益。实体权益，即看得见摸得着的可直接享受的权益。当知乎用户成为 Lv.6 创作者（如图 6-22 所示）时，即可拥有"内容分析""知乎直播""内容自荐""赞赏功能"和"版权服务"等能够直接赋能创作者的重要权益，这些权益无须任何其他操作，等级达到即可开通使用。虚拟权益，即需要兑换后才可享受的权益，最常见的就是虚拟货币。虚拟货币最常见的就是积分，每天登录给 5 积分，连续 10 天登录给 100 积分，每天看 5 篇文章给 100 积分，积分逐步积累起来后可以在积分兑换中心兑换不同的权益，比如 1000 积分兑换头像专属挂件。脉脉的用户影响力是产品中衡量用户质量的重要分数，很多脉脉用户都会关注和炫耀影响力的提升。影响力，即是典型的虚拟权益，用户在脉脉上的各种行为均会产生影响力，如图 6-23 所示。

不同产品的会员/权益体系增长和使用方式不完全相同，电商产品主要基于购买行为，社交产品主要基于好友/粉丝数量和互动，内容产品主要基于内容生产和消费情况。

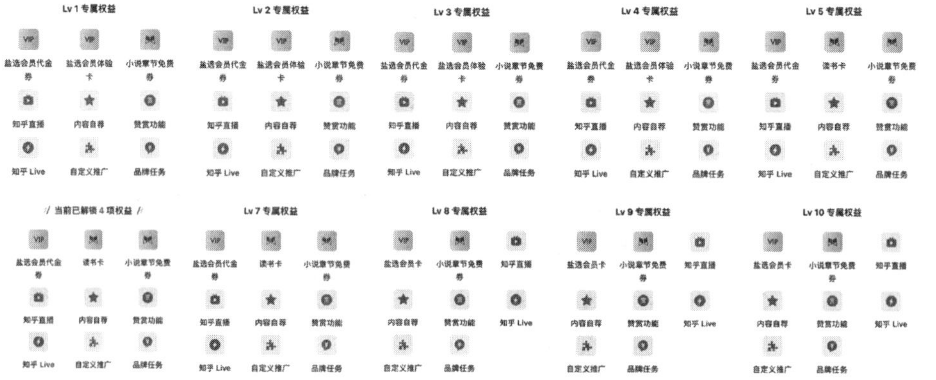

图 6-22 知乎的会员体系

图 6-23 脉脉的会员体系

京东的会员/权益体系，以京享值作为主要的增长机制，明确告知了京享值的增长主要从消费、活跃、账户信息、小白信用和信誉等 5 个方面来提升，而京享值的提升可以兑换两大类共 18 项权益，如图 6-24 所示。

图 6-24 京东会员/权益体系的增长和兑换

网易云音乐的会员/权益体系，以等级值作为主要的增长机制，明确告知了等级值的增长主要从听歌量和登录天数两个方面来提升，而一定的等级值可

235

以兑换音乐云盘容量、黑名单数量、优惠券以及云贝等权益，如图 6-25 所示。

Lv.1	· 5G音乐云盘免费容量 · 黑名单上限20	Lv.6	· 60G音乐云盘免费容量 · 黑名单上限40
Lv.2	· 20G音乐云盘免费容量 · 黑名单上限20	Lv.7	· 60G音乐云盘免费容量 · 黑名单上限80 · 云音乐商城满100减9元优惠券 · 价值400云贝
Lv.3	· 40G音乐云盘免费容量 · 黑名单上限20 · 云音乐商城满100减3元优惠券 · 价值50云贝	Lv.8	· 60G音乐云盘免费容量 · 黑名单上限100
Lv.4	· 40G音乐云盘免费容量 · 黑名单上限20	Lv.9	· 60G音乐云盘免费容量 · 黑名单上限120 · 云音乐商城满100减12元优惠券 · 价值1200云贝
Lv.5	· 40G音乐云盘免费容量 · 黑名单上限20 · 云音乐商城满100减6元优惠券 · 价值100云贝	Lv.10	· 100G音乐云盘免费容量 · 黑名单上限140

图 6-25　网易云音乐会员/权益体系的增长和兑换

招商银行掌上生活 APP 的会员/权益体系，以积分作为主要增长机制，明确告知了"赚积分"的刷卡、游戏和任务 3 种方式，而积分的提升可以兑换权益中心大量的权益，如图 6-26 所示。

图 6-26　招商银行掌上生活会员/权益体系的增长和兑换

从上面会员体系和权益体系的描述中，我们可以发现一个重要的数据运营思维方式：闭环，即用户产生的贡献，也一定要回到用户身上。

3. 运营策略

（1）升级或降级

既然存在等级，就存在所谓的升级和降级，通过升降级刺激用户更多地使用产品，提升会员用户的留存，培养用户的忠诚度，提高用户的价值贡献。升级一般是通过用户的行为数据、业务数据和营收数据等进行计算，用户在产品中达成升级的目标即可升级到更高级的会员等级。降级本质是一种惩罚机制，会造成一定的用户伤害。用户辛辛苦苦地天天用产品，又天天下单花钱，还天天转发朋友圈帮助宣传产品，好不容易升了级，谁知连喘口气的机会都没有，没几天就被降级打回原形，伤害值 MAX。降级，并不是必需的。如果一定要通过降级来警示用户珍惜来之不易的权益，也请务必设计宽松的降级计算周期和标准。支付宝的会员等级有效期为 1 年，如果用户升级，新等级有效期从升级当天开始计算，但是如果在当前等级有效期内，用户的累积成长值没有达到对应门槛，则到期后需要重新计算等级，可能会降级，如图 6-27 所示。

> **升降级规则**
> 用户在等级有效期内成长值达到升级门槛值，新等级立即生效。等级到期后，用户等级将根据上个有效期内累计的成长值重新计算。
> 若跨级有效期变更的交易出现退款，成长值会在新等级有效期的成长值中扣除（因为等级有效期前获取的成长值已计入了上个等级有效期并影响用户升降级）。若当前等级有效期成长值不足抵扣跨级有效期的交易退款的成长值，则有多少扣多少，扣至为零后，后续获取的成长值不会再抵扣。

图 6-27　支付宝的降级规则

（2）跨界联合权益

跨界联合权益的核心逻辑是，基于场景内需求的跨界连接，即场景应当通过跨界连接不同服务来满足用户多样性的需求。

上面提到过掌上生活的权益，它有一个非常突出的特点：这些权益全都是外部合作商的权益，而不是掌上生活自己信用卡的权益。这是现在权益体系的重要发展方向，跨界联合多个合作商做整合权益，形成会员/权益联盟，通过联合权益共同经营用户，不仅可以大大降低自建权益体系的难度，还能丰富和满足用户多样性的需求。跨界联合权益的核心逻辑就是大家的用户画像匹配和一致。掌上生活的用户是招商银行信用卡用户，其大部分为优质客户，加之掌上生活本身提供了饭票、电影票和商城等服务，联合出行、玩乐和酒店的服务商，为用户提供其他多元化需求（出行、玩乐、酒店等），不仅扩大了信用卡的用卡场景，也提升了用户刷卡消费的频次，提升了用户在掌上生活的留存，同时为合作商带来了用户。对用户而言，其需求在多个跨界场景中获得满足，对运营而言，其价值在不同场景多次贡献，实属一箭三雕的好玩法，如图 6-28 所示。

图 6-28　掌上生活的权益体系

4. 会员 / 权益体系设计必须遵守的三大人性

（1）简单，简单，再简单

用户是懒惰的，复杂的会员 / 权益体系会让用户困惑，继而扭头就走。会员 / 权益体系存在的目的就是要让用户来用，而不是团队用来炫耀制作出一个复杂体系成就感的，始终铭记"使用门槛"这 4 个字，如果会员 / 权益体系不能在 1 分钟内让用户理解，说实话 1 分钟都太久，那它一定不是一个好的会员 / 权益体系。你必须要像上帝一样知道用户的心理，并且知道用什么样的规则去引导他。以前评审会员 / 权益体系的方案，PPT 多达 20～30 页，团队内部都要讲 2～3 个小时，还没计算讨论时间，听得我就像带着降噪耳机，循环播放蚊子的飞行声。自己的团队都如此,又如何说服用户呢?

所有好的体系结构或层级,都有几个魔法数字,即 3、5、7、9。会员/权益体系一般在 3～5 层即可,更多的层数实属天书,难以理解。有些产品的体系结构确实有几十层的需求,那怎么办呢?参考一下什么值得买的设计,其顶级只有 7 层,每层中再设计 1～4 层不等的自层级,如图 6-29 和图 6-30 所示。

会员特权	Lv. 1—Lv. 4	Lv. 5—Lv. 9	Lv. 10—Lv. 14	Lv. 15—Lv. 19	Lv. 20—Lv. 24	Lv. 25—Lv. 29	Lv. 30+
评论奖励	每日前3条评论每条额外获得3经验	每日前3条评论每条额外获得3经验	每日前3条评论每条额外获得3经验	每日前3条评论每条额外获得4经验	每日前3条评论每条额外获得4经验	每日前3条评论每条额外获得4经验	每日前3条评论每条额外获得5经验
App专享等级礼包(等级越高,奖励越好)	有	有	有	有	有	有	有
订阅功能							
打赏功能	有	有	有	有	有	有	有
幸运屋等级专享(等级越高,参与机会越多)	有	有	有	有	有	有	有
爆料数量	3条/周	5条/周	15条/周	15条/周	30条/周	30条/周	30条/周
闲置转让发布数量	1条/周	1条/周	3条/周	4条/周	6条/周	6条/周	8条/周
徽章特权				有			
关注功能				有			
全新频道特权				即将开放			
等级专享优惠券				即将开放			

图 6-29 什么值得买的多层会员/权益体系

图 6-30 淘宝的多层会员/权益体系

除了层级尽量简单之外，会员/权益体系还要易懂易用。易懂，是指权益清晰，升级降级规则清晰，特别的，用户在升级路上的进展也一定要清晰，不要让用户两眼一抹黑。知乎在用户升级过程中明确给出了进度和目标差距值，用户非常清楚自己升级的进展，结合升级的计算规则，可以非常有针对性地完成特定目标来实现升级。易用，是指不要给运营团队挖坑，不要给用户挖坑，保证会员/权益体系的稳定性和持久性。

（2）满足用户的贪嗔痴

会员/权益体系是为数不多的可以直面用户贪嗔痴这人性三大恶的场景，说唯一也不过分，我想不到还有什么场景可以直白地告诉用户，你只要按我说的做，我就给你各种好处。在会员/权益体系运营中，充分露出用户当前所处阶段，如果处于初级，就突出高级别的权益，吸引用户向上攀登，如果处于中高级，则突出权益的尊贵和独有。十年前 360 安全管家就在电脑启动后显示启动时间，并提示领先 99% 的用户，多少人为了把领先值提升 1% 而疯狂地打开 360 去清理系统。QQ 早年为了挂星星、月亮和太阳，闹出多少风波。记住一点：用户都是要面子的，爱炫耀的，自尊心极强的，这 3 点是个无底洞，投入多少都不为过。

（3）个体是聪明的，群体是低智的

群体，在《乌合之众》中的定义是感情与思想采取同一方向的心理群体。《乌合之众》认为，群体是低智的，并且远远低于个人的智力。群体极易受到暗示，对所获取的信息要么全盘接受，要么完全拒绝，这就可以理解为什么有时候群体会如此低智。这一点在营销中被应用得淋漓尽致。几乎每个产品都会做抽奖、摇奖之类的营销活动，也几乎每个抽奖、摇奖活动都会"实时"显示"×××用户抽中了×××奖品"，并且循环滚动，这让进入抽奖或摇奖的用户会自信地认为"我也能中"，因为"大家都中奖"了。这是典型的群体行为直接归零了个体判断力，同样的玩法在"618""双 11"的秒杀，以及直播带货中屡见不鲜，你不会认为每场直播几百万的观看人数都是真正的用户吧？

在会员/权益体系中，利用群体低智的策略也非常多，很典型的"90%的用户都选择 99 元包月会员"，"和你一样的用户都已加入白金会员"，以及在权益体系中将最具吸引力的权益做各种突出运营,例如加角标"最多人选择"等。

如果要让用户听命于你,把教父说过的一句话放在会员/权益体系正合适:我会给他一个无法拒绝的理由。

延伸阅读

关于 VIP、VVIP 和 VVVIP

VIP 这 3 个字母看起来很高大上,英文全称 Very Important People,非常重要的人物。在会员/权益体系运营中,VIP 是重要的尊贵的身份象征,一般处于体系的顶端,非常人所能及。但随着消费水平和消费能力的提升,VIP 也逐渐被越来越多的普通用户获得。这对用户是好事,毕竟"人人都是 VIP"和"人人有功练"都是普惠的福利,但对用户经营而言,精细化运营的难度变大,从用户中筛选出脑残粉的难度也变大了,所以需要从 VIP 中再做更细化的会员/权益体系,于是乎,VVIP、VVVIP 诞生了。这眼花缭乱的 V 是什么意思呢? VVIP:Very Very Important People,非常非常重要的人物。这个解释相当简洁明了,和当年 GNU 的解释一样充满了极客味道。除了名字上不断加 V 之外,它们的准入门槛和权益自然也与众不同,很多时候普通用户花钱就可以买到 VIP,但是 VVIP 为了凸显尊贵和独有,花钱也买不来,必须得是 VIP 才有机会成为 VVIP。我知道你们会说这听上去太扯淡了,可这就是事实,淘宝的 88VIP 就是如此。

淘宝的 88VIP,需要淘气值大于 1000 才能以 88 元购买,否则需要 888 元。而淘气值是一个动态分数,会在一个季度内部分清空,用户需要保证在淘宝有持续消费、互动行为,才能保证自己始终享受 88 元买 VIP 的奖励。88VIP 又通过绑定优酷、饿了么等的会员保证自己的性价比,用户想要获得这些福利,就需要持续在淘宝活跃。由于淘气值需要淘气值 1000 以上才有 88 元的价格,所以网友们争论的点不是有没有钱买 88VIP,而是有没有资格买 88VIP,如图 6-31 所示。

图 6-31　淘宝 88VIP

6.4.3　签到 / 打卡

1. 概念

如图 6-32 所示，签到 / 打卡是产品功能和场景中，对于用户而言使用成本和学习成本最低的，没有之一。设计良好的签到 / 打卡界面用户只需一次点击即可完成。签到 / 打卡是产品提升活跃和用户留存极好的营销工具。

图 6-32　签到 / 打卡

从产品角度而言，因为签到/打卡的成本低，稍加运营即可有效提升用户活跃和留存。活跃和留存，我们叫它流量。流量，是直接可以通过流量运营来完成变现，为产品带来营收的。

从用户角度而言，每次只需投入很少的时间成本（点一下签到能花多少时间呢）就能获得一些产品权益，比如积分、优惠券之类，持续的签到/打卡也能极大满足用户的虚荣心，2019年朋友圈爆火的"英语学习"打卡，让多少人的朋友圈就此沦陷，直接导致微信对其的查封。

从运营角度而言，签到/打卡还承担着流量分发的职责。签到/打卡作为用户成本最低的功能场景，自然会吸引大量的流量进来，即使在签到/打卡入口不那么突出的情况下，某产品的签到/打卡入口位置最多属于二级入口，但流量占比比很多一级入口都要高。这么多流量进来，肯定要充分利用，除了在签到/打卡中实现用户激励和权益外，亦请留意将签到/打卡的流量合理分发到其他板块。

签到/打卡特别适合平台型和电商型产品。平台型产品因为承载了各种各样的服务，若用这些服务来做活跃和留存未免太笨重，并且也不方便不同服务间的相互导流，所以签到/打卡相当合适，因为进入签到/打卡的流量可以认为是非服务敏感的，流量进入签到/打卡后，再根据流量的画像特征分发到各个服务场景，逻辑上、流程上以及用户体验上都非常顺畅；电商型产品，本质上仍然偏工具性质，通过签到/打卡来提高用户活跃，同时也给用户带来降价、优惠等利益。

较少见新产品一开始就通过签到吸引用户，因为新产品的使命重点在于训练用户心智，故多以产品价值和用户价值类训导用户。一开始就用签到，容易带偏用户。

2. 产品形态

签到/打卡的产品形态较为统一，除了在UI/UX上有所区别外，核心逻辑没有任何差异，在此不过多阐述。

3. 运营策略

（1）签到完成记得给其他场景交叉引流

时刻都要铭记一句话：签到/打卡是非常重要的流量分发场景。因为本身签到/打卡场景简单，没有很多的服务和功能，所以进入签到/打卡的流量一般在完成签到/打卡后就会离开此场景，此时务必在场景内设置交叉营销位将流量分发到合适的其他场景中，这才是签到/打卡能够提升留存的核心逻辑，如图 6-33 所示。

图 6-33　签到/打卡为其他场景交叉引流

（2）累计签到和连续签到

签到/打卡有两种有趣的玩法：累计签到和连续签到。显然，连续签到的门槛和难度更高，对用户的要求也更高，但提升活跃和留存的效果也最好，对于用户习惯的养成也是最明显的。累计签到只要中途遗漏一次或几次，过往签到记录就失效，这个成本实在有点高，所以有些产品也会设置补签机制。累计签到的门槛和难度低一些，在统计周期内用户签到次数只要达标即可，故越来越多的产品使用累计签到，如图 6-34 所示。

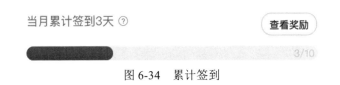

图 6-34　累计签到

（3）自动签到、手动签到和补签到

自动签到，用户不需要主动点击签到按钮，只要进入签到场景即可自动完成签到动作，用户运营的效率更高，有助于提升用户体验，自动签到的运营重点在于流量分发和设置交叉营销策略。手动签到可以让用户在签到场景中产生几秒钟停留，在这几秒钟停留中有机会让营销活动去触达用户。通常情况下，需要训练新用户的使用习惯和黏性，故针对新用户很多时候采用手动签到,而对于老用户则采用自动签到。

补签到,以防一些用户中途忘了而放弃;一般需要有一些成本去补签(如消耗一些积分等),但集齐签到有更多额外的好处,如薄荷阅读可以补签,补签能获得实体书;签到获得的积分等要与用户的一些核心利益结合才能有效,如微博超话的签到积分能给偶像打榜,一些内容平台签到积分可以做内容打赏。

(4)主题化运营

干巴巴的签到/打卡,显得和整个产品格格不入,太突兀了。不妨尝试将签到/打卡做成主题活动,很常见的"读书打卡""学单词打卡""减肥打卡"等,让打卡/签到不那么技术化,更贴近用户场景,如图6-35所示。

图 6-35 签到/打卡的主题化运营

6.4.4 优惠券

1. 概念

优惠券是运营中最常用的工具,适用于拉新、促活、留存等多个用户经营场景。优惠券不仅适用于线上产品,你所知道和不知道的产品都把优惠券当作重要的营销工具,同样也适用于线下产品,殊不知我家楼下卖鸡蛋豆浆的早餐店都打印了二维码,扫码领券买茶鸡蛋可以便宜2毛钱。

优惠券的本质有几种不同的理论:一是价格歧视理论,认为针对用户的不同需求而进行的差异化定价策略,对于商家是追求利润最大化,而对于用户是享受到优惠的感觉;二是资源分配理论,为不同的用户设定不同类型、不同优惠幅度、不同优惠策略的优惠券，让合适的营销资源打向合适的目标用户；三是用户刺激理论，优惠券是典型的促销手段，促销的目的就是刺激用户达成营销目标，包括获客、提升活跃和留存，提升营收，提升品牌认可等；四是 ROI 理论，优惠券的优惠幅度或面额实际是业务经营方的运营成本，即用现金来购买流量，或者用合作资源来换取流量，所以优惠券需要仔细计算获客成本、领券用户的 LTV，以及 ROI。

2. 产品形态

优惠券已是成熟的营销工具，流程包括发放、领取和核销（用券），其产品形态主要包括以下要素。

（1）类型

类型上分为通用券、品类券、门店券、单品券等，如表 6-8 所示。

表 6-8　优惠券类型的区别

类型	成本	价值	吸引力
通用券	高	高	高
门店券	中	中	中
品类券	中	高	高
单品券	低	低	低

（2）使用方式

使用方式上分为立减券、满减券等。立减券，即无消费门槛，领券后即可使用，无门槛优惠券一般用于新用户转化或沉默用户召回，因为这类优惠券的获取和使用门槛很低，可以显著降低新用户或沉默用户的流失；满减券，即消费达到指定要求才可使用，满减券常用来提升客单价和转化率，多服务于产品的老用户。

（3）金额

优惠券的金额既可以直接刺激用户完成目标转化，同时也是很重的运营成本，故优惠券的金额需要通过详细的财务计算来制定，通常需要预估总体成本、单一获客成本、获客 ROI、商家补贴等。

（4）有效期

优惠券的有效期可以根据运营目的或活动目的来定。

（5）数据指标

优惠券的数据指标主要包括发券数量、领用数量、核销数量等，详见表 6-9。

表 6-9　优惠券的指标

发券数量 / 金额	领用数量 / 金额
核销数量 / 金额	领用周期
核销周期	失效券数量 / 金额

3. 运营策略

（1）优惠券的发放策略

先领后用，无任何门槛用户即领即用，对于用户的门槛最低，但是给予用户的稀缺性也最弱，这类券常会出现领用量和领用率很高，但是核销量和核销率比较低，容易获取的东西用户也容易忽略，不过这种情况要从正反两面看，虽然核销不好，但毕竟是在用户的口袋中，可以作为一个促活和召回的手段，请参详下文；消费后返，用户下单并支付后为用户返券，一是通过后返促使用户下单，二是后返的优惠券可以作为下次用户运营的工具和抓手；随机金额，充分调动用户好奇心，优惠券的优惠金额并不直接呈现给用户，而是需要用户主动点击或完成指定任务（例如点击"手气不错"）才显示；自动发放，优惠券作为营销工具可以嵌入其他业务模块中，最常见的是签到/打卡后给用户一定奖励，通常不会设置用户再次点击手动领券，而是自动发放到用户的券包。

（2）已领未用的策略

已领未用策略的核心逻辑在于：越接近用户转化点的策略越有效。大部分时候用户领取优惠券后并不会马上使用，过段时间后极易遗忘，所以优惠券会设置有效期，以告知用户尽快使用，优惠券的考察指标中也有核销周期，即从领券到用券的周期，当然希望核销周期尽可能短。被遗忘的优惠券实际上是极大的资源浪费，因为领券不是目的，而是过程，目的是用券，但那些被用户领取后遗忘的优惠券也有重大的价值：促活、召回和唤醒。"您有一张 100 减 50 的全品类券即将过期"远比"618 书香节"对用户的刺激性大得多，这和"您购物车中的商品降价啦"是一样的道理，因为它们都离用户付款这个转化点最近,稍加运营用户即会付款转化。

（3）叠加策略

叠加策略是优惠券的高级玩法,多券的叠加使用可以将对用户的刺激性指数级提升,同样带来核销成本的飙升,应在仔细计算过ROI和客群后按需使用。

6.4.5 交叉营销

1. 概念

如图6-36所示,交叉营销（Cross Marketing）,从用户的各种行为中发现用户的多样性需求,并根据用户多样性的需求为其营销相关的产品或服务。用户买了手机,就给他推荐充电宝或保护壳,这就是最简单的交叉营销。交叉营销和其他营销方式的根本区别在于,交叉营销是主动的,多数营销投向用户后都只能静等用户反馈,而交叉营销则是在用户达成某一目标或命中某项运营规则后主动触达用户。比如,在携程网上订完酒店后,携程会通过短信推送出行服务；在掌上生活完成现金借贷时,APP会主动推送消费场景。

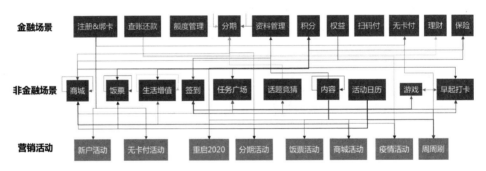

图6-36 某金融产品的交叉营销

交叉营销是异构服务,之所以叫"交叉",是因为交叉营销连接的是不同的异构服务,例如刚才提到酒店和出行,现金和消费。最常见的交叉营销异构场景是内容营销,即通过内容为其他场景进行营销。

交叉营销是精准的,交叉营销不是独立的营销场景,必须依附在某个用户场景之中,故当用户在某个场景中看到交叉营销时,此时场景特征再加用户特征,可以相对准确地刻画出用户的需求,对比用户在站外或公域场景下的模糊特征，更能提升交叉营销的转化率。

当用户在携程上瞎逛的时候，虽然有用户画像可以作为营销支撑，但是依旧不够，因为携程是平台型产品，承载了很多异构场景，比如酒店、出行、景点、美食等，别的不说，出行就分为火车、飞机、打车、租车、邮轮等，如果对用户进行"全场景普适性"营销，通常以用户过往的出行和旅游偏好，结合当季的热门地点，出行方式的推荐就难以达成。若用户进入"日本"这个目的地专题页，停留时间较长，也浏览了很多日本的美食、景点和酒店之类，此时交叉营销就出动了，根据用户在"日本"专题页内的浏览特征，出行方式可以锁定为邮轮和飞机，邮轮又有可以交叉的游玩方式和热门景点，飞机也有可以交叉的游玩方式和热门景点，这样营销上就可以非常精准。

2. 产品形态

交叉营销不是独立的营销场景，通常是依附在某个用户场景中，最常见的场景即业务流程的结果页和办理成功页，处于这些页面的首屏下方，并根据进入这些页面的用户画像特征做千人千面或服务推荐。

交叉营销常见的有单一横幅、滚动横幅、三元组以及一拖多等形式，这4种形式均可通过客群标签来做千人千面，或通过推荐系统做个性化服务推荐。使用上略有不同，单一横幅一次只能展示一个内容，故适用于大场景或主题类活动的交叉营销，例如在用户付款成功后为其推荐正在进行的营销活动；其他几种由于可以同时展示多个场景，较能满足用户多样性的需求，故营销中多用后3种形式，如图6-37所示。

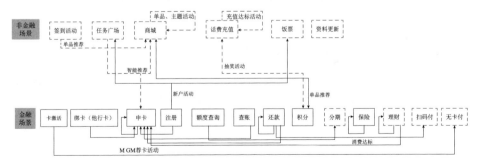

图6-37　招商银行掌上生活APP的交叉营销

3. 运营策略

交叉营销虽然很灵活，但也有一定的规则和约束，这里分享几种交叉的规则。

（1）场景交叉

场景关联，即将多种相关性较强的场景互相做交叉营销，比如买完机票会推荐酒店，外卖点单中常见的搭配服务——主食＋小食＋饮料。

（2）上下游交叉

上下游交叉，即在使用流程的前后交叉多个场景，比如订完酒店推送飞机票、火车票，或酒店和出行专车券，买房后推送装修家居服务，买车后推送保险服务等，还有一种有趣的上下游交叉就是餐厅洗手间贴的代驾服务广告。

（3）套餐交叉

套餐交叉，即根据用户画像发现某几个场景或服务用户通常会在短期内一起购买或使用。最常见的就是买手机后推荐手机壳、钢化膜和充电宝，去水上世界推荐泳衣、泳镜和水枪玩具。

（4）客群交叉

客群交叉，即在两个完全不同的场景内相互为对方引流，其核心逻辑是这两个场景的客群特征一致。在丰田4S店中的展车上就有知乎APP的二维码，在知乎APP也会对丰田的科技做主题运营，其核心逻辑是丰田4S的客户与知乎的用户特征一致。银行信用卡通常是联名卡，并且捆绑了联名企业的权益，例如爱奇艺联名卡，用户除了有原本信用卡本身的权益外，还有爱奇艺会员等权益，其核心逻辑是信用卡用户和爱奇艺用户的特征一致。

6.5 本章小结和思考

1. 用户会循规蹈矩地按照用户生命周期模型进行演变吗？
2. 用户生命周期的五大阶段中，哪几个阶段需要的运营资源更多、运营压力更大？
3. 沉默和流失有什么核心区别？
4. 用户画像的核心价值是什么？

5. 线下产品如何获取用户画像?你还知道哪些有趣的获取用户画像的策略?

6. 静态属性画像既然稳定不变,为什么还要分析它?

7. 用户分层和用户分群有什么区别和联系?

8. 签到和打卡有什么核心区别?

9. 为什么交叉营销如此重要?

10. 你还知道哪些用户运营工具?

第 7 章 内容运营工具和场景

本章深入讨论内容运营中常见的运营工具，并从营销的角度阐述它们的应用场景和应用实例，主要包括：

- 标签体系必知的运营知识
- 个性化推荐的体系、流程和应用

7.1 标签体系

标签，是大家耳熟能详的信息分类和提取特征的机制，本节深入探讨标签的核心概念和运营策略。

7.1.1 分类和标签的区别

分类和标签的核心区别如下：

- 标签是扁平的，分类是层级的。
- 标签是精确的，分类是粗糙的。
- 标签是多维的，分类是一维的。

7.1.2 标签的本质：元数据

事实上，在数据领域，有一个鼎鼎大名的词汇与标签极其雷同，无论它的定义、适用范围，还是它的衍生应用都与标签令人惊讶地一致。它就是：元数据。

元数据：用来描述数据的数据，是从数据中抽取出来用于说明其特征的数据，是结构化数据。

- 元数据是结构化数据。
- 元数据是可被搜索和精确定位的。
- 元数据可以附属在任意结构数据上。
- 元数据使得图片、文档、视频这些无法搜索内容的非结构化数据也可以被搜索、组织和管理。

这和我们要讲的标签有什么关系呢？如果把元数据的定义替换为标签，就能得到一个令人兴奋的定义：

标签，用来描述信息的数据，是从信息中抽取出来用于说明其特征的数据，是结构化数据。

7.1.3 标签的两种类型

1. 规则标签

这类标签最简单，就是运营团队人为制定的规则，然后给这堆规则命名。例如沉默用户，定义为启动 APP 后 10 分钟内就离开的用户；流失用户，定义为 3 个月内没有回访的注册用户。这里的沉默用户和流失用户就是规则标签。规则标签，有时候也叫业务标签。

2. 特征标签

在内容分发领域，更多应用的是特征标签，不再是人为制定的规则，而是通过机器学习来理解内容并提取特征作为标签，即把原始的图文或视频的文本信息丢进 NLP，然后 NLP 去分析和理解并输出特征文本，即标签。一篇文章，有可能全篇的文字都没有提到比尔·盖茨，但是 NLP 也能输出比尔·盖茨，这种操作用高级的说法就是：内容理解。

7.1.4 标签系统的核心逻辑

那么标签系统的核心到底是什么呢？这里总结了标签系统的 4 个核心逻辑，略有点理论化。

1. 标签是结构化数据

标签常态下是一个普通得不能再普通的文本，文本一定是可以结构化的，也就是说标签是可以被结构化，可以被有效存储、组织、管理、搜索和精确定位的。总之，结构化数据的特点和治理方式可以完美地套用到标签上。

2. 标签是可被搜索和精确定位的

由于标签是结构化的，是可以在关系型数据库中有效组织、存储和管理的，那么，它就一定能被搜索且被精确定位。也就是说，我们总是有很高效的办法来定位每一个标签。

这一点非常重要，结构化数据总是能够被高效地搜索和定位，这样就让标签数量可以无后顾之忧地爆发性增长。而随着标签数量的不断增长，标签能够愈加精确地去描述信息，让信息本身也愈加容易被精确定位和搜索，这是一个双赢的结果。

3. 标签可用于各种数据结构上

虽然标签是结构化的，但其本身并不局限于只能描述结构化的数据。

事实上，标签用以描述的信息是普适性的，也就是说标签可以应用于任意数据结构，比如常规的文本、图片、视频、音频、超链接，甚至更抽象的信息，例如某种哲学思想，某种行为方式或者某种心智模式等。回想一下，如果我们要描述一段视频，以前是怎么做的呢？无外乎：

- 给视频加一个文件名。
- 给视频加一个标题。
- 给视频加一段描述。

管用吗？管用，但不是特别管用。因为文件名、标题和描述等信息量依然太少，加起来几百个字能提取什么特征信息呢？这时，标签自身的精确性和灵活性就派上用场了，"啪啪啪"几个标签加持，视频的各种关键信息就显露无遗了。

4. 标签可以使原本无法描述、搜索和定位的数据也可以被描述、搜索和定位

这个特性简直就是标签的黑科技，如果把标签比作天火，数据比作擎天柱，那么给数据加上标签，也就等于给擎天柱附加了天火的飞行引擎。继续拿上面的视频举例，众所周知，视频这种非结构化数据不仅存储起来让人头疼，搜索起来更让人头疼。因为非结构化数据很难被搜索和精确定位。而上述的给视频增加文件名、标题甚至大段描述文字的效果依然很差，因为这种描述的信息量非常有限。

比如，我想搜索视频中指定时间的内容，我想搜索梁朝伟和张国荣接吻

在影片中的时间，蒙圈了吧？没问题，标签能帮到你。

这个不是异想天开，百度就已经开始研发针对视频的每一帧来打标签的技术，而最能让群众接受和喜闻乐见的针对视频内容或者视频帧的标签，就是二次元们用的弹幕。B站的视频弹幕列表，不仅标记了弹幕出现的时间点，还能双击弹幕快速跳转到对应的视频内容时间点上，如图7-1所示。

图7-1　双击弹幕可直接跳转到影片对应的时间点上

7.1.5　标签和权重

标签的元数据类比定义，各种热热闹闹的优点，都算有点意思，但是依然不够震撼，我们继续深入一点点。

本质上，标签就是一堆对等的特征信息。能理解不？不理解也没关系，举个说人话的例子就明白了。假设我们系统中有几个关于地区的标签，比如说广州、北京、上海、深圳、曲麻莱县（我打赌你不知道这个地方在哪里），本质上这几个地域名称并无二致，完全一样，是对等的。但当我们给某些信息打上这些标签时，其实我们潜意识是有一个预期和判断的，大致就是一线城市和十线县城赋予信息的重要程度是完全不一样的，即信息被打上广州和被打上曲麻莱县具有完全不同的含义，也就是说：标签是有权重的。

- 有了权重，标签就有了分级，于是使用标签的信息就有了分级。

- 有了权重，标签就有了优先级，于是使用标签的信息就有了优先级。
- 有了权重，标签可以满足个性需求，于是使用标签的信息就可以体现个性需求。

7.1.6 最佳实践1：BAT是怎么建设标签体系的

1. 工程应用中的标签体系

在实际工程应用中，标签体系通常是和分级体系结合在一起成为完整的内容分类体系。相对粗粒度的分类体系和相对细粒度的标签体系各司其职，共同发挥作用。在内容分发平台中（UC头条、今日头条等APP），内容分类体系的组成如图7-2所示。

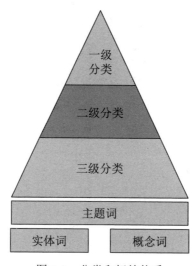

图7-2 分类和标签体系

那么问题来了：主题词，实体标签，概念标签，这些都是什么？别急，我们从上到下逐个梳理清楚。

（1）一级分类

最顶层，最粗粒度，也是最通用的分类，例如社会、娱乐、科技等。一般有15～20个，各个内容分发平台差别不大，各个内容类型（图文、短视频、音频等）差异也不大。

(2)二级分类

次级,次粒度的分类,二级分类很好理解,把一级分类细拆下来就是了,例如一级分类的娱乐细拆为电影、音乐、电视剧等二级分类。

你想知道各个内容平台的一级和二级分类有哪些?没问题,注册各个自媒体平台的账号,发文时多数会让你手工选择内容分类。做得好的自媒体平台会有两个联动下拉框,分别对应一级分类和二级分类;做得不那么好的自媒体平台会把一级和二级分类集中显示,不一定和后台的内容分类机制一一对应,但亦可窥得一斑。如图7-3所示。

图7-3 分类体系

(3)三级分类

这个不是每家都有,原因在于:三级分类已经和标签的粗粒度差不多,可以用标签来代替三级分类;三级分类数量太大,体系化管理和维护成本太高。某信息流产品的一级分类有22个,二级分类有88个,再拆到三级分类就是指数级的增加了。于是,三级分类在工程应用中的定位是填补上层二级分类和下层标签体系之间的粒度空白。

什么是粒度空白?例如一级分类是娱乐,二级分类是电影,标签是王家卫,可能会出现下面这种情况:假设我是一个文艺电影爱好者,如果用二级分类的电影做推荐,那可就太粗了,因为有可能给我推了成人电影,可成人电影我压根不爱看呀,CTR肯定惨不忍睹。如果用王家卫的标签做推荐,那可就太细了,文艺片有好多导演的嘛,CTR肯定惨不忍睹。那怎么办呢?简单,在电影和王家卫之间增加一个:文艺片,既比电影的粒度细,又比王家卫的粒度粗,既可以满足看文艺片的需求,也不会天天推王家卫这么局限,如图7-4所示。

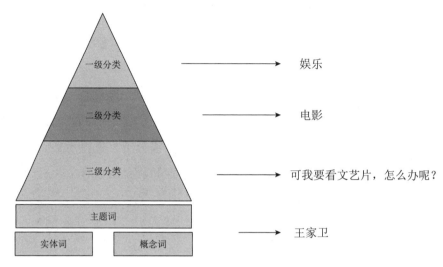

图 7-4 二级分类粒度太粗，标签粒度太细

可是用户想看其他文艺片，怎么办？三级分类或主题词即可解决这个需求，所以三级分类这个位置，有的平台叫三级分类，放在二级分类和标签之间，有的平台叫主题词，还有的平台将其和概念标签混合使用。反正规则都是人定的，能用、好用、有用就行！如图 7-5 所示。

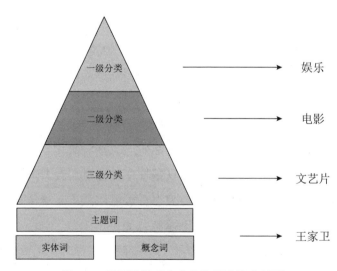

图 7-5 需要增加"文艺片"解决这个问题

接下来就是标签层了，这里有两个新名词：实体标签和概念标签。

先简单交代一下标签词义的演进。早期在用标签系统时，大伙都是很随意地给内容打标签，想到什么就打什么，问题逐渐暴露出来：通过标签管理内容乱七八糟，还不如用回分类呢，而且推荐效果也很差，很不尽如人意。于是，大伙请来了研究中文语义和词义的专家，来帮大伙把脉。果然，问题的根源找到了：

乱用标签，导致标签的指向性不明显，自然推荐效果差，内容管理也乱。

标签本身的管理也是问题，一会儿动词，一会儿名词，一会儿形容词。

所以，研究中文语义和词义的专家就给出了解决方案：

针对指向性不明显，建议标签优先使用名词，且唯一指代。

针对标签管理混乱，建议建立标签库和标签管理系统，并建立同内容一样的标签入库审核机制。

所以，针对第 1 点建议，大伙就商量，我们就用这种唯一指代的名词吧，这种名词在学术上叫实体词，那么大伙就把实体词代表的标签称为实体标签。

实体标签必须是名词，且必须是唯一指代。

学术性的解释逼格高，但是不容易理解，举个例子就明白了：

苹果，是实体标签吗？并不是。

因为实体标签的要求：名词，且唯一指代。苹果，是名词，但不是唯一指代，苹果可以指代科技公司、手机、水果、牛仔裤。所以如果用"苹果"作为标签去推荐，我看了苹果手机，你却给我推 1 斤 3 元的苹果，岂不是让人啼笑皆非？如表 7-1 所示。

表 7-1 "苹果"并不是实体标签

示例	名词	唯一指代	实体标签
苹果	是	不是	不是
苹果手机	是	是	是
春节	是	是	是
喜剧	是	不是	不是
开车	不是	不是	不是

难道我就不能用"苹果"了吗？当然可以用，只不过要给它另外起个名字：概念标签。概念标签通常表示的是"一类"或"某种相似"的内容，如表 7-2 所示。

表 7-2 概念标签

示例	实体标签	概念标签
苹果	不是	是
苹果手机	是	不是
春节	是	不是
喜剧	不是	是
沃尔沃	不是	是

2.图文和短视频的标签生产有什么不同？

现代工程中，基本上是通过 NLP 来生产标签的，也就是把图文或者短视频丢进 NLP 模型，模型呼啦呼啦一顿运算找出"自认为"最符合输入内容特征的标签，完事。这个事的核心逻辑是 NLP 模型的效果（准确率，召回率和覆盖率，简称准召覆）严重依赖输入的信息以及信息量。依赖的信息仅为文本信息，图片、语音没用，并且信息量越多越好，越纯净越好，如表 7-3 所示。

表 7-3 图文和视频的信息量

内容类型	信息量	可用信息量	进入 NLP 的信息
图文	大，文字和图片可以承载大量信息	多，图文中的信息基本可用	多，标题、简介、分类和正文
视频	巨大，几秒钟的视频可以承载比图文多几倍的信息量	少，均为非结构化的信息，难以直接分析使用	标题、简介、分类

图文信息的 NLP 准召覆业内平均都可以做到 85% 以上，短视频的 NLP 准召覆能到 70% 就不错了。针对短视频的文本信息少，有效信息都在视频和音频中，一般采用融合模型来搞定。融合模型：不仅分析短视频仅有的文本信息，同时对视频帧和音频进行处理，故谓之融合模型。

7.1.7 最佳实践 2：BAT 是如何让标签赋能各个业务模块的

1.标签如何赋能内容管理和运营

内容均衡化和针对性入库，内容库运营者负责内容源、内容质量等，分类的粒度太粗了，而且同一分类下的内容也会千差万别。举个例子，假如内容库有社会这个分类，那么极有可能出现这种可能：

- 国家领导人出访友邻达成友好共识。
- 磊叔家隔壁的小哥哥聚众打架引发青少年教育反思。

当热点运营者发现社会分类的 CTR 显著高于大盘，那么到底是教育这个二级分类火了，还是青少年教育这个标签火了，还是隔壁小哥哥打架这件鸡毛蒜皮的事情爆冷突然火了呢？

通过分析分类体系和标签体系的 CTR，运营者发现是"青少年教育"这个标签打上的内容都火了，接下来就可以人工监控"青少年教育"这个标签的热度，控制好推荐策略中的权重，太热容易失控，这叫热点运营；同时自媒体运营同学可以告诉广大自媒体作者：老师您好，写个青少年教育的文章呗，保量下发，这叫创作引导。

2. 标签如何赋能冷启动

用户冷启动：通常会引导我们关注一堆内容，本质是标签。

内容冷启动：内容被打上标签，第一次下发时，优先下发给与标签相匹配的用户。

3. 标签如何赋能相关推荐

标签简直就是天然为推荐场景而生的，毕竟都在讲要个性化推荐，都在讲精准推荐。标签的精准指向恰好就是为此服务的。标签推荐下发场景的应用丰富多彩，玩法五花八门，各家也是百花齐放。

对于常见的内容型产品，典型的用户路径是这样的：

某个用户触达入口 → 内容 list → 内容详情页 → 返回内容 list → 另一个内容详情页 → repeat → 退出。

这么描述可能有点抽象，我们找个有代入感的场景来说明。

例如，用户收到一条推送，点击进入推送列表，点击某条内容进入详情页，看完后要么写个评论，要么分享点赞收藏，要么什么都不做就闪人。

发现问题了吗？停留时间太短，好不容易拉来的流量过来溜达一圈就走了。如此浪费流量自然不能坐视不理，得想点办法。有了，让用户在某个页面多停留一会儿不就解决了。看来看去，好像只有详情页有点空间增加一些内容来留住用户。如果用户点进来，而且浏览到正文末尾了，那么可以认为用户对此内容有强兴趣。可以在正文末增加与当前内容强相关的推荐，行话叫相关推荐。

这么描述还是抽象，我们再说得具体一些：

- A君点击了一篇办理港澳通行证的文章。
- A君看到了最后一行。
- A君发现后面还有"你可能还想看"，里面推荐了香港和澳门的旅游景点和美食。
- A君觉得还不错，看了一篇有关香港旅游的文章。
- A君不仅看完了文章，还在"你可能想看"又点击了其他内容。
- "无限循环"。

然后运营者发现，APP使用时长猛增几十倍，可喜可贺。描述得有点简单，不过实际情况确是如此，相关推荐的核心逻辑是这样：

- 如果内容的阅读完成率和阅读时长达到某个阈值，即认为当前内容命中了用户的即时兴趣。
- 如果命中了用户的即时兴趣，即认为当前内容的某些特征命中了用户的即时兴趣。
- 如果当前内容的某些特征命中了用户当前兴趣，即认为用户有更高的可能性去浏览基于这些特征推荐的其他内容。
- 如此这般就形成了基于标签的相关推荐场景下的流量莫比斯环。

核心逻辑的关键词就是内容的特征，即标签，命中了用户的即时兴趣，即当前浏览下的兴趣。

4. 标签赋能产品

上面几个赋能都是运营相关的，那么产品呢？产品方面有标签露出、关注标签。分别对应的产品有：B站APP的视频详情页有露出相关的标签；什么值得买的标签可以订阅，标签命中的内容如有更新会主动告知用户，如图7-6所示。

图 7-6　标签作为产品能力

5. 标签赋能用户画像和兴趣探索

这里更好玩，用户画像和兴趣与标签系统是基于同一套标签库的，不然怎么样进行用户兴趣和内容推荐的匹配呢，不多解释。好玩的反而是在兴趣探索，为什么？总不能一直给用户推荐相似的内容吧，天天吃龙虾也会腻的。人的兴趣不是那么单一的，如果真有这种人，麻烦引荐一下，我要更新我的世界观和推荐策略。

7.1.8　最佳实践 3：标签系统的局限和劣势

准确地说是实体标签的局限和劣势。实体标签的定义是：名词，且唯一指代，优点是精准，局限是太精准，故导致实体标签的覆盖率有天花板，现代工程中实体标签的覆盖率大概只能到 70%～75%，因为精准，所以局限；同时易导致推荐策略过度收敛。在推荐系统中，实体标签很精准，特征很明显，好处是描述用户兴趣非常准确，有利于提高推荐系统的效果，但容易导致推荐系统判断用户兴趣时变得极其狭隘和过度精准，行话就是过度收敛。由于标签会让推荐越来越收敛，所以在推荐策略中的核心关注点就是保持推荐的精准和兴趣探索的平衡。

- 增加负反馈，让用户明确告诉推荐系统不喜欢哪些内容，并且这种负反馈的权重很大，优先级很高。
- ReRank 层增加强策略，人为约束标签的过度收敛。

例如，每屏刷新 10 条内容，其中的一个或多槽位 / 位置用来进行兴趣探索，尝试推荐其他关联标签或者关联分类下的内容。

例如，多屏联动策略，如果连着 5 屏都有汽车试驾内容，且点击率不高，那么在第 6 屏或者刷新后的第 1、2 屏不再出现汽车试驾内容。

■ 人工运营中，可能会打压部分热门标签的流量或者降低权重。

某些时效性很强的标签，比如娱乐圈的那些破事，爆出来后时效性也就那么几天，没必要一直霸着好位置占流量，所以这类标签通常在推荐系统中会被加上一个时间衰减函数，让它们尽快衰减。

7.2 个性化推荐

本节从运营角度阐述推荐系统的流程和基础知识，不涉及算法和技术层面。

7.2.1 运营必知的推荐系统流程

典型的推荐系统包括 3 个部分，即召回层（Recall）、排序层（Rank）和重排层（ReRank）。

1. 召回层（Recall）

召回层主要是从全量库中首先获取用户可能感兴趣的候选集，是推荐系统的基础。从业务角度而言，召回层是在准备后续可能满足用户需求的候选集。很多内容分发产品的召回层，一次会召回 10000～50000 条用户可能感兴趣的内容，后续再从这些内容中挑选出用户可能点击和购买的内容。

召回层有两个最著名的推荐算法——CF 和 CB，即协同过滤和基于内容召回。CF，协同过滤，当要为用户 A 做推荐时，先找到和用户 A 有相似兴趣的其他用户，然后把那些用户喜欢的而用户 A 未浏览过的作为候选集；CB，基于内容召回，给用户推荐那些和他们之前浏览或购买过的物品相似的物品。

这两种算法是经典的推荐算法，很多推荐系统搭建之初都会先用这两种算法做出基础推荐策略。但是这两种算法效果并不那么好，CF 是基于相似用户的共同兴趣来推荐，它的核心逻辑是"人以群分"，我和你的用户特征一致，那么就认为你喜欢的我也喜欢，逻辑上没问题，实施起来有点强人所难，毕竟没有兴趣完全一致的两个人；CF 在用户经营中最常见的字眼就是"其他用户也在看""和您一样的用户也在买"。CB 是基于相似内容来推荐，它的核心逻辑是"物以类聚"，你看了手工耿的视频，CB 认为你也喜欢看和手工耿一样打造无用产品的视频，逻辑上没问题，放在短视频这样的内容分发上也没问题，可放到电商产品就不适合了。CB 适合高频消费场景，不适合中低频消费。我在淘宝上买了纸巾，那种 12 卷 1 大包的，结果付款成功后回到淘宝主信息流，连着 2 个屏幕给我推荐各种各样的纸巾，好像我对纸巾的需求量有这么大似的。事实上压根不需要成功购买，只要把商品收藏或加入购物车，再返回淘宝首页，你看看会发生什么。

召回层还会设置兜底策略，即当推荐系统突然无法服务时，召回层将保留一条策略为用户提供热点和最新内容，保证用户层面始终有内容可看可用。当用户刷视频刷得开心时，突然发现连着几条甚至十几条都是相似视频，这种情景叫"跑火车"，大概率是推荐系统出问题而触发了兜底策略。

2. 排序层（Rank）

召回层中各个召回策略召回的原始数据之间并不具备可比性，无法在用户场景中应用。道理很简单，大家都一样，到底该推荐谁？所以需要在排序层中按照某种规则进行统一计算和排序。例如我的兴趣是汽车和娱乐，召回时会把汽车和娱乐视频一并召回，但用户兴趣是有权重的，即我对汽车的兴趣权重是 0.97，对娱乐的兴趣权重是 0.96，同时汽车视频的历史 CTR 为 8%，娱乐视频的历史 CTR 为 7.6%，那么在排序层将给汽车类视频更高的排序序列，同时将排序序列倒数的，即经过算法判断不太可能被用户点击的内容删除。所以在排序层会将召回层召回的 10000 ~ 50000 条内容精简到 100 ~ 500 条，可以认为排序后留下的都是用户最感兴趣的精华内容。

排序层也是推荐系统最为重要的层级，在推荐系统的策略运营中，绝大部分时间都是在优化和实验排序层策略。

3. 重排层（ReRank）

如果说召回层和排序层是强调模型、算法和技术，那么重排层就是妥妥的业务运营最常打交道的地方。在重排层，重点是从用户体感出发，保证用户良好的体验，几乎不涉及模型、算法和技术。用户体感的含义是指重排层能够满足内容新颖性，尽可能推荐最新的、近期的内容，过滤掉用户浏览、购买、点赞过的内容，同时降低低频内容的权重；内容多样性，推荐策略是精准的，需要将相似内容打散，或人工插入其他内容，以及尽可能让用户每天看到不同的推荐结果。今天给用户推了苹果发布会上新品的内容，明天不仅适当减低这部分内容的推荐权重，同时还降低推荐数量。

7.2.2　四个常见的推荐运营场景

上文简述了推荐系统的流程和三大部分，希望运营者可以对推荐系统的架构有一定认知，降低工作中与推荐算法团队的对接门槛。下面从运营层面阐述推荐运营的 4 个主要场景。

1. 用户 / 内容冷启动

冷启动是推荐系统第一优先级需要解决的问题。推荐系统是基于用户行为等特征数据来判断用户兴趣继而进行精准推荐，可是当用户第 1 次进入产品，尚未有任何特征数据时，或内容第 1 次下发到用户，还未有任何点击数据可供参考时，理论上推荐系统是不会有任何作为的，与之矛盾的是此时又需要推荐系统能够让第 1 次进入产品的用户看到感兴趣的内容，并使第 1 次下发的内容可以让正确的用户看到，这种场景我们统称为用户冷启动和内容冷启动。

用户冷启动，即用户首触产品后，应当为其推荐感兴趣的内容，目的是提升留存和降低流失，但因此时用户特征数据空白，无法启动推荐策略，故常见两种解决方案：一是产品功能场景策略，用户首次打开产品后，引导用户补充完善其兴趣特征，大部分内容分发产品会让用户选择感兴趣内容的标签和分类，即兴趣预选，部分产品也会引导用户导入手机通讯录的好友联系方式，如果用户的通讯录好友已经是产品用户，则通过 CF 策略给用户推荐好友关注的内容。如果用户在兄弟产品已有特征数据，通过统一 ID 等将用户在兄弟产品的特征直接拿过来做推荐策略，某信息流产品的推荐策略会借用用户在其浏览器产品上的特征数据来完成冷启动。二是内容策略，如果用户彻彻底底以一张白纸进入产品，既没有选择感兴趣的标签和分类，也没有导入其他辅助判断信息，推荐系统将为用户推荐产品中大部分用户浏览、点赞、评论的内容，一般推荐热点、时事、娱乐等，核心逻辑是"大部分人都喜欢看的你也可能喜欢看"。

内容冷启动，即新内容第 1 次下发时，应当推荐给感兴趣的用户，特别是对于 UGC 的内容冷启动尤为重要，否则 UGC 内容点击率低、流量低，会造成创作者的流失。和用户冷启动不同，内容冷启动相对复杂，其完整的流程和策略是：

- 提取内容的标签等特征信息。
- 按照标签匹配相应的用户群体，例如有 100 万人。
- 将内容下发给这个用户群体中的一部分用户，即灰度下发，例如先给 100 万人中的 10 万人下发。
- 灰度下发时评估核心指标，CTR、PV、UV 等。
- 核心指标低于这个 100 万人客群的平均水平，则内容退场，冷启动结束。

可以看出，内容冷启动的第 1 步，即选择冷启动客群非常重要，这个依赖于内容特征、用户特征，及标签的准确率、覆盖率和召回率。在很多 UGC 平台，创作者发布新内容时，可以明显感觉出推荐量或下发量是阶梯式增加的，有时候推荐量或下发量到几千或几万就不再增加，意味着内容在冷启动阶段被退场，可能被其他热点或更优质的内容 PK 下去，其中既有推荐信号的质量问题，也有内容是否优质的问题。

前文提过推荐系统的新颖性，故在部分产品中用户每次进入产品后进行下拉刷新操作时，前 2～5 次刷出的都是新内容场景，即内容冷启动场景。

2. 槽位策略

槽位是推荐系统中 ReRank 层的术语，类似于产品运营中的楼层坑位。在 ReRank 层一般会给用户 5～10 条内容，即 5～10 个槽位，形象理解就是信息流产品。用户每次下拉刷新时，产品会提示"为您推荐了 10 条内容"，然后会一次性给用户下发 10 条内容，就是 10 个槽位，每个槽位都有不同的流量权重和运营策略。

槽位是直接触达用户的重要场景，承担着活跃、留存、营收以及用户体验等重要职责，和楼层的营销布局一样，槽位也按区域划分职责和运营，如图 7-7 所示。

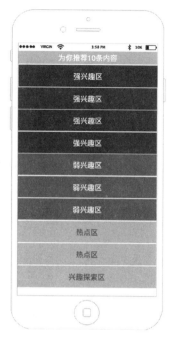

图 7-7 槽位的区域分布

槽位从区域上可以分为强兴趣区、弱兴趣区、热点区和兴趣探索区。强兴趣区,即强关联于用户的即时兴趣、短期兴趣和主兴趣内容,通常占 40%～50% 的槽位,可以认为 40%～50% 的流量都会在这个区域消费,在图文和视频混排的槽位中,点击了槽位中的视频,在接下来的几次刷新中都会在强兴趣区下发视频内容;弱兴趣区,即关联于用户的长期兴趣以及关联兴趣的内容,通常占 20% 的槽位,主要承担兴趣多样性需求;热点区,通常占 20% 的槽位,保留一部分流量给站内热点内容;兴趣探索区,即用来探索用户未知兴趣的内容,是最灵活的槽位,这里会不断尝试下发一些非已知用户兴趣的内容来试探用户兴趣。

除了上述槽位外,信息流产品中还会保留动态槽位,留给人工运营,例如置顶或突发内容等,例如微信看一看的"置顶话题"。

3. 频道运营

内容分发产品无一例外都有"频道",或者叫内容分类。由于推荐流是内容分发产品的主场景,流量池有限,不可能将优质内容全都呈现给用户,故需要开辟第 2 战场来承载垂直内容,故频道运营也叫垂类运营,如图 7-8 所示。

图 7-8　内容分发产品的频道

频道内部的运营和推荐流运营没有本质差别,可以认为在推荐流上加上当前垂类或频道的分类约束,推荐流上的策略大部分也可以复用在频道内。

除了频道内的运营,频道和频道之间也存在运营策略,常见的有:专题频道,指临时创建的频道或专题,例如"双 11""618""抗疫专题"等,这类频道存在一定的生命周期,周期结束后即下架,频道中的内容通过算法动态聚合,更像是标签体系中提到的"主题词";动态频道,频道的位置是可以动态调整的,通常出于运营目标考虑而将频道位置进行前置或后置,前置意味着频道被流量加权,此时频道内的流量增加,务必关注 CTR 等的变化以及其对大盘的贡献,后置意味着频道被流量降权,后置较少见,通常在产品上线初期来逐步稳定频道排序中出现;频道半露出,属于产品策略,通常为了引导用户浏览中长尾的频道,在视觉区域内半露出频道的文字。

频道还承担了本地化运营的职责。对于互联网产品,用户覆盖面非常广,故会保留一个地域频道,通过 LBS 来为用户提供本地化服务,常见于 O2O 产品。同时国际化产品如果涉及多语种,也会在频道中保留本地语种,例如某些小语种泛滥的国家,就会在产品中保留小语种的专属频道。

4. 兴趣探索

因为用户兴趣多样且复杂,需要推荐系统在满足用户已知兴趣基础上探索可能的未知兴趣。如果推荐系统持续为用户提供精准的推荐服务,那么就会陷入"信息茧房"的困境,即推荐越精准则推荐范围越窄,而越来越窄的推荐范围又与用户多样和复杂的兴趣相违背。爱美之心人皆有之，无聊的时候推几条热舞视频无伤大雅，可是发现用户对此很感兴趣之后就持续地、源源不断地推这类视频也是对用户的极大伤害，所以推荐系统需要建立兴趣探索的机制。

兴趣探索实际上是"损耗型"业务模式，因为要从流量蛋糕中切一小块出来，而且这一小块蛋糕是否符合用户口味还不得而知。如果兴趣探索能够命中用户未知需求，引发用户点击，那么皆大欢喜；如果兴趣探索无法命中，用户不去点击，直接会造成 CTR 0.1% ～ 0.6% 的损耗，对于 DAU 超过千万的产品，则是几十万级别的变化，所以兴趣探索务必谨慎。

兴趣探索为了能在探索用户兴趣以及流量影响两者间达到平衡，采用了很多种方式。保留兴趣探索槽位，一般至多 1 个且放在最后，同时结合用户连续刷新下发的策略，当连续几次刷新下发在兴趣探索槽位的内容用户没有点击，则下次暂停兴趣探索一段时间，避免流量浪费；开辟纯探索流量区，与正常推荐槽位混合限制和约束比较大，部分产品会将兴趣探索独立出来，内容详情页中的"相关推荐""你可能也想看"，以及"广场"均属此种；强化即时兴趣信号，兴趣探索非常依赖用户即时兴趣，故信息流产品中如果用户命中兴趣探索的内容（搜索或点击了兴趣探索的内容），则在主信息流动态插入这个即时兴趣内容，新浪微博的即时推、淘宝 APP 的主信息流以及头条都是如此。

7.2.3　个性化推荐是如何做到如此精准的

我们总是惊叹于推荐系统如此精准，好像能够读透我们的大脑似的，大神们的回答是：推荐系统是基于用户行为，通过机器学习和人工智能来判断用户偏好和兴趣，继而做到精准推荐。这句话非常清晰地诠释了什么叫无意义的废话。事实上，推荐系统做到如此精准，肯定是通过收集用户行为数据来分析用户偏好和兴趣，问题是，怎么收集，又怎么分析的呢。精准推荐的技术原理很复杂，但业务原理清晰易懂。

我们以常见的信息流产品为例拆解一下个性化推荐系统是如何做到精准推荐的，下面是信息流中某一内容的详情页，如图 7-9 所示。

图 7-9　为什么推荐系统这么精准

当用户点击查看一篇图文内容的详情时，推荐系统就开始从 11 个方面收集用户行为来做分析了：

■ 图文标题，其背后是完整的分类体系，包括一级分类、二级分类和三级分类（如果有）。当用户进入图文详情页时，推荐系统会记录当前图文标题后对应的一级分类、二级分类和三级分类，用来判断用户在分类体系上的偏好。例如上图所示，用户偏好的是【汽车】分类下的【SUV】。

■ 作者，无论 UGC、PGC、OGC 还是 PUGC，都拥有一个创作者账号，而创作者账号在申请时都要关联"擅长领域"，同时创作者自身有等级。当用户进入图文详情页时，推荐系统会记录当前文章创作者所在的擅长领域和星级，用来间接判断用户的兴趣偏好以及对创作者的喜好。

■ 发布时间，用来判断用户是否对内容时效性敏感。有的用户就是不喜欢看历史内容，总想看新的，意味着用户更偏好新闻；有的用户对于发布时间新旧无所谓，意味着用户更关注内容本身。

■ 首图，图片同样可以从中提取各类特征，比如色调、场景、类型等，用以判断用户偏好明亮还是黑色图片，偏好抽象还是实景图片等。

■ 正文，直接过 NLP 提取标签，就能获取用户对于标签的偏好，在推荐系统中可以直接应用。现在知识图谱应用也越来越深，用户偏好的标签还能通过知识图谱进行联想，关联到更广泛的内容。

■ 关注状态，重要的推荐信号，如果用户多次浏览了已关注账号的内容，意味着用户更偏好此类内容，运营商会更多引导用户关注更多的创作者，同时在推荐策略上更多露出已关注账号的更新内容。

■ 浏览位置，重要的推荐信号，在图文中浏览位置叫阅读完成率，在视频中浏览位置叫播放完成率，直接反映用户对于当前内容的偏好程度，一般认为阅读完成率或播放完成率越高，用户对当前内容越感兴趣。

■ 停留时间，重要的推荐信号，一般和浏览位置共同使用，在图文中停留时间叫阅读时长，在视频中停留时间叫播放时长，同样反映用户对当前内容的偏好程度。

■ 评论/点赞，用户愿意花时间进行评论/点赞，一般认为内容与用户产生了某种共鸣，正向也好，负向也好，都命中了用户的某些兴趣点。

■ 分享，本身和评论/点赞一样，但是分享的渠道是可以反映用户平时的社交渠道的，在未来做促活或留存的时候，可以通过用户偏好的分享渠道来进行。

请注意，这只是1篇图文详情页能够采集到的用户特征，如果用户看了不止1篇，而是10多篇，压根不需要复杂的机器学习，简单统计一下这10多篇文章标题后对应的一级分类和二级分类就能大差不差地知道用户对于内容分类的偏好了。

当年今日头条讲过，用户只要使用5分钟，今日头条就能知道用户的兴趣和偏好。事实上，5分钟都长，用户启动产品，1分钟内看过10多篇文章，基本的兴趣和偏好轮廓就出来了。

7.2.4 推荐系统的原罪：不仅推荐，还在探索

推荐系统和基于推荐的用户场景已经覆盖99%的产品，几乎所有的产品都有"推荐""您可能喜欢""大家都在看"以及"广场"，连坚守时间流的微信订阅号也在灰度测试推荐策略。

推荐系统给我们推荐想看和爱看的内容，对于用户而言更能获得精准推荐的消费快感，今日头条的人均使用时长早已超过60分钟，而抖音、快手等

更是设计了沉浸式视频场景。

但是，推荐系统不满足于推荐，还在探索用户的兴趣，它在提供满足用户需求内容的同时，还以显式和隐式的方式来试探用户兴趣，目的是提升推荐效果，这也是推荐系统的原罪。

1. 显式的兴趣反馈

几乎所有的推荐场景下，都会留有"不感兴趣""减少此类内容""不喜欢"等，用户一旦点击即告诉推荐系统：这不是我要的内容。推荐系统会果断减少此类内容的推荐，更会将"用户不喜欢××"刻入用户画像永久保存，如图7-10、图7-11和图7-12所示。

图7-10　B站的显性兴趣反馈

图7-11　京东的显性兴趣反馈

图7-12　快手的显性兴趣反馈

2. 隐式的兴趣探索

隐式的兴趣探索是对显式兴趣反馈的补充，因为显式兴趣反馈对于用户操作成本还是太高，效果不一定理想，所以隐式的兴趣探索横空出世。

隐式的兴趣探索，即用户在无感知情况下通过算法策略来试探用户兴趣。例如信息流产品，通常存在两种内容更新方式：无限下拉和顶部下拉。无论哪种更新方式，用户在每次更新时均会从内容库拉回 8 条新内容（常见 5 ～ 10 条），我们把 8 条内容叫 8 个槽位。这 8 个槽位各司其职，博大精深，十分玄妙。

一般的，倒数 1 ～ 2 个槽位用来进行兴趣探索，是这么玩的：

- 第一次刷出 8 条内容，槽位 7 呈现了汽车评测；
- 我没有点击；
- 第二次刷出 8 条内容，槽位 7 又呈现了汽车评测；
- 我没有点击；
- 第三次刷出 8 条内容，槽位 7 不再出汽车评测类内容，而是其他内容。

这样，推荐系统就会知道"这个用户不喜欢汽车评测"，并更新到用户特征库中，如图 7-13 所示。

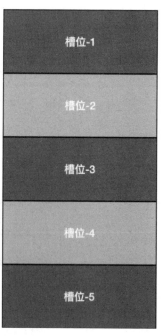

图 7-13　探索用户兴趣

7.3 本章小结和思考

1. 站在产品和运营侧,标签的优点是什么?缺点是什么?

2. 自媒体人在发布内容时填写的"关键字或标签"是不是标签?

3. 个性化推荐是产品和运营必需必备的机制吗?有了个性化推荐,是否还需要人工运营?

4. 个性化推荐是"给用户推荐想看的内容",其背后的核心目的是什么?

5. 是否一定要用标签来实现个性化推荐?

6. 内容运营还有哪些细分领域?

7. 为什么全世界各种各样的产品都在使用内容来运营?

8. 文字、图片、音频、短视频、长视频,它们在运营侧以及用户侧的价值有什么区别?

9. 内容可以作为获客工具吗?可以作为营收工具吗?可以作为裂变工具吗?

10. 内容运营有哪些深坑需要规避?

第三篇
用户增长的打法

本篇开始，将从数据运营提升到用户增长，提出两个用户增长模型，并详细拆解模型的组成元素，以及通过案例拆解模型的使用方法，主要内容包括：

- S-C-I 战略增长模型的原理、逻辑和应用场景；
- 3A3R 策略模型的原理、逻辑和应用场景。

第8章 增长战略模型：S-C-I 战略模型

本章深入讨论 S-C-I 战略模型的组成和应用场景，并基于 S-C-I 战略模型剖析常见产品的发展和增长路径，为读者提炼出互联网产品增长背后的行业逻辑，主要内容包括：

- S-C-I 战略模型的定义
- S-C-I 战略模型的核心逻辑
- S-C-I 战略模型在电商、社交和内容等互联网产品上的应用

8.1 什么是 S-C-I 战略模型

S-C-I 战略模型是产品营销和用户增长的战略方向模型，S-C-I 战略模型解决的是产品遭遇增长瓶颈，或在本产品领域内已触及增长天花板时，应当遵循的寻找增长方向的策略。S-C-I 战略模型来源于人类社会发展的过程，在千百年的人类发展中，人与人交互的过程逐步收敛为 3 个核心元素，即社交（Social）、商业（Commercial）和信息（Infomercial）。事实上 S-C-I 战略模型也是企业经营和中国互联网的底层逻辑所在，100% 的互联网产品都遵循 S-C-I 战略模型，如图 8-1 所示。

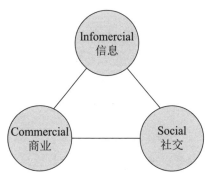

图 8-1 S-C-I 战略模型

S-C-I 战略模型有 3 个组成部分，分别是 Social（社交），Commercial（商业）和 Infomercial（信息），它们 3 个各居一角，既想向另外 2 个角发展，

又相互牵制。S-C-I 战略模型可以解释互联网中发生的很多有趣的故事。

百度居于信息角，为了寻求发展，必须沿着 S-C-I 战略模型的社交和商业角发展，于是孵化出百度 Hi 和百度有啊，但由于同时受到社交和商业的牵制，百度 Hi 和百度有啊铩羽而归，至今已不知去向。

阿里巴巴雄踞于商业角，为了寻求发展，必须沿着 S-C-I 战略模型的社交和信息角发展，于是孵化出阿里旺旺、阿里来往，甚至在淘宝和支付宝中实现社交场景功能，同时孵化出神马搜索，但由于同时受到社交和信息的牵制，阿里巴巴面向 C 端用户的旺旺和来往已不知去向，神马搜索就真的成为"神马都是浮云"。

腾讯牢牢盘踞在社交角，为了寻求发展，必须沿着 S-C-I 战略模型的信息和商业角发展，于是收购搜狗搜索，参股京东和拼多多，也曾创建腾讯拍拍，但由于受到信息和商业的牵制，腾讯的拍拍也遗憾退场。

延伸阅读

分析支付宝"深蓝化"背后的逻辑和困境

1. 从支付工具到生活服务，再到开放平台

人类的发展和进化离不开工具，而制造工具也是人类区别于动物的重要特质，但工具本身功能单一，需被动调用，而且工具的同质化特别特别高，这就导致几个主要问题。

■ 工具本身功能精准，服务单一，客群单一，很难做出差异化。绝大部分工具打差异化的策略是围绕核心需求来做差异化的增值和外围服务。例如，筷子，核心需求没法做差异化，就是 2 支且长度合适，增值和外围服务就多种多样，材质（木质、金属、塑料）、握持（防滑、辅助器）、文化（乾隆用过的筷子、年轻人的第一双筷子）。

■ 工具的可复制性和可替代性太高，信用卡还款、转账、充值、快递、生活缴费、火车票飞机票等，我想你闭着眼睛都能说出一大堆替代产品。

■ 工具产品缺乏运营能力和场景，"想起来就用"，用完即走。

上述三点足够我们得到一个可怕的结论：工具属性的产品，用户迁移成本很低。

支付宝诞生之初作为支付工具，已经完满地体现了工具的价值，但是支

付工具的可替代性很高，严重依赖其他业务场景平台的支付需求导流，例如阿里系的所有产品收银台都是支付宝。同时，支付工具的留存很低，"用完即走"，除了输出支付能力外，极其缺乏运营场景和运营能力，也就意味着用户"想起来就用"，"想不起来就不用"。诞生之初作为重要的支付工具，支付宝要摆脱工具属性，继而提升用户迁移成本，提升用户活跃和留存，它必然要找其他的增长点，最典型最直接的方式就是从工具进化为信息—交易—社交三位一体的平台。

这就意味着支付宝这几年的增长逻辑就是：工具—服务—平台：

- 从支付工具寻求各种服务和场景，来提升运营能力和空间，进而提升用户留存和品牌认知。
  - 扩充金融服务的各种场景：余额、支付宝、借呗、花呗等。
  - 扩充社交服务的各种场景：通讯录、生活号、小程序、生活圈等。
  - 扩充交易服务的各种场景：淘宝特卖、惠支付、超值团购、每日必抢。
  - 衍生其他活跃场景：签到、蚂蚁森林、五福。
  - 当然，没忘记收购或投资能够填补平台服务缺口的场景和公司（口碑、饿了么）。

于是，支付宝从工具到服务，再到平台，就是一个必然之路。成为平台，也就意味着体量，意味着规模，意味着拥有了自给自足的生态圈。可是，真是如此吗？

2. 我是全球合作伙伴的平台，背后却是自家人的麻将桌

支付宝此次改版，对外宣传核心价值点：全球合作伙伴的平台。外卖、美食玩乐、酒店住宿、电影演出、市民中心等这些占据流量高地的服务入口构成了服务和平台的核心要素。

可是，我总觉得哪里不对劲。当我深入每个服务场景后，发现了一个惊天秘密：

生活服务背后全是阿里系产品,何谓之平台？到头来还是自家人的麻将桌。

我认知的平台应该是，无论B或C均可自主入驻平台；平台鼓励服务的多样性；平台自身仅提供规则和基础服务能力，是作为土壤、氧气和阳光的存在。

2020年支付宝才启动生活服务平台，醒得晚了点，面对竞争伙伴的加速前行，支付宝也要更快速地前行。要扭转竞争伙伴多年的耕耘和积累，或许在 C 端市场尚可，但在生活服务这种 B 端为上的业务模型中，可不是用补贴换流量这种 C 端玩法可以搞定的。用户心智的扭转，至少三年。

8.2　S-C-I 战略模型的核心逻辑

前文讲过，S-C-I 战略模型由社交、商业和信息 3 个部分组成，它们同时对应了营销和增长中最核心的 3 个要素，即用户迁移、用户贡献和用户黏性，其中社交对应用户迁移，商业对应用户贡献，信息对应用户黏性，如图 8-2 所示。

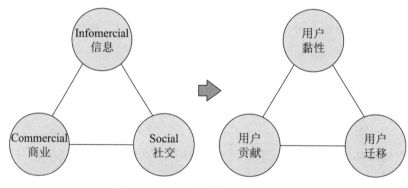

图 8-2　S-C-I 战略模型的核心逻辑

1. 信息和用户黏性

信息是技术化的表述，在互联网中常被称为内容，在营销和增长领域常被称为内容营销。内容约占互联网全部信息的 90%，内容的常见形态包括文字、图片、声音、视频等，内容的常见场景包括文章、短视频、长视频、直播、搜索服务等。显然，在社交、商业和信息三者中，能够让用户每天使用的、能够让用户每天多次使用的、能够让用户每次使用时间变长的，非信息（即内容）莫属。今日头条以图文内容为主，其 MAU 约 3 亿，日人均使用时长约 90 分钟，日人均启动次数约 7 次，同时今日头条所属的字节跳动从短视频、长视频和直播等内容形态部署了抖音、火山、西瓜等产品，2020 年徐峥的电影《囧妈》是在头条系各个产品上线。微信 MAU 超过 10 亿,日人均使用时长是 64 分钟,日人均启动次数达到 17 次,有 4 成用户每天都发朋友圈,有 6 成用户每天都会刷朋友圈。B 站自身作为 UGC 视频平台,除了夯实短视频外,还在长视频和直播上持续发力,并斥巨资购买了大量影视剧的版权,被称为"B 站矿业有限公司",2019 年 B 站的人均单日使用时长达到 100 分钟。

不仅如此,纵览互联网产品中用户活跃程度、使用频次、使用时长等名列前茅的都是内容型产品。所以,内容对用户访问时长、访问次数有巨大贡献,换句话说,信息与用户黏性呈现极强的正相关性。

那么问题来了:为什么要提升用户黏性?商品和社交能够同样提升用户黏性吗?

为什么要提升用户黏性?用户黏性是互联网产品对用户的最核心诉求,用户黏性越高意味着用户对产品的认可度越高,意味着产品能够直接接触到的用户规模越大,高意味着"流量"越高,意味着有机会营销用户的概率越高。第一篇提到互联网产品提升用户黏性的路径是"月活 → 日活 → 日均使用次数 → 日均使用时长"。"月活"意味着用户 1 个月至少使用 1 次产品,意味着产品上的营销和增长策略在 1 个月内至少有 1 天可以接触到用户;"日活"意味着用户 1 天至少使用 1 次产品,意味着产品上的营销和增长策略在 1 天 24 小时内有 1 次可以接触到用户;"日均使用次数"意味着用户 1 天 24 小时内使用多次产品,意味着产品上的营销和增长策略在 1 天 24 小时内有多次可以接触到用户;"日均使用时长"意味着用户 1 天 24 小时内累计 n 小时使用产品,意味着产品上的营销和增长策略在 1 天 24 小时内有 n 小时可以接触用户。如果统一按照小时来计算,营销用户概率差异巨大,如表 8-1 所示。

表 8-1 不同用户黏性下的营销概率

MAU = 1	1/30×24 =13%
DAU = 1	1/24 = 4.2%
日均使用时长 = 100 分钟	100/60/24 = 6.9%

商品和社交能够同样提升用户黏性吗?答案是不行。道理很简单,单一用户不会每时每刻都在买东西,单一用户也不会每时每刻和好友聊天。用户

每天刷微信，更多的是刷朋友圈中好友发布的图文和视频内容。

2. 社交和用户迁移

社交是用户的最核心价值，对比用户的活跃和交易，社交显得尤为重要。绝大多数产品的用户规模达到一定程度后，用户经营的重点就是持续维护用户和用户在产品上沉淀下来的关系链。所以，所有社交产品的商业价值和 PE 都不是用户规模和活跃，而是用户之间的联系以及联系的强弱程度。用户之间联系越多，联系的紧密程度越高，产品的商业价值越高。从用户角度而言，我和我的好友们都在这个产品上，此时若要我贸贸然迁移到新的产品上，我还要周知全世界，说服我所有的好友也都迁移过去，可想而知难度有多大。微信在创立初期的几个版本，全都在打磨通讯类功能和服务，包括语音通话、发送图片等，同时想尽办法让用户把社交关系迁移上来，例如获取手机通讯录中的好友关系、获取登录 QQ 号中的 QQ 好友、摇一摇和附近的人。当用户逐渐将自己线下的好友和线上的好友迁移进微信后，大家就会发现此时任何竞品都无法撼动微信，罗老师的聊天宝、阿里的旺旺、网易的泡泡、百度 Hi 等都在火爆一段时间后销声匿迹。

上述过程我们提炼为 4 个字，即迁移成本。迁移成本，是指用户停止与产品的联系并转而与其他产品建立关系所发生的成本。迁移成本不仅意味着经济成本，也包含精力、时间和情感上的成本。对于互联网产品，迁移成本中 80% 都是用户的关系损失成本。

那么问题来了：用户黏性和用户迁移有什么区别？内容可以提升黏性，是否也能提升迁移成本？商品交易呢？

用户黏性和用户迁移有什么区别？这是两个有趣的概念。用户黏性高，不代表用户迁移成本高，用户黏性低，不代表用户迁移成本低。很多时候用户黏性高的产品，其用户迁移成本低得令人不可思议。内容是重要的提升用户黏性产品，可以有效地将用户尽可能长时间留在产品中，但是内容产品的同质性极高，意味着用户关注的内容可以在很多内容产品中看到，今天在产品 A 中发布的八卦新闻，几秒钟后就能在产品 B、C、D 上看到，意味着用户完全可以凭着自己的意愿随机选择产品 A、B、C 或 D。想一想，自媒体人是不是都是"一稿多投"？生产出来的内容恨不得在所有内容分发产品上发布和曝光。每次直播中，主播们是不是都是面对几十台手机，几十个直播平台来做直播？所以这类产品的用户黏性很高，但是用户迁移成本很低。

内容分发平台的同质性这么强，用户迁移成本这么低，那它们有没有什么办法来提升用户的迁移成本，让用户不那么容易流失呢？首发、独家、签约、会员制等就是内容分发平台提升用户迁移成本的重要手段。

事实上，提升用户迁移成本有 3 个重要约束：

- 让用户产生的所有数据都沉淀在产品中（but，why？）。
- 让用户的好友都沉淀在产品中（but，why？）。
- 让用户关注的信息都沉淀在产品中（but，why？）。

3. 商业和用户贡献

用户营销和增长的目的都是商业化变现，不提商业化变现的营销和增长策略都是废纸一张。互联网商业化变现主要有广告投放和交易服务。社交提升了用户的迁移成本，内容提升了用户的使用黏性，意味着流量已经经营成熟，通过接入广告和交易平台来完成用户的价值变现。B 站，UP 主创作的视频播放量破万后即会产生收入，每万次播放 10～20 元，而播放量能够破万意味着 UP 主拥有较好的视频质量和一定规模的粉丝数量，而各垂类中头部 UP 主更会接广告投放，在视频中插入几秒钟广告营销内容，通常在视频尾部或视频中间的衔接段，或按照广告主的要求拍摄主题明确的视频，俗称"恰饭"。

8.3 电商型产品的战略增长方向

电商型产品居于 S-C-I 战略模型的 C 角，将沿着 S-C-I 战略模型的另外 2 个角寻求增长路径，其核心逻辑是在达成用户价值贡献后，通过内容来提升用户黏性，通过社交来提升迁移成本，并在提升用户黏性、提升迁移成本后进一步为用户价值做贡献，如图 8-3 所示。

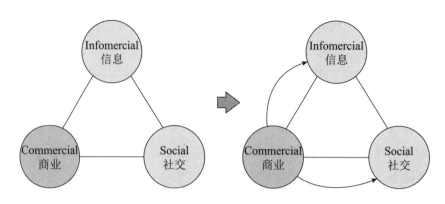

图 8-3　电商型产品的增长方向

1. 增长方向 1：信息和内容营销

为什么电商型产品要做内容？电商型产品的核心服务是商品交易，从用户的交易行为中衍生出的各种形式的付费服务中实现用户价值贡献。初看这些用户价值贡献形式多种多样，细究却发现对于单一用户，这些交易行为本质上依旧属于低频的范畴，甚至是一次性付费。因为单一用户本身不会每时每刻都在产品中产生交易行为。为了提升用户的价值贡献，就必须提升用户的使用频次，而要提升用户的使用频次，就必须借助活跃型功能和服务，最典型的活跃型功能和服务就是内容服务，包括图文、音频、短视频、长视频和直播等。

但是内容本身不具备任何商业特征，仅仅更高频地触达用户和黏住用户，仅仅更容易降低用户对于营销行为的抵触心理，作为电商型产品依然关注商业变现，所以需要将内容黏住的流量导向变现场景完成营收变现。这个过程我们称之为内容营销。在内容营销中，商品价格永远是最后出场的营销工具，用户最早接触、最多感受到的是商品的特点、使用方式、便利性和品牌等。客单价十几块、几十块的商品处在绝大多数人的消费能力范围内，并不会对购买决策产生明显影响，对于客单价几万、几十万的商品，例如汽车，80%的顾客也不会将价格放在首位考虑，更多的是考虑品牌、性能、外观和内饰、车型等，而品牌、性能、外观和内饰、车型等对应的广告、动态评测、静态体验、购车用途等恰恰是典型的内容。当用户认可这些内容后再对其进行付费营销将是非常轻松和顺水推舟的事情。

电商型产品实现内容营销的形式主要有两种，一是外围平台，内容属于数字产品，创作和传播成本都非常低，所以涌现了大批的专做内容的平台，在电商行业中这类专做内容的平台主要有导购类、评测类、返现类等。这些内容平台本身独立，与电商类产品达成流量交换协议，用户通过接触这些内容平台来了解熟悉认可产品并最终跳转到电商产品中完成付费变现。外围平台给电商平台导流的方式有线上无障碍跳转，以及线上提供线索导流线下，例如什么值得买就将流量线上直接导给电商平台，汽车之家就将线上用户的购车意愿导给线下的销售渠道和4S店。外围平台的优势是电商产品可以同时拥有多个合作的内容平台，也就拥有多个获客渠道，同时用户经过内容平台上的提前教育，其付费转化率非常高，缺点是用户属于内容平台而不属于电商产品，并且电商产品成为最终付费的工具，同时内容平台拥有流量故而拥有话语权，也就具备控制流量分发到不同电商平台的权利；二是内容场景，虽然选择外围内容平台可以拓宽自身的获客渠道，但毕竟用户属于内容平台而不属于电商平台，故很多电商产品开始建设自己的内容营销机制。

2. 增长方向2：社交和用户迁移

为什么电商产品要做社交？电商是强工具属性和强交易属性的产品，可替代性非常强，所以要通过社交所代表的用户迁移成本来进一步锁住用户。

电商产品实现社交的形式主要有两种，一是账号社交化，即电商产品中所有的实体均变化为社交关系中等价的节点，用户、商品、店铺均账号化，都成为具备社交特征的实体，用户、商品和店铺三者之间相互可以建立社交联系，即相互关注。用户关注商品后，商品的状态变化都会实时告知用户，例如降价、优惠等；用户关注店铺后，店铺的状态变化都会实时告知用户，例如上新、下架、促销等，反之店铺也能通过客服系统主动联系用户，实时推送营销活动。可见，原本非人性特征的商品和店铺均变得拟人化，是和用户等价的实体存在。当这种机制建立起来后，即达成前文提到的"用户关注的都在产品中"，用户若要迁移至其他电商平台，必然会损失大量关注的店铺和商品，或者损失大量时间重新在其他产品中寻找以前关注的店铺和商品，信息和时间的双重损失是账号社交化提升用户迁移成本的核心逻辑。二是社交商业化，电商产品除了通过社交提升用户迁移成本，在竞争如此剧烈的环境中,还会通过用户的社交关系进行商业化变现,将用户的社交关系链变为营销工具。淘宝的亲情号,用户可以通过添加亲情账号,连接家中长辈、子女、配偶情侣,实现全家人的流畅沟通和便捷支付;支付宝的亲情号,可以为孩子、爱人、父母、其他亲友打造提供支付功能,同时亦可享受基于亲情关系服务的账户体系。用户可以为父母、子女、爱人以及其他亲友开通亲情号支付功能,对方淘宝、线下消费时,收银台支付渠道选择为"亲情号"。在每月额度范围内亲情号的消费将从用户账户中自动扣款。拼多多的拼小圈,可以看作是拼多多的"朋友圈",通过用户授权拼多多读取手机通讯录将用户的好友关系直接线上化,并沉淀在拼小圈中。

8.4 社交类产品的战略增长方向

社交产品居于 S-C-I 战略模型的 S 角,将沿着 S-C-I 战略模型的另外两个角寻求增长路径,其核心逻辑是在获取用户社交关系后,通过内容来提升用户黏性,通过商业来获取用户价值,如图 8-4 所示。

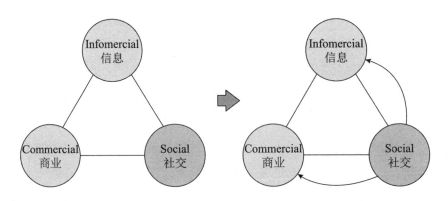

图 8-4 社交型产品的增长方向

1. 增长方向 1:商业

为什么社交产品要进行商业化?社交产品的核心是社交关系链,其本身并不能直接贡献变现,而社交关系链又将用户牢牢地锁定在产品中,这两点就必然导致社交产品必须寻求将已经沉淀下来的用户社交关系链变现的能力和方式，就好比我已经在一座孤岛上悉心培育了大量的恐龙，也建立了稳定的恐龙生态环境，恐龙不会轻易离开这座岛。如果单纯圈养这些恐龙，让生态系统更加健康稳定无可厚非，但我更想创造一个商业化场景，从这些可爱动物身上获取更多商业价值，例如侏罗纪公园。

社交产品实现商业化的形式主要有两种。一是支付能力，这是商业化的基础设施，主要包括支付网关、清结算平台、支付中台、代收代付和虚拟金融账户等基础能力，对账处理、差异处理、商户接入等支付通道能力，以及风险控制能力等。二是支付场景，这是商业化的落地应用，通常分为线上场景和线下场景，包括会员收费模式，是社交产品最常见的商业化模式。QQ沉淀了千万级用户及其好友关系后，就通过各类会员收费特权来获取收入。几乎所有用户规模达到百万级的社交产品都有收费会员制服务。虚拟产品模式，也是流量变现的常见方式，当用户规模和社交关系稳定后，就会通过表情、挂件、装饰、虚拟物品以及广告等方式来变现。导流模式，随着社交产品的发展，也将越来越呈现流量入口和平台特性，拥有流量自然可以将沉淀下来的用户流量直接导给其他流量变现服务，微信就在支付板块内为京东、转转、拼多多等导流。自建电商模式，由于社交产品非常高的用户迁移成本，它们都希望能够在自身产品中将社交流量直接转化为电商流量，比如微信上线微信小店来实现商业化场景。

2. 增长方向2：内容

为什么社交产品要做内容？社交产品拥有用户的社交关系链，但缺乏社交关系链的落地场景，枯燥的聊天和互相关注产生不了更多的用户价值，故内容就是社交关系链落地的重要场景。

社交产品实现内容场景的形式主要有两种。一是信息流，有了社交，就衍生出公域流量和私域流量，继而衍生出信息流。信息流是指在产品中各个实体间交换的信息。社交产品中的信息流，特指由社交产品中所有实体（可以是真实的人或虚拟的账号）所产生的各种信息（图片、文字、声音、视频）。信息流是天然的内容，可以显著提升社交产品的用户黏性，借助信息流的"流动性"更能进一步扩大用户的社交关系链，例如微信的朋友圈、微博的广场、脉脉的推荐等。二是社区，用户的社交关系有一个非常有趣的特点，即"人以群分"，人与人天然会按照相似爱好和特征拉近距离以实现某种圈子或社区，所以社区这种内容形态是社交在内容领域的显性表示。几乎所有的社交产品都有群组功能，微信更是在2020年上线"圈子"，进一步提升社区的内容价值。

8.5 内容类产品的战略增长方向

内容产品居于S-C-I战略模型的I角，将沿着S-C-I战略模型的另外两个角寻求增长路径，其核心逻辑是在建立用户黏性后，通过社交来提升用户迁移成本，通过商业来获取用户价值，如图8-5所示。

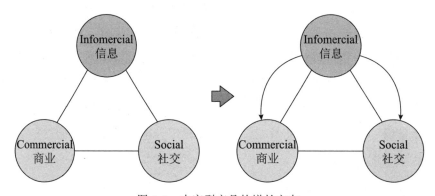

图8-5 内容型产品的增长方向

1. 增长方向1：商业

为什么内容产品要进行商业化？内容本身并不直接贡献变现，但又是天然具备商业化价值的产品。内容产品实现商业化的形式和社交产品商业化类似，不再赘述。

2. 增长方向2：社交

前文已提过，内容产品的用户黏性很高，但是用户迁移成本很低，原因在于内容本身不具备任何锁定用户的特征，需要借助社交关系来沉淀用户的社交关系，并提升用户的迁移成本。早期内容产品属于资讯平台，即全天下的新闻都会在所有资讯平台上看到，只存在发布早晚的问题，导致用户每天都会看新闻资讯，但不一定固定在一家平台上看。当内容获取越来越方便，内容更新越来越频繁时，以资讯为主要形态的内容产品自然难以黏住用户，所以越来越多的咨询类内容平台开始转型媒体平台，即创建站内的社交体系来实现 UGC、PGC、PUGC、OGC 等内容生产和分发机制。

内容产品实现社交场景的形式主要有两种。一是内容账号化，资讯形态的内容产品主要是单向的分发，由平台编辑选题、撰写、审阅并发布，用户缺乏与编辑的社交互动。如果将平台编辑从后台推至前台，并为他们赋予个性化的账号，同时引入自媒体账号系统，让账号和账号能够产生直接的联系，那么内容的账号化就建立起来。这个特性会为内容产品的经营机制带来本质变化，其一是从用户跟着内容跑，变为用户跟着用户跑。用户能够持续留在 B 站的原因之一就是 B 站有他们关注的 UP 主，而 UP 主的流失会直接带走平台的用户。2020 年 5 月，B 站的一个 UP 主被竞品挖走并签独家协议，导致其在 B 站的 50 多万粉丝直接被带到竞品。其二是从内容运营到用户运营，更多的营销资源投放给创作者而不是内容的采编。二是社交场景化，评论系统、动态通知、关注系统、分享系统、收藏系统等都是具有社交特性的内容功能。

8.6 本章小结和思考

1. 网易云音乐的增长路径是如何的？
2. 你们家的产品增长路径是如何的？
3. 游戏和工具产品的增长路径是如何的？
4. 2020 年微信做了哪些功能更新？这些功能更新分别属于 S-C-I 战略模型的哪个部分？从这些更新可以判断出微信未来的增长方向吗？

第 9 章 增长策略模型：3A3R 策略模型

本章深入讨论 3A3R 策略模型的组成和应用场景，并首次提炼 3A3R 策略模型的核心逻辑，主要内容包括：
- 3A3R 策略模型的定义
- 3A3R 策略模型的 6 个组成部分详解
- 3A3R 策略模型的使用方法
- 3A3R 策略模型的本质逻辑

9.1 概述

A-A-A-R-R-R 增长模型，即 3A3R 策略模型，由海盗模型演变而来，是目前使用最多、适用范围最广的增长策略模型。原始的海盗模型由 Acquisition（获客）、Activation（活跃）、Retention（留存）、Revenue（收入）和 Refer（传播）5 个部分组成，即 2A3R。3A3R 策略模型在 Acquisition（获客）前增加了一个 Awareness（洞察），即在 Acquisition（获客）、Activation（活跃）、Retention（留存）、Revenue（收入）和 Refer（传播）之前，先通过 Awareness（洞察）来准确和深入地分析用户和了解用户，以便制定后续 5 个模块的策略。

3A3R 策略模型蕴含 3 个核心逻辑：一是维系老用户远比获取新用户成本低，营销领域中有一个共识，即获取一个新用户的成本是维系一个老用户的 7 倍，故 3A3R 策略模型的 6 个组成部分中，只有 A 用户洞察和 A 获客与拉新有关，剩下 4 个部分均是在不同阶段用不同的策略，考察不同的指标来维系老用户；二是用户的社交关系价值巨大，除了让用户直接创造商业价值外，用户的社交关系在 3A3R 策略模型中也非常重要，不仅处于 3A3R 策略模型漏斗转化的最终层 R 传播中，同时在 R 传播中也为用户的社交关系规划了不同的营销场景和不同的营销策略；三是用户是需要经营的，严格遵守用户生命周期的逻辑，3A3R 特别强调用户需要持续教育，持续培养，持续关注，同时也特别看重用户生命周期长短和用户生命周期价值，从 3A3R 策略模型 6 个模块的排列顺序中可窥见一斑。下面就 3A3R 策略模型的 6 个模块逐一详解。

9.2 用户洞察

9.2.1 目标

用户洞察（Awareness）需要结合用户、行业、竞品等数据来综合评价用户的特征和需求。用户数据，指多维度多指标的用户明细数据，用以提炼用户画像特征。通常根据营销和增长目标圈定的客群来收集用户数据。一般而言用户数据的维度越多越丰富越好，维度的丰富意味着可以更加全面地刻画用户特征，也能更准确地为 3A3R 后续的 5 个模块制定精准的营销和增长策略；行业数据，指各类行业分析报告，从行业大环境和政策方向层面分析行业发展趋势，正所谓顺势而为；竞品数据，指同类或相似产品的各类数据，为差异化增长策略提供数据支撑。

9.2.2 策略和工具

1. 用户调研

用户调研分为定性调研和定量调研。定性调研包括用户访谈（结构化、半结构化）、情景访谈、卡片分类、可用性测试等，定量调研包括问卷调研、假设验证、A/B 测试、快速原型、专家小组等，如表 9-1 所示。

表 9-1 用户调研的工具

方式	方法	说明
定性调研	用户访谈	面对面了解用户对于产品的认知和问题
	情景访谈	又叫焦点小组，将用户集中在一起，调研用户对于产品的认知和问题
	卡片分类	适用于分类信息的调研，包括产品信息架构、菜单设计以及内容分类
	可用性测试	测试产品在用户层面的可用性，常用眼动仪收集用户反馈
定量调研	问卷调研	最常见的定量调研方式
	A/B 测试	将多组产品或设计呈现给用户，并收集用户对不同产品或设计的反馈
	快速原型	为用户呈现与实际产品相似度较高的产品原型，来收集用户的反馈
	专家小组	又叫"德尔菲方法"，收集多位且独立资深专家的反馈和意见

用户调研要特别注意避免幸存者偏差。对于 APP 产品，在重大版本迭代或重要时间节点收集用户反馈时，都会通过在 APP 中下发用户调研问卷的方式来采集上述信息。这个时候调研问卷回收的样本多数会造成幸存者偏差。

原因在于通过 APP 下发的调研问卷,一定是 APP 的活跃用户才能看到,并且一定是对 APP 有强烈认同或不认同的用户才会对问卷进行反馈,并且问卷中的主观性问题也都是 APP 忠实用户会花时间码字反馈,而 APP 的低活跃用户、沉默用户甚至已经流失的用户压根没机会、没动力或没欲望来反馈的。此时若对问卷进行分析,你会发现用户的情感偏向多数是认同,有价值的信息并不多。为了弥补这个问题,在对产品用户进行调研时,APP 仅是调研渠道之一,还会依靠电话或第三方调研公司来全面了解用户,保证调研问卷结果的全面和客观。用户调研的幸存者偏差想必我们每个人亦有深刻体会。如果我们在 APP 上收到用户调研的推送或者活动,想一下你是否会完成调研呢?

对于用户调研结果,为了避免幸存者偏差,可以使用如下验证策略:

- 参与用户调研的样本是否与整体样本特征一致
- 用户调研结果是否可在剩余样本中验证一致

2. 行业分析

行业分析有成熟的工具,例如 PEST 分析、波特 5 力模型、平衡计分卡、SWOT 分析等,如表 9-2 所示。详细的不在本书展开,有兴趣的读者请自行参阅对应书籍。

表 9-2 行业分析的工具

PEST 分析	波特 5 力模型	平衡计分卡	SWOT 分析
麦肯锡 7S 模型	波士顿矩阵	GE 矩阵	

3. 数据来源

行业分析离不开权威和完整的行业数据库,这里罗列常用的行业数据平台,可以在上面便捷查询细分行业的宏观和微观数据,如表 9-3 所示。

表 9-3 常用数据来源

分 类	数 据 源	网 址
行业数据	(金融)万得	https://www.wind.com.cn/
	(金融)恒生聚源	https://www.gildata.com/
	(金融)希施玛	http://www.csmar.com/
	中国知网	https://www.cnki.net/
	万方数据	http://c.wanfangdata.com.cn/

续表

分 类	数 据 源	网 址
行业数据	中经网统计数据库	https://db.cei.cn/
	国研网统计数据库	http://drcnet.hbsti.ac.cn/
	数据圈	http://www.shujuquan.com/
	人大经济论坛	http://bbs.pinggu.org/
政府数据	国家统计局	http://www.stats.gov.cn/
	工信部	https://www.miit.gov.cn
	银监会	http://www.cbirc.gov.cn
	证监会	http://www.csrc.gov.cn
	中国互联网络信息中心	http://www.cnnic.net.cn/
其他	艾瑞咨询	https://www.iresearch.com.cn
	易观智库	https://www.analysys.cn/
	TalkingData	https://www.talkingdata.com/
	QuestMobile	https://www.questmobile.com.cn/
	阿里研究院	http://www.aliresearch.com
	企鹅智酷	https://re.qq.com/
	36氪研究院	https://36kr.com/academe.html
	大数据导航	http://hao.199it.com/
	APP ANNIE	https://www.appannie.com/cn
	新榜	https://www.newrank.cn/
	应用市场	（获取产品版本更新和评分）

9.2.3 输出

通过 Awareness（用户洞察）的分析后，将结合用户调研和行业分析结果总结提炼为增长策略的指导性文档，用于后续获客、活跃、留存、营收和传播等模块的运营，主要内容包括行业政策趋势和风险、市场空间、行业发展、竞品特征、目标客群特征、客群需求等。

9.3 拉新获客

9.3.1 目标

Acquisition（拉新获客）的目标是基于 Awareness（用户洞察）的指导性

结果，寻求合适的获客渠道，制定合理的获客策略，选择有效的用户触点，以及建立完善的渠道运营指标。

9.3.2 策略和工具

1. 获客渠道

获客渠道一般分为线上和线下，线上一般是指电子渠道，例如微博、微信公众号等；线下一般是指传统渠道，例如户外广告、宣传彩页等。不同的获客渠道拥有各自特点的用户，即不同的获客渠道所接触的用户画像具备强烈的渠道特点，也就是说我们在制定获客策略时应当全面考虑渠道特点这个因素。表 9-4 列出了常见的获客渠道。

表 9-4 常见的获客渠道

类别	渠道	说明
线上	自媒体平台	微信公众号 新浪微博 头条号
	知识类平台	悟空问答 知乎 百度知道
	短视频平台	抖音 快手 B 站 微信视频号
	搜索引擎	SEO
	直播	—
线下	传单/宣传彩页	扫楼、扫街、地摊
	户外广告	公共交通 共享出行 户外屏幕 楼宇电梯

2. 用户触点

用户触点是指能够直接触达用户的方式和方法，例如平面广告、二维码等。不同的用户会对不同的用户触点产生不同的反应，例如某些用户就是偏爱二维码，对于以二维码为触点的营销活动响应率较高，有些用户对于弹窗较为厌恶，在营销中应当避免对此类用户用弹窗进行触达。不同用户对不同触点的反应，我们用触点敏感度这个指标来表征，即响应该触点的用户数/触达的所有用户。表 9-5 列出了常见的用户触点形式。

表 9-5 常见的用户触点形式

线下平面广告	二维码
角标	动效
Toast	弹窗
SMS	PUSH
H5	

3. 获客策略

面对众多的获客渠道，如何选择合适的渠道？常见的选择获客渠道的策略有以下几种。

（1）分析渠道的用户画像

选择获客渠道的核心逻辑是渠道的客群画像要与自身营销和增长目标一致，不是看着渠道流量大就盲目选择，如果渠道带来的客群不符合自己的营销和增长目标，将会浪费巨大的运营成本。一般通过各类数据平台来分析渠道的画像特征，例如通过百度指数来分析用户画像，如图 9-1 所示。

（2）异业合作

越来越多的产品将获客渠道部署在不同的行业，即所谓异业合作。异业合作的特点是不同的行业和产品间，互相为对方带来获客引流，其核心是目标客群一致。在机场的登机廊桥外常有银行的广告，其核心也是目标客群一致，常以飞机作为出行工具的用户与银行经营的高端用户一致。

（3）内部获客

内部获客适合于集团型产品，从集团的兄弟产品中获取用户，常见有两种方式。一是从兄弟产品中获客，在产品中注入兄弟产品的账户注册机制，或在兄弟产品中露出本产品，例如微信冷启动时即通过 QQ 号登录来获取第一批用户；二是将本产品嵌入兄弟产品中，作为兄弟产品的一部分，并争取兄弟产品的流量入口来完成获客，例如花呗、借呗等并不拥有独立的产品，它们是嵌入支付宝的，若完成获客必然争取支付宝首页或其他流量入口。

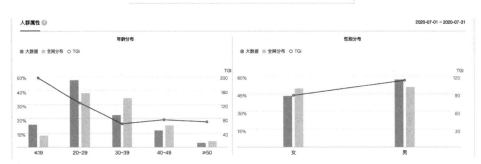

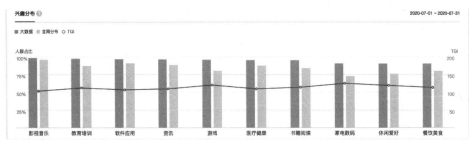

图9-1 百度指数的用户画像

（4）场景获客

通过用户在生活中的场景来获客，常见的电梯间广告就是如此。电梯间广告除了衣食住行等生活的产品推广外，在高端小区还会投放金融产品的推广，其核心也是目标客群一致。

(5)服务获客

如果产品自身有用户的刚性需求,或能提供独家服务,那么最直接有效的打法就是将这些刚性和独家服务提供给用户,快速完成获客。

(6)营销获客

营销获客是最常见的获客形式,即通过优惠活动、促销、新户权益包、品牌影响力等来获取用户,本质上可以认为是花钱买流量。

(7)用户处于"野生流量"时的获客

APP 的获客难度越来越高,核心原因在于 APP 的下载转化率较低,下载、安装和首次启动对于用户而言是三个成本非常高的操作行为。用户如果下载后不启动,我们是没有任何办法触达用户和营销用户的,这种状态我们称之为"野生流量"。完全无法触达,也无法运营,就会出现"下载即流失"的窘迫局面。为了避免产品成为"僵尸产品",可以通过前置获取用户标识来解决,在外宣的 H5 页面上引导用户留下手机号,或者在公域或私域传播中引导用户关注公众号、服务号或个人微信号。只要用户和产品的任一外围渠道建立联系,就有办法触达用户并运营用户完成首次使用;可以通过用户权益刺激来解决,用户权益必须在获取用户标识后在产品中才能领取和使用,此时可以将用户权益提前发放给用户,但是必须限时返回产品中使用,即权益的领取在产品外,权益的使用在产品中;可以通过版本更新通知和应用程序图标的 Budget 来解决,用户可以不使用产品,但一定会使用应用市场来更新应用,应用市场的更新说明就是为数不多极易被忽略的可以触达用户的场景,同时系统层面也会帮助我们当应用有更新时在应用程序图标上显示 Budget 角标,提示用户产品有更新,引导用户启动产品。

9.3.3 输出

Acquisition(拉新获客)的输出即是流量,供 3A3R 策略模型的后续模块经营。

通过 Acquisition(拉新获客)的运营后,将为 Activation(活跃)和 Retention(留存)持续输出流量。注意,此时的流量并不具备用户的任何特征,甚至在产品中都没有可以确定流量身份的标识符,例如此时用户仅仅是一个设备代码、毫无意义的标识。但是，Acquisition（拉新获客）同样会带来具备一定信息量的用户特征，以供 Activation（活跃）和 Retention（留存）将流量转化为用户。

9.4 活跃和留存

9.4.1 概述

Activation（活跃）和 Retention（留存）是重要的用户转化和经营场景，不仅承载由 Acquisition（拉新获客）带来流量首触的职责，还承担着将本环节用户向 Revenue（收入）导流、转化和营销的责任。Activation（活跃）和 Retention（留存）运营的好坏直接影响新客留存以及收入变现，故在大多数产品中 Activation（活跃）和 Retention（留存）都是运营资源投入最多和用户增长最关注的领域。

9.4.2 策略和工具

Activation（活跃）和 Retention（留存）的营销工具主要服务于不同运营场景中的运营需求，每个营销工具都有其侧重点，要么侧重活跃，要么侧重留存，或者两者兼有，如表 9-6 所示。

例如我们需要提升用户活跃，那么可以通过建设签到/打卡体系、优惠券、内容营销体系等活跃类场景来提升用户活跃；我们需要提升用户留存，那么会员/权益体系、社交/关注体系等都是可以帮助我们的。

表 9-6 活跃和留存类营销工具

分　类	营销工具	偏重活跃	偏重留存
产品运营类	产品生命周期模型： ● 产品上线首发 ● 产品更新迭代 ● 产品下线停运	★	★★★
	启动屏	★	★★
	首页和主页	★	★★★★
	轮播区	★	★★★★
	金刚区	★	★★★★★
	楼层和坑位	★	★★★★

续表

分类	营销工具	偏重活跃	偏重留存
产品运营类	搜索区	★	★★★
	404/异常页面	★	★★★★
用户运营类	用户生命周期模型： ● 引入期 ● 成长期 ● 成熟期 ● 沉默期 ● 流失期	★★★★	★★★★
	用户画像： ● 静态属性画像 ● 动态兴趣画像	★★★★	★★★★
	用户分层模型	★★★★	★★★★
	会员/权益体系	★★	★★★★
	积分/成长体系	★★★	★★★★
	签到/打卡体系	★★★★★	★★★
	社交/关注体系	★★	★★★★★
	任务体系	★★★★	★★★★
	优惠券	★★★★★	★★★★★
	交叉营销	★★★	★★★★★
	分期/订阅制	★★	★★★★★
内容运营类	内容营销	★★★★★	★★★★★

9.4.3 输出

经过 Activation（活跃）和 Retention（留存）的加工，将 Acquisition（获客）输入的流量变为用户，输出给 3A3R 策略模型的后续模块。

9.5 收入

9.5.1 概述

Revenue（收入）是 3A3R 策略模型中唯一可以产生商业价值的模块，所以内含了很多商业化和变现的策略。但是在设计 3A3R 策略模型的时候，将 Revenue（收入）处于 3A3R 策略模型的第五顺位，原因在于让用户产生商业价值，例如让用户付费，是门槛极高的操作。若让用户第一次使用产品就付费，相信会造成大量的用户流失。通过 Activation（活跃）和 Retention（留存）不断地运营、经营和营销用户，不断地训练用户心智，让用户逐步理解和接受产品的定位、服务、功能、特点，逐步提升用户黏性。在适当的时候从用户身上完成商业价值的变现和转化。

9.5.2 策略和工具

Revenue（收入）是重要的用户转化环节，也衍生出大量的营收工具，表 9-7 列举了常见的营收工具及其分类，在实际运营中可以按需选择，组合使用。

表 9-7 常见营收方式

分类	营销工具	备注
交叉营销	场景交叉 上下游交叉 套餐交叉 客群交叉	将 Activation（活跃）和 Retention（留存）的流量引导到 Revenue（收入）中完成流量转化
广告模式	启动屏广告 弹窗广告 轮播区广告 信息流广告 私信广告 入口广告	● 直接将流量变现 ● 按照广告所处位置和露出程度报价 ● 按照 CPA、CPS、CPC 计价
中间收入模式	入驻费 手续费 服务托管费	常见于电商和 SaaS 产品
增值收入模式	分期/订阅制	● 降低用户付费门槛 ● 提升用户与产品的长期黏性 ● 包含自动续费
	套餐/捆绑制	割让部分单品利润，但保证套餐整体利润变大
	单次购买终身使用	绝大多数产品的付费模式，不适用客单价较高的产品
	按使用次数收费 按使用时长收费 按用户数量收费 按功能数量收费	最常见的增值服务模式
	虚拟产品模式	主题、皮肤、表情、道具、虚拟币充值

续表

分 类	营销工具	备 注
金融服务模式	网贷	借助金融系统产生收入，特别适用于有用户沉淀资金的产品
	理财	
	股票	
	数字货币	

9.5.3 输出

经过 Revenue（收入）环节后，用户完成付费，已创造商业价值。绝大多数时候，单个用户的单次用户旅程就到此结束了。但互联网时代，我们除了希望从用户身上获取商业价值外，还需要进一步榨取用户的社交关系。通过用户的社交关系来快速裂变获客、促活等。

9.6 传播

9.6.1 概述

Refer（传播）是对已经产生商业价值的用户，进一步获取其社交关系链，并通过裂变、私域流量等形式来运营用户的社交关系，以便完成后续的获客、活跃和留存。同时，借助 Refer（传播），利用用户将产品的品牌调性、口碑等传播出去，扩大产品的品牌价值和影响力。

9.6.2 如何理解用户增长与裂变的关系

在开始之前，我们先问自己一个问题：如果提升 DAU，你会怎么做？

如果想都不想就回答拆各种维度来分析 DAU，那么恭喜你：全错！错得离谱！原因在于讨论增长，甚至只是讨论提升 DAU，都不是一项简单的运营分析，而是完整和体系化的系统工程。

1. 用户增长是系统工程，是顶层设计，是战略部署

在我们的业务经营中，用户增长其实是一个很不规范的说法，严格意义上来说应该是经营增长。按此名词来看，用户增长不仅仅是"用户"的增长，

更是整个业务体系的增长,包括但不限于拓展渠道、增加获客、提升活跃、提升收入和品牌营销。

用户增长不是一个新的概念,在企业经营过程中时时刻刻都在做;用户增长也不专属互联网,任何行业都适用。例如对于传统制造业,用户增长意味着销售渠道、广告触达、产品竞争力(成本、利润、差异化)、营销策略、品牌策略等。例如对于银行,用户增长意味着线下网点和渠道、活动投放、金融产品竞争力(理财、信用卡、信贷)、营销策略、品牌策略等。例如对于互联网,用户增长意味着流量获客、服务触达、产品竞争力(免费、快捷、便利)、获客策略、品牌策略等。

每一次用户增长Campaign的背后,请务必牢记两个内容:一个是Campaign的商业模式,另一个是Campaign的经营策略。而裂变,只是增长方案中的三级标题。

2. 裂变只是增长的1/6,甚至更少

无论AARRR,还是AAARRR,还是RAARR,亦或其他增长模型,裂变都处于R,即Refer(传播)模块中,即裂变只是增长模型的1/6,甚至更少。为什么占比还会更少呢?我们把视角放大到Refer模块,就会发现Refer模块包含品牌传播、公域传播、私域传播等子模块,其中裂变处于私域传播子模块,如图9-2所示。

洞察 Awareness	获客 Acquisition	促活 Activation	留存 Retention	营收 Revenue	传播 Refer
					品牌传播
					公域传播
					私域传播 — 社群 / 裂变

图9-2 裂变只占增长范畴的很小一部分

第 9 章
增长策略模型：3A3R 策略模型

延伸阅读

微信把飞书禁了，疑拉取微信用户「关系链」

2020 年 2 月 29 日，字节跳动旗下办公套件飞书发布官方公告称，飞书相关域名被微信全面封禁，与"feishu"相关域名链接在微信内均无法打开，显示"如需浏览，请长按网址复制后使用浏览器访问"。在飞书内也无法直接跳转微信分享，显示"未获得分享权限"。

磊叔仔细梳理了事件的来龙去脉和核心逻辑，整理了作为运营人应该知道的几个点：

（1）微信发现抖音用户在使用手机号登录的情况下会显示多个"可能认识的人"，其昵称和头像均为该用户的微信好友。

（2）业内分析师说"**抖音可能将用户通讯录中的好友与已经使用微信授权并绑定手机号的用户做了匹配**"，即抖音通过一些算法"猜"到了哪些人**是用户的微信好友**（这就是为啥要禁飞书的重点，为什么，见下文分析）。

所以问题的焦点是：是否因为飞书拉取了用户的微信社交链，所以被微信禁呢？

裂变的不是用户，而是用户的社交关系链

为什么这么说呢？一周之前的 2 月 24 日，我发表的《裂变，裂变的是啥？》中提到裂变的本质是社交关系链，原文如下：

裂变，裂变的是啥？

千万不要浪费每一个裂变拉来的新用户，新用户的流失，也有可能顺手带走你的老用户。

社交关系链既能帮你获客，亦能使你的用户流失。

社交关系链蕴含的海量用户池，池中之水既能载舟，亦能覆舟。

所以，裂变的不是用户，而是用户的社交关系链。

要想方设法服务好用户的社交关系链，而不是服务好用户。

裂变在很多场合中，会是拉新的好手段，但裂变仅仅是拉新用户吗？其实不然，**裂变更多是裂变社交关系链**。社交关系链太拗口，简称社交链吧。为何大佬们要关注社交链呢？**因为这是社交平台的商业价值**。社交链是社交平台上用户价值的体现，是社交平台的商业价值，也是社交平台背后那块最敏感的软肉。

■ 对于获客的价值

社交平台的获客，是借助用户的社交关系来获客。好友的一句"这个平台真好用"远胜你的渠道运营，好友的一句"这里的人更有趣"远胜你的异业合作，好友的一句"这里的福利真多呀"远胜你的流量交换。

■ 对于活跃的价值

社交平台的活跃，是借助用户的社交关系来促活。好友的一句"这里的活动挺有趣"远胜你的活动运营，好友的一句"这个平台我每天都用"远胜你的PUSH，好友的一句"这个平台经常有八卦"远胜你的热点运营。

■ 对于留存的价值

社交平台的留存，是借助用户的社交关系来留存。好友的一句"他们家更新速度好快"远胜你的留存运营，好友的一句"多买多送"远胜你的复购策略，好友的一句"我觉得这个平台挺好"远胜你的用户维护。

■ 对于营收的价值

社交平台的营收，是借助用户的社交关系来创收。好友的一句"××平台的手机真便宜"远胜你的千言万语，好友的一句"帮我砍一刀"远胜你费尽心思的促销策略，好友的一句"××平台真好用"远胜你多年的品牌积累。

我说了9个"远胜"，要做到也很简单：**用户的好友都在你们家，即用户的社交关系链要沉淀在你们家。**可为什么是社交链呢？

因为它具有双高属性：高可信和高传播。

社交链具有天然的高可信度和高传播性，是横跨物理世界和互联网世界的一种存在，既有物理世界人与人真实联系的极高稳固性，又具备互联网的高传播性。**君不见，微信的标签、脉脉的1级2级好友都是用户社交关系的体现。**试想，左手给你离子炮，右手给你重力枪，你会不会爽得飞起。

但为什么是字节跳动？一个做内容分发的为什么也要用户的社交关系？

这事我们来对比一下最最熟悉的腾讯微信。

腾讯微信，从社交工具起家，通过便捷好用的社交通讯功能来完成第一次用户增长和积累，中期又通过"摇一摇"和"附近的人"进一步挖掘用户物理世界的社交关系并迁移到线上，完成第二次用户增长和积累。但仅凭这两点要成为巨头还远远不够，所以不可避免地要把触手伸到内容领域，这就是我们都熟悉的朋友圈和公众号。

为什么社交工具平台要做朋友圈（UGC）？

为什么社交工具平台要做公众号（PGC+UGC）？

为什么社交工具平台要做"看一看"和"搜一搜"（内容分发）？

答案：我要形成用户生产机制，并沉淀在我的产品中，提升用户的迁移成本。

字节跳动，从内容分发起家，通过高精准的内容推荐来完成第一次用户增长和积累，中期又通过丰富内容类型，从图文到短视频再到直播完成第二次用户增长和积累。但仅凭这两点要成为巨头还远远不够，所以不可避免地要把触手伸到社交。

为什么内容分发平台要设计账号系统？

为什么内容分发平台要设计关注机制？

答案：我要形成用户关系链，并将其沉淀在我的产品中，提升用户的迁移成本。

延伸阅读

如果你是支付宝的产品经理，你会如何提升支付宝外卖的用户？

分析任何事物，其实都有特定的分析方法和框架。对于支付宝这类互联网产品，我自己总结和惯用的思维方法如图9-3所示。

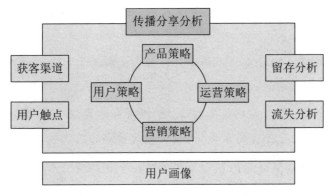

图9-3 用于分析支付宝增长的模型

这个模型从左往右看，可以分为 5 个部分：

（1）最左边：获客渠道和用户触点

（2）中间圈：经营场景

（3）最右边：留存和流失

（4）最上面：传播分享

（5）最下面：用户画像

我们尝试用这个模型来解决"如何让更多人用支付宝点外卖"这个有趣的问题。关于这个模型的核心逻辑、具体用法等参见第二篇的内容。

1. 外卖，如何进行获客？

从场景化运营增长模型来看，外卖的获客包括两个部分：获客渠道、用户触点。

■ 获客渠道，即能够获取用户的通道和路径。

■ 用户触点，即能够让用户感知到后端经营场景的不同方式（例如消息推送、红点提醒、短信/电话）。

我们尝试脑洞一下支付宝外卖获客渠道和用户触点的几种可能。

■ 外卖的获客渠道：内部（支付宝内其他功能场景）、外部（阿里系产品、商家导流）、线上（入驻平台、异业合作）、线下（大屏硬广、人流密集场所、写字楼地推）。

■ 外卖的用户触点：红点、PUSH、SMS、开屏广告、角标、站内信、动效、线下门店

2. 外卖，如何进行场景经营？

从模型来看，外卖的场景经营包括四个部分：产品策略、运营策略、营销策略、用户策略。

■ 产品策略，即外卖的产品设计、业务流程等，也包括外卖场景的营销工具。

■ 运营策略，即外卖的运营打法，包括商家运营、C端运营、热点运营等。

■ 营销策略，即外卖的市场价值、营销定位和品牌调性，一般短期内不变。

■ 用户策略，即外卖用户的营销策略，常见包括新客首触、老客促活、沉默唤醒、流失召回等。

第9章
增长策略模型：3A3R 策略模型

我们尝试脑洞一下支付宝外卖产品策略、运营策略、营销策略和用户策略的几种可能。

- **产品策略**：外卖的主场景，全天下长得都差不多，是一个成熟的分发场景，这里更多关注营销工具层面的建设，包括积分、拼团、签到抽优惠、满减等，来让外卖的产品更具运营特性。
- **运营策略**：商家运营（独家入驻、店铺感恩回馈）、C 端运营（新客专享、老客优惠、店铺粉丝优惠）、热点运营、主题运营（晚餐、正餐、早餐、下午茶、五一宅家必点）、内容运营（网红评测、100 元点米粉）。
- **营销策略**：所有外围的线上和线下平台进行洗脑传播，例如职场人都用的外卖平台等。
- **用户策略**：新客优惠券、单品限量、外卖任务（消费 ×× 元送个鸡肋赠品）

3. 外卖，如何进行营收转化？

这里直接脑洞营收转化。一般的，我们把营收转化的打法叫作营销工具，包括但不限于补贴、限量、新店新品、分析用户习惯、再来一单、您常购买、实惠套餐、大家都爱吃等。

4. 外卖，如何提升用户留存？

从模型来看，外卖的留存场景包括两个部分：留存分析和流失分析。

- **留存分析**，即外卖完成购买，依旧停留在外卖产品中的用户，以及定期用户和高复购用户，我们归于外卖留存用户，应当有策略跟进，提升留存。
- **流失分析**，即外卖完成购买，即离开外卖产品，包括离开外卖场景和离开 APP，以及沉默用户和流失用户，应当有策略跟进，降低流失。

我们尝试脑洞一下支付宝外卖产品留存和流失的其他可能。

- **留存分析**：广义的留存包括留存和复购，通常我们在用户完成单一场景消费后，还会引导其去其他场景，例如在外卖下单成功页会引导其去花呗、借呗、种个树、养个鸡之类，总之不要轻易让用户离开产品，我们称其为交叉营销。
- **流失分析**：广义的流失分为离开和跳出。离开，即离开外卖，通常我们做交叉营销和其他挽留策略；跳出，即离开APP，通常我们用其他触点来召回用户，例如用短信通知外卖小哥已经取到货品，正在快马加鞭送达。

9.7　3A3R 策略模型的使用方法

3A3R 策略模型并不是空洞的理论模型，其具备非常实际的运营指导意义。这里讲解两种 3A3R 策略模型的使用方法。

9.7.1　方法 1：向前找流量、向后做转化、自身看画像

因为 3A3R 策略模型包含 6 个部分，涵盖了完整的增长流程，但在实际运营中总是有特定的目标，不会全量经营，故当以 3A3R 策略模型中某个模块为当前运营重点的时候，应当做 3 件事。

- 站在当前模块，考察当前模块的用户画像。
- 站在当前模块，从前面模块寻找流量来源。
- 站在当前模块，让后面模块完成导流转化。

下面通过两个案例来说明。

1. 如何用 3A3R 策略模型来提升留存

当前运营重点是留存，希望借助 3A3R 策略模型来提升留存。按照上述流程的做法是：

- 站在留存模块，考察留存模块的用户画像。考察留存模块用户画像的目的是详细拆解留存用户组成，根据不同画像的用户来制定不同的留存策略。分析留存模块用户画像的工具可以借用前面讲述的用户画像模型、用户分层模型以及 RFM 模型等。
- 站在留存模块，从前面模块，即活跃模块寻找流量来源。显然，提升留存不能仅仅考察留存用户的画像，还要分析这些用户的活跃程度，不同活跃程度的用户应当投入不同的留存运营资源。
- 站在留存模块，让后面模块，即收入模块完成导流转化。显然，提升留存的目的不仅仅是留存，更要考虑留存提升后对营收的贡献，即留存的提

升可以带来多少收入。

当提升留存时，既知道留存的流量来源，也知道留存带来的收入贡献，自然可以计算留存运营的 ROI，用以评估留存运营的实际效果，如图 9-4 所示。

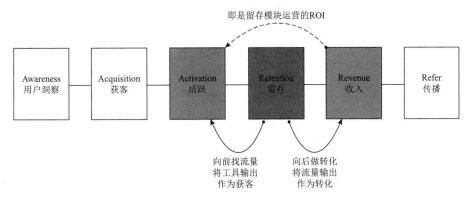

图 9-4　用 3A3R 策略模型提升留存

2. 如何用 3A3R 策略模型来提升获客

当前运营重点是获客，望借助 3A3R 策略模型来提升获客。按照上述流程的做法是：

- 站在获客模块，考察获客模块的用户画像。考察获客模块用户画像的目的是详细拆解当前新增用户的组成，根据不同画像的用户来制定不同的获客策略。分析获客模块用户画像的工具可以借用前面讲述的用户画像模型、用户分层模型以及 RFM 模型等。

- 站在获客模块，向前面模块，即洞察模块寻找流量来源。显然，提升获客不能仅仅考察注册用户的画像，还要分析这些用户的来源渠道、在产品外或站外的特征等，不同画像的用户应当投入不同的获客运营资源。

- 站在获客模块，向后面模块，即活跃模块完成导流转化。显然，提升获客的目的不仅仅是获客，更要考虑获客提升后对活跃（实际上，大部分时候会同时考虑活跃和留存，即所谓的新客留存）的贡献，即获客的提升可以带来多少活跃。

当提升获客时，既知道获客的流量来源，也知道获客带来的活跃，自然可以计算获客运营的 ROI，用以评估获客运营的实际效果，如图 9-5 所示。

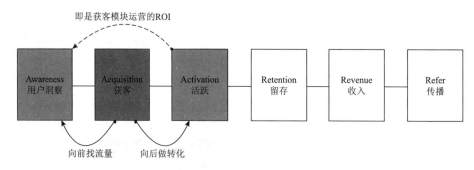

图 9-5　用 3A3R 策略模型提升获客

9.7.2　方法 2：自身指北，相邻伴随

方法 2 从考察指标类型的角度出发。北极星指标是增长领域里面非常重要的概念，在第一篇的内容中也详细讲解了北极星指标和伴随指标的定义和特点，可以通过北极星指标和伴随指标来使用 3A3R 策略模型，方法是：

- 当前模块设为北极星指标
- 当前模块相邻的两个模块为伴随指标

如果要提升活跃，则当前模块为 Activation 活跃模块，则活跃类指标（例如 DAU）为北极星指标，与 Activation 活跃模块相邻的是 Acquisition 获客模块和 Retention 留存模块，则获客类指标和留存类指标为伴随指标，即当我们要提升活跃的时候，不仅要评估活跃类指标的表现，还要看通过获客可以带来多少新鲜的活跃血液，还要看活跃中有多少留存下来，有多少流失。因为获客可以让活跃的规模更大，留存让活跃的质量更高，也就是"开源节流"。只有当获客的规模大于流失的规模时，活跃的规模才能提升，不然就是"左手倒右手"自说自话的游戏，如图 9-6 所示。

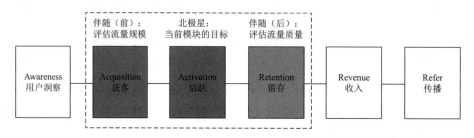

图 9-6　北极星指标和伴随指标在 3A3R 策略模型中的应用

这里其实还留了一个坑：如果当前模块为传播，或北极星指标是传播，由于 3A3R 策略模型中传播模块已经是最后一个模块，没有后续的模块，那么上述的两个方法还能使用吗？如图 9-7 所示。

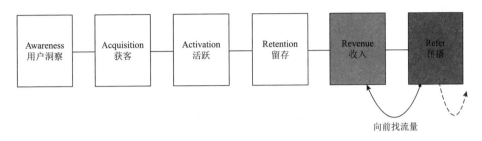

图 9-7 运营重点是传播，那么向后找谁？伴随指标又是谁？

答案是肯定的。因为 3A3R 策略模型的核心逻辑并不是一个线性排列，而是一个循环，我们叫它五度循环圈。

9.8 3A3R 策略模型的本质：五度循环圈

如图 9-8 所示，3A3R 策略模型形式上是前后连接的 6 个模块，可以适用于大部分场景，但存在一个致命缺陷，即 3A3R 策略模型的线性形态不是闭环和自洽的系统，在某些特殊场景下该模型无法使用，就好像上文提到的，如果当前增长方向为传播，向前可以找到留存，但向后就无法继续了。

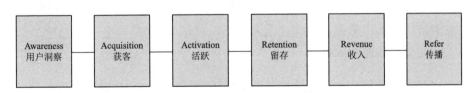

图 9-8 3A3R 策略模型的线性形态

为了解决这个问题，也为了能够让 3A3R 策略模型适应更多的场景，更为了进一步显性化 3A3R 策略模型的本质，我们将 3A3R 策略模型做一次进化，从线性形态进化为环形形态，我们称之为 3A3R 策略模型的五度循环圈，如图 9-9 所示。

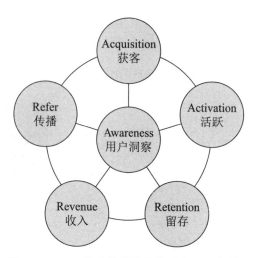

图9-9　3A3R策略模型的进化形态：五度循环圈

当3A3R策略模型进化为五度循环圈形态后，其特点和本质更加凸显。

■ 五度循环圈形态下，以用户洞察为中心，获客、活跃、留存、收入和传播环绕在其周围，意味着用户洞察是3A3R策略模型的核心，在获客、活跃、留存、收入和传播的运营过程中都需要实时分析用户画像和特征，保证客群始终精准而不出现偏差，准确和深入的用户洞察将为获客、活跃、留存、收入和传播带来显著的价值。

■ 五度循环圈形态下，原本处于最后的传播将和获客相连，更能适应现代增长场景中层出不穷的策略和玩法。

■ 五度循环圈形态下，取消原本模块和模块间的先后顺序，3A3R策略模型的适用面更广更灵活。

下面举几个典型案例。

1. 如果以传播作为当前增长策略，应该如何使用3A3R策略模型

这个问题要求以传播为当前增长的主要策略。很明显，若按照3A3R策略模型的线性形态将无法继续，因为传播模块并没有后继模块。若按照3A3R策略模型的五度循环圈形态，如图9-10所示，可以得出以下事实。

■ 传播模块与获客模块相连，即将社交传播作为一种获客渠道，纳入获客模块整体管理并评估其获客质量和效果。

■ 传播模块与收入模块相连：一是通过收入类策略来刺激用户主动进行

传播，即收入类的刺激力度远比其他营销策略大和直接；二是已经产生过付费行为的用户更容易主动进行传播，即指望一个没有明显贡献、没有认可产品、没有一定黏性的用户去传播分享是不现实和浪费资源的。

■ 传播模块与用户洞察相连，即在选择传播渠道（例如社群、朋友圈、微博等）和监控传播渠道的用户时，要分析评估其用户画像和特征是否符合增长需求和方向。

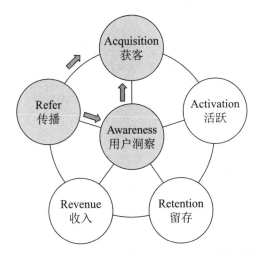

图 9-10　以传播作为增长方向的 3A3R 策略模型使用方法

有时候，通过社交传播来进行用户增长的策略，我们叫它裂变。

2. 如果以收入作为当前增长策略，应该如何使用 3A3R 策略模型

以收入作为当前增长策略，五度循环圈和线性模型使用方法基本一致，如图 9-11 所示，只有两处差异。

■ 用五度循环圈同样需要考察收入模块前后连接的其他模块，即留存和传播，向留存拿用户，在收入做变现，给传播导流量。

■ 差异 1：用户洞察须支撑收入、留存和传播，保证这三个模块的用户画像和特征不出现偏差。

■ 差异 2：五度循环圈通过用户洞察可以从获客中的新用户和活跃用户中直接导入收入完成变现，而按照线性模型的设计，获客和活跃是无法直接或间接将流量导入收入产生变现的。

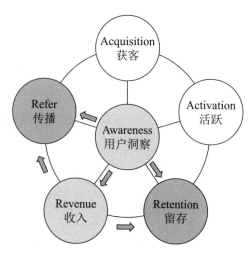

图 9-11　以收入作为增长方向的 3A3R 策略模型使用方法

9.9　本章小结和思考

1. 3A3R 策略模型有几种形态？各自有什么适用场景？它们之间的区别是什么？

2. 为什么 3A3R 策略模型比经典的海盗模型增加了 Awareness（用户洞察）？

3. 为什么 Refer（传播）要在最后一位？

4. 为什么一开始就要 Awareness（用户洞察）？

5. Revenue（收入）的位置这么靠后？

6. 当产品尚处规划期，如何应用 3A3R 策略模型来寻求增长策略？

7. 当产品处于成长期，如何应用 3A3R 策略模型来寻求增长策略？

8. 当产品处于成熟期，如何应用 3A3R 策略模型来寻求增长策略？

9. 如果要提升营收，如何应用 3A3R 策略模型来寻求增长策略？

10. 如果要提升留存，如何应用 3A3R 策略模型来寻求增长策略？

11. 如果要提升用户规模，如何应用 3A3R 策略模型来寻求增长策略？

12. 当产品处于增长瓶颈期，如何用 3A3R 策略模型来寻求增长策略？

13. 如何用 3A3R 策略模型分析产品需求？例如，如何分析微信新版本可

第9章 增长策略模型：3A3R 策略模型

以修改微信号？

14. 如何用 3A3R 策略模型评估拉新策略执行效果？

15. 如何用 3A3R 策略模型评估促活策略执行效果？

16. 如何用 3A3R 策略模型评估留存策略执行效果？

17. 如何用 3A3R 策略模型评估促销策略执行效果？

18. 如何用 3A3R 策略模型评估裂变策略执行效果？

很开心,你终于来到这里。

后记只解决一个问题:这本书究竟怎么使用?

数据化运营博大精深,灵活多变,我不希望这本书的内容束缚你的大脑,限制你的思路。我希望这本书可以让你建立起体系化、框架化和架构化的知识结构,更希望你能基于此,建立起属于自己的运营知识体系和方法论。

这本书的逻辑和脉络是这样的:

- 每一种数据分析工具都由概念、适用场景、数学定义和业务含义、操作方法、典型案例等组成。
- 每一种数据运营工具都由概念、产品形态和运营策略等组成。
- 每一种增长模型都由概念、使用说明、策略工具等组成。

所以,这本书每个章节都是结构化和体系化的,这么做的好处是:

- 结构化、体系化的内容才是知识。
- 结构化、体系化的内容才兼具广度和深度。
- 结构化、体系化的内容才易于扩展和扩充。

所以,这本书的使用方法是:

- 基于这本书的逻辑和脉络,尝试建立自己理解后的思维导图。
- 基于这本书的逻辑和脉络,持续补充和优化自己的经验。

例如,本书在用户运营工具中只提到了用户漏斗/路径分析、签到/打卡、优惠券和交叉营销等 5 个工具，事实上你完全可以继续添加积分、任务体系、拼团、好友助力等更多有趣有效的用户运营工具，并按照概念、产品形态和运营策略这样的结构来补充和完善细节。

例如，本书在优惠券的产品形态和运营策略中讲了几种典型玩法，如果你有幸操盘或知晓更多有趣的优惠券产品形态或运营策略，可以直接填充进产品形态或运营策略。

希望这本《运营之路：数据分析 + 数据运营 + 用户增长》能真正成为你的数据化运营实践指南。

徐小磊